T0203484

El doctor BRIAN L. WEISS es psiquiatra y escritor de éxito. Se graduó en la Universidad de Columbia y se licenció en la Facultad de Medicina de Yale. Ha trabajado como director del Departamento de Psiquiatría del Centro Médico Mount Sinai, en Miami.

El doctor Weiss dispone de una consulta privada en Miami. Sus colaboradores son psicólogos y asistentes sociales que también utilizan la regresión y otras técnicas de psicoterapia espiritual en su trabajo. Además, dirige seminarios nacionales e internacionales, talleres experimentales y programas de formación para profesionales.

Es autor de diversos libros, entre ellos *Muchas vidas, muchos maestros*, *Lazos de amor*, *Los mensajes de los Sabios*, *Sólo el amor es real*, *Meditación*, *Espejos del tiempo* y *Eliminar el estrés*, todos ellos publicados por B.

www.brianweiss.com

Penguin
Random House
Grupo Editorial

Título original: *Messages from the Masters*

Primera edición en Estados Unidos: junio de 2018

© 2000 by Brian Weiss
© 2006, Penguin Random House Grupo Editorial, S. A. U.
Travessera de Gràcia, 47-49. 08021 Barcelona
© 2024, Penguin Random House Grupo Editorial USA, LLC.
8950 SW 74th Court, Suite 2010
Miami, FL 33156
© Carlos Mayor, por la traducción

ISBN: 978-1-947783-40-9

Impreso en Colombia - *Printed in Colombia*

24 25 26 27 28   10 9 8 7 6

Los mensajes de los Sabios

BRIAN WEISS

Agradecimientos

Mi esposa, Carole, es para mí una fuente constante de amor, apoyo y ánimo. No sé cómo expresar la gratitud tan intensa que siento por ella. Gracias a Carole he escrito mis libros y he sido consciente de lo maravilloso y extraordinario que es vivir la vida con un alma gemela.

Deseo expresar mi más sincero agradecimiento a Joni Evans, mi agente literaria, que es una gran persona con muchas aptitudes. Siempre es un placer trabajar con ella.

Estoy en deuda también con Jessica Papin y Tina Andreadis, de Warner Books. Jessica es mi editora, y sus conocimientos y excelentes dotes literarias han sido de enorme ayuda para este libro. Tina ha hecho una labor magistral al encargarse de la publicidad de todos mis libros. Le agradezco muchísimo su capacidad y gentileza.

Quiero darle las gracias a Larry Krishbaum por llevarme a Warner Books. Su entusiasmo y su apoyo significan mucho para mí.

Me dejo en el tintero a muchas otras personas. A todas ellas les estoy muy agradecido.

1

El comienzo

Nuestra tarea es aprender, llegar a ser divinos a través del conocimiento. Sabemos tan pocas cosas... Gracias al conocimiento nos acercamos a Dios, y entonces podemos descansar. Después volvemos para enseñar y ayudar a los demás.

Considero necesarias unas palabras de presentación para quienes me lean por primera vez. He recorrido un largo camino desde el día en que, médico de formación clásica, catedrático de psiquiatría y escéptico empedernido, me di cuenta de que la vida humana es algo más maravilloso y más profundo de lo que me había hecho creer incluso mi rigurosa formación médica.

Recibí una formación académica: me licencié por la Universidad de Columbia y después fui a la Facultad de Medicina de la Universidad de Yale, donde además fui jefe de residentes de psiquiatría. He dado clases en diversas facultades de medicina y durante once años dirigí el Departamento de Psiquiatría del Centro Médico Monte Sinaí, en Miami Beach (Florida). Cuando conocí a Catherine, la paciente cuya historia se cuenta en mi primer libro, *Muchas vidas, muchos sabios*, ya había publicado más de cuarenta trabajos científicos y colaboraciones en libros, y había adquirido reconocimiento internacional en psicofarmacología y química cerebral. No es de extrañar, pues, que fuera totalmente escéptico respecto a campos «faltos de rigor científico» como la parapsicología. No sabía nada sobre temas como las vidas anteriores o la reencarnación, ni quería saberlo.

Y entonces entré en contacto, de forma repentina y sorprendente, con lo espiritual, el «hemisferio derecho», lo no lineal. De modo inexplicable, Catherine empezó a revivir lo que parecían recuerdos de vidas anteriores. De algún modo, todos sus síntomas clínicos mejoraron a través de ese proceso de regresión. Me quedé atónito, pero al mismo tiempo empecé a descubrir la armonía existente entre ciencia e intuición.

Ese proceso se inició hace veinte años y, desde entonces, he llevado a más de dos mil pacientes a experimentar regresiones a recuerdos perinatales, del útero materno o de vidas anteriores. Ya he escrito tres libros sobre esas experiencias, que se han traducido a casi treinta idiomas.

Al centrarse mi trabajo en los temas de la reencarnación, la terapia de regresión a vidas anteriores y la reunión de almas gemelas, me he convertido en el gurú extraoficial de la reencarnación. Acepto de buen grado ese calificativo, ya que creo que es cierto que nos reencarnamos hasta que aprendemos nuestras lecciones y pasamos al siguiente peldaño. Además, como ya he señalado reiteradamente, existen considerables pruebas históricas y médicas de que la reencarnación es una realidad.

No obstante, este libro, que refleja lo que les enseño en la actualidad a mis pacientes y a quienes asisten a los actos en los que participo, trata de muchas más cosas que la reencarnación y la terapia de regresión. Aunque son partes importantes del rompecabezas, hay también otras piezas importantes y es preciso conocerlas todas, y además bien. He estudiado la labor de curanderos, médiums, videntes y demás personas dedicadas a prácticas holísticas y alternativas, y he descubierto que existen otras vías para llegar al despertar espiritual.

Este libro representa la culminación de veinte años de experiencia y estudios, no sólo sobre la reencarnación, sino también dentro del movimiento conocido como *new age*. Mi intención es recordarle lo que son el amor y la alegría y enseñarle a incorporarlos a su vida ahora, cuando está en un estado físico. Con esta obra aprenderá técnicas que le servirán para alcanzar niveles de paz y felicidad interiores de los que quizá carezca su vida en este momento. Encontrará gran cantidad de material sobre la naturaleza del alma, la inmortalidad y las escalas de valores. Se incluyen muchos consejos y técnicas prácticos para transformar la vida, las relaciones, el estado de ánimo y el mental, la salud y el bienestar físicos y el destino. El conocimiento de las vidas anteriores no es necesario para alcanzar esos cambios positivos: lo más importante es la comprensión. A medida que comprenda su auténtica naturaleza y su verdadero propósito, su vida se irá transformando de forma permanente, y entonces podrá empezar a cambiar el mundo.

Mi vida ha ido cambiando del mismo modo. Las vidas anteriores siguen siendo para mí un concepto y un valor fundamentales, pero comprender, experimentar y expresar el amor, la alegría y la paz interior en mi vida cotidiana se han convertido en cosas más importantes. Le agradezco inmensamente a Catherine que entrara en mi consulta aquel día providencial y abriera mi mente al concepto de las vidas anteriores, pues eso se convirtió en la vía de mi despertar personal, lo cual me llevó al crecimiento y a la comprensión espirituales.

Un rasgo sorprendente e importante de las regresiones de Catherine era el canalizar o transmitir, estando profundamente hipnotizada, información detallada y precisa procedente de fuentes de conocimiento superiores. Ese material ha servido de inspiración para muchos miles de personas de todo el planeta y ha transformado sus vidas. Catherine atribuía la fuente de esa sabiduría a los «Sabios», almas muy evolucionadas sin forma física que le contaron «cosas sabias y maravillosas», que me fue transmitiendo. Tras salir del estado hipnótico, Catherine recordaba muchos detalles de las vidas anteriores que acababa de experimentar, pero nunca se acordaba de nada relacionado con su contacto con esos Sabios, ya que los mensajes se transmitían a través de ella, pero no surgían de su memoria.

Cuando me escriben cartas o cuando hablo en público, la gente suele bombardearme con preguntas para saber si hay más mensajes de los Sabios.

—¿Se ha enterado de algo más?

—¿Qué cosas nuevas ha descubierto?

—¿Sigue en contacto con ellos?

La respuesta es afirmativa. Y está en este libro. A través de otros pacientes, de mis viajes y de mi propia meditación, he descubierto muchas más cosas.

También ha quedado claro que tenemos que comprender con mayor profundidad lo que ya se nos ha transmitido. Así pues, en este libro se reproducen en parte mensajes clave de mis libros anteriores. Aparecen en cursiva al inicio de cada capítulo y en ocasiones intercalados en el texto.

Al ir entretejiendo lo viejo y lo nuevo me he dado cuenta de que se ha ido desvelando con delicadeza toda una filosofía espiritual que se ha puesto en mis manos. En su núcleo está el amor. Creo que, como personas, estamos preparados para adoptarla.

Durante los últimos treinta años, sobre todo, hemos buscado la estabilidad a través de la recuperación de la sabiduría antigua, como si la abrumadora cantidad de avances científicos y tecnológicos de nuestros días nos hubiera desequilibrado. Afortunadamente, también hemos depurado esa sabiduría antigua para descartar supersticiones y mitos superados. Nuestra conciencia ha evolucionado por fin hasta aceptar esa sabiduría filtrada de los siglos.

Nadamos en un mar de conciencia de *new age*, holística y espiritual, que parece haber desbordado las presas de las antiguas creencias y de la conciencia restringida. Hay pruebas por todas partes. El *new thought* se está convirtiendo en algo dominante.

El Instituto Nacional de Sanidad de Estados Unidos financia estudios sobre acupuntura, medicina naturista, hipnosis y estados de conciencia alterados. Las mutuas cubren técnicas de curación alternativas y complementarias. Las empresas de publicidad tradicionales promueven productos comerciales con campañas internacionales que se sirven de la reencarnación como arma de venta. Las películas y los programas de televisión pregonan a los cuatro vientos temas de *new age* que llegan a millones de espectadores interesados.

¿Por qué sucede todo eso?

Durante cientos de años la gente ha creído de forma errónea que la tecnología, una vez desarrollada plenamente, resolvería los males de la humanidad, que la ciencia indicaría el camino por el que salir del bosque, por el que alejarse de la enfermedad, la pobreza, el sufrimiento y el dolor.

Hoy sabemos que, por sí solas, la tecnología y la ciencia son incapaces de resolver nuestros problemas. La tecnología puede utilizarse para fines buenos o malos. Sólo cuando se emplea con iluminación, sabiduría y equilibrio puede ayudarnos de verdad. Tenemos que encontrar el equilibrio adecuado.

El amor es la piedra sobre la que se basa ese equilibrio.

Cuando la gente tiene experiencias espirituales intensas, casi siempre se evoca la energía del amor. Esa forma de amor es incondicional, absoluta e ilimitada. Es como un impulso de energía pura, una energía que también posee atributos de gran fuerza, como la sabiduría, la compasión, la eternidad y la conciencia sublime. El amor es la energía más básica y dominante que existe. Es la esencia de nuestro ser y de nuestro universo. El amor es el componente fundamental de la naturaleza que conecta y une todas las cosas, a todas las personas.

El amor es más que un objetivo, más que un combustible, más que un ideal. El amor es nuestra naturaleza. Es nuestra esencia.

Espero que este libro le enseñe a reconocer el amor, a cultivar y ampliar su experiencia de amor (en especial para con usted mismo y en sus relaciones) y a manifestar e irradiar su amor a los demás. Gracias a ello tendrá, de forma inevitable, más alegría, más salud y más felicidad en su vida.

El amor todo lo cura. En un futuro cercano algunos atributos de su energía se estudiarán científicamente, se cuantificarán, se medirán y se comprenderán. Otros seguirán siendo misteriosos, ilimitados e incalculables. Por fortuna, cuando la energía del amor se siente con profundidad, sus efectos curativos se experimentan siempre, con independencia de si se mide o se comprende.

Los físicos saben que todo es energía. Las bombas nucleares se construyen según técnicas de transformación y liberación de energía. La medicina naturista y la tradicional funcionan debido a transformaciones de energía provocadas a nivel celular. Los resultados varían mucho, pero los mecanismos subyacentes son los mismos: transformaciones de energía.

La energía del amor es, en potencia, más fuerte que cualquier bomba y más sutil que cualquier hierba. Lo que sucede es que aún no hemos aprendido a aprovechar esa energía tan básica y pura. Cuando lo consigamos, podrá darse una curación en todos los niveles, individual y planetaria.

Antes de escribir este libro he descrito la fenomenología, las características de diversas experiencias metafísicas: la reencarnación, la naturaleza del alma, los curanderos y la curación, los hechos parapsicológicos y los dones de los médiums, las experiencias cercanas a la muerte y *post mortem*, y la increíble sabiduría de los seres que parecen existir en «el otro lado».

Ahora tiene la oportunidad de comprender y experimentar la energía común a todas esas experiencias, fenómenos y seres, que los conecta. Al hacerlo, su vida se amplificará y mejorará, y podrá deshacerse de los bloqueos y obstáculos que le impiden alcanzar la paz interior, la alegría y la felicidad.

Nuestras almas siempre se sienten atraídas hacia el amor. Cuando comprendamos de verdad el concepto de que el amor es una energía que lo abarca todo y que su impulso curativo puede transformar con rapidez nuestros cuerpos, mentes y almas, superaremos nuestros dolores y males crónicos.

UNAS PALABRAS SOBRE ESTE LIBRO

Para este trayecto es vital pensar de forma lógica y racional. Aceptarlo todo sin reflexión, contemplación y meditación sería tan insensato como rechazarlo todo del mismo modo. La ciencia es el arte de observar detenidamente con una mirada imparcial y sin prejuicios. Eso es lo que he intentado hacer. He conocido a algunas personas de enormes aptitudes (videntes, médiums, curanderos y demás) y muchas más con pocas o ninguna, que en su mayor parte son oportunistas. He dedicado muchos años a aprender y aplicar el método científico, y mi mente escéptica siempre está alerta y pasa todas mis experiencias por ese filtro científico, pero también he tenido cuidado de no actuar con un exceso de celo. Una persona o una experiencia pueden desanimar, pero la siguiente puede ser realmente extraordinaria y no tiene que descartarse por lo sucedido anteriormente.

He escrito este libro para devolver un poco de lo que se me ha entregado. He reflexionado sobre la posible importancia de otro libro. Al fin y al cabo ya he escrito tres, y en ellos hay mucho que digerir. Además, hoy se ven libros de orientación espiritual por todas partes. ¿Qué puede aportar otro más?

La enseñanza es un proceso sumamente individual, me recordé, que depende del estilo, el ritmo, las preferencias personales, los valores y tantos otros factores. Hay otras personas que, mediante libros o seminarios o con su ejemplo, cuentan cosas parecidas, pero quizá de forma distinta. Aunque sólo haya una verdad, para llegar a ella hay muchos caminos. Sin embargo, la respuesta es siempre la misma; la verdad no ha cambiado. Eso no quiere decir que un profesor sea mejor que los demás o que sus métodos y su filosofía sean superiores. Son distintos, simplemente. Lo que a uno le funciona está bien, y lo que no le sirve le funcionará a otro. Todos vamos a un mismo sitio.

La trayectoria que he seguido para comprender más cosas sobre nuestra naturaleza espiritual es fruto de muchos años de arduo estudio académico que culminaron en mi formación médica, mi especialización psiquiátrica y varias décadas de experiencias postacadémicas y estudios clínicos. Ésa ha sido mi trayectoria. Otros pueden llegar a un estadio parecido gracias a una experiencia de gran fuerza, espontánea y abrumadora, como por ejemplo un suceso cercano a la muerte. Y otros pueden alcanzar ese nivel con la práctica de una única técnica, como la meditación, durante un largo período. Son otras trayectorias. Muchos caminos llevan a la iluminación. Juntos podemos explorarlos.

Nuestras creencias pueden cambiar debido a la fuerza y a la inmediatez de la experiencia personal. Empezamos a comprender algo cuando experimentamos su esencia. La creencia se convierte entonces en saber.

No basta con leer sobre los conceptos presentados aquí o confiar exclusivamente en las experiencias de los demás, que se presentan como ejemplos o ilustraciones de los conceptos. Por consiguiente, a lo largo de todo el libro se incluyen ejercicios y diversas técnicas para mejorar las experiencias propias, para ayudarle directamente a cambiar.

Hace años que aconsejo a mis pacientes que escriban un diario de sus sueños, y que anoten en él lo que recuerden al despertar. Con un poco de práctica mejora sensiblemente la memoria de los sueños. Cuantos más detalles se recuerdan y se registran, más fácil resulta analizar el sueño. Lo mismo puede decirse de la meditación y la visualización. Al practicar esos ejercicios puede serle de utilidad anotar o escribir en forma de diario sus pensamientos, sentimientos, observaciones y experiencias. Al igual que con los sueños, cuanto más escriba más fácil le será recordar y procesar los detalles de sus experiencias.

A mí me ha resultado difícil practicar esas técnicas, así que puedo aconsejarle con conocimiento de causa que no se sienta frustrado. El progreso puede parecer bastante lento. A veces me doy cuenta de que me dejo llevar por la pereza y que durante varias semanas seguidas no practico la meditación. Sigo cayendo en las rutinas de la vida y a veces me dejo dominar por el orgullo, la envidia o la inseguridad. Todos somos humanos y la vida es dura. La frustración es una reacción normal y corriente. No somos una especie paciente.

Como ya he dicho, lo que importa es la dirección, no la velocidad. Si va evolucionando para convertirse en una persona más cariñosa, más compasiva y menos violenta, es que ha tomado la dirección adecuada. Al igual que yo, puede ser que se distraiga, que alguna vez se desvíe equivocadamente y que se pierda hasta encontrar el camino de regreso. Tal vez le parezca que da dos pasos hacia adelante y luego uno hacia atrás, pero no pasa nada. Así son las cosas cuando tenemos forma humana. La iluminación es un proceso lento y arduo que requiere entrega y disciplina. Descansar de vez en cuando es absolutamente normal. En realidad no es que retroceda, sino que consolida lo que ha conseguido y reposa.

El progreso no siempre es lineal. Puede que haya avanzado mucho en cuanto a caridad y compasión, pero que le quede mucho también por hacer en relación con la ira y la paciencia. Es importante que no se juzgue. Si no se juzga ni permite que los demás lo hagan, no se sentirá frustrado.

Las experiencias con las que se encontrará al ir leyendo este libro tienen como objetivo ayudarle en la evolución para convertirse en un ser lleno de amor y alegría, movido por la no violencia y falto de miedos. Dado que el progreso por el camino espiritual no es lineal, quizás algunos conceptos y ejercicios le parezcan bastante fáciles y otros difíciles. Es normal.

En muchas ocasiones he tropezado, he recuperado la conciencia y he reemprendido mi camino. Seguramente a usted también le habrá sucedido. Con este libro espero ayudarle a tropezar menos veces y a recuperarse y a progresar con más facilidad. Estoy convencido de que, gracias a sus cartas y a las reacciones y respuestas que me lleguen, los lectores me ayudarán del mismo modo.

Sin la contribución de los Sabios, este libro no se habría escrito nunca, ya que esas citas son peldaños que ayudan a llegar a las ideas y los ejercicios que se presentan en los capítulos. Las ideas y los conceptos contenidos en los mensajes son como semillas especiales que han crecido y madurado en mi mente a lo largo de los años hasta convertirse en preciosas flores, que son las que ahora le ofrezco.

Las citas de los Sabios son también como las campanillas que hacen sonar los budistas para recordar que tienen que dejar de divagar y regresar al presente, a la conciencia. Los mensajes de los Sabios nos recuerdan, de forma parecida, que tenemos que dejar que la mente vuelva a lo importante (el amor, la paz, la vida eterna, los pensamientos y las prácticas espirituales) y dejar de lado lo que no lo es (lo material, el orgullo y el ego, la violencia, el miedo, las preocupaciones y el odio).

Las citas, como las campanillas, nos hacen recuperar la conciencia. Cada vez que vea palabras en cursiva, tómese el tiempo que necesite y digiera su significado. Pocas veces probará un sabor más dulce.

Todos remamos en la misma galera, y en el horizonte hay tormentas que no auguran nada bueno. Da la impresión de que la violencia y la falta de visión dominan nuestro mundo. Tenemos que remar en armonía para renunciar al odio, la ira, el miedo y el orgullo. Tenemos que tener el valor de obrar bien. Tenemos que amarnos y respetarnos los unos a los otros, ver y apreciar la belleza y la dignidad innatas de todo el mundo, porque todos somos almas, todos tenemos la misma sustancia.

Sólo si remamos al unísono, con toda la tripulación unida, podremos sortear las tormentas y encontrar el camino que lleva a casa.

2

El ciclo de la vida

Cuando estamos aquí pasamos por muchas etapas. Nos despojamos de un cuerpo de recién nacido, pasamos al de un niño, del de niño al de adulto, y del de adulto al de anciano. ¿Por qué no dar un paso más y desprendernos del cuerpo adulto para pasar a un plano espiritual? Eso es precisamente lo que hacemos. Nunca dejamos de crecer. Y cuando llegamos al plano espiritual seguimos creciendo aún más. Pasamos por varias etapas de desarrollo. Cuando llegamos, estamos quemados. Tenemos que pasar por una etapa de renovación, una de aprendizaje y una de decisión. Decidimos cuándo queremos regresar, dónde y por qué motivos. Algunos resuelven no volver. Prefieren pasar a otra etapa de desarrollo y permanecen en forma espiritual, unos más tiempo que otros, antes de regresar. Todo es crecimiento y aprendizaje, un crecimiento continuo. El cuerpo no es más que un vehículo que utilizamos mientras estamos aquí. Lo que perdura eternamente es el alma y el espíritu.

Nuestras vidas no son el resultado de actos y acontecimientos aleatorios. Las trayectorias vitales están previstas sabia y detenidamente para mejorar el aprendizaje y la evolución.

Elegimos a nuestros padres, que suelen ser almas con las que hemos interactuado en vidas anteriores. Aprendemos de niños, de adolescentes y de adultos, y evolucionamos espiritualmente a medida que nuestros cuerpos cambian. Cuando el alma abandona el cuerpo en el momento de la «muerte» física, seguimos el aprendizaje en planos superiores, que en realidad son niveles superiores de conciencia. Repasamos la vida que acabamos de abandonar, aprendemos las lecciones y preparamos la próxima existencia. El aprendizaje no termina con la muerte del cuerpo.

Existen muchos niveles de conciencia que visitamos cuando el alma abandona el cuerpo físico. Uno importante es la etapa de aprendizaje, en la que repasamos nuestras vidas. Volvemos a experimentar cada encuentro, cada relación. Sentimos las emociones de la gente a la que hemos ayudado o hecho daño, amado u odiado, afectado positiva o negativamente. Sentimos sus emociones muy profundamente, pues se trata de un recurso de aprendizaje con mucha fuerza, una especie de reacción de respuesta instantánea e intensa al comportamiento que tuvimos cuando estábamos en la Tierra, en un cuerpo físico. Aprendemos a través de las relaciones, y por eso es importante comprender cómo hemos afectado a los demás.

El concepto de la reencarnación explica y aclara las relaciones de la vida actual. A menudo resulta que hechos del pasado lejano siguen influyendo en las relaciones actuales. Darse cuenta de las causas fundamentales de vidas anteriores puede servir para arreglar la relación del presente. La conciencia y la comprensión son potentes fuerzas reparadoras.

He decidido empezar este libro con el siguiente ejemplo de una sesión de regresión, pues describe y explica el proceso de la terapia de regresión que utilizo, incluidas las técnicas y las interpretaciones. Prácticamente no se ha tocado nada. Quiero que usted experimente las sesiones como si estuviera presente.

Por otra parte, se trata de un caso fascinante en el que tienen eco la vida actual y otras anteriores. Recoge no sólo recuerdos de la infancia sino también previos al nacimiento y posteriores a la muerte. Y muestra los caminos del alma.

Una importante cadena de televisión me había pedido que participara en uno de sus programas e hiciera para sus muchos telespectadores una demostración de una regresión a una vida anterior. Una periodista de aquella cadena, que había oído hablar del proyecto y estaba interesada en mi trabajo, se ofreció voluntaria como «paciente». Para aquella regresión utilicé la técnica conocida como relajación progresiva, un descenso apacible y gradual hasta el estado hipnótico. La hipnosis en sí no es más que una forma de concentración y relajación. No tiene que ver con el viaje por el tiempo y no es nada misterioso. En ese estado relajado y concentrado se intensifican las funciones del recuerdo.

Su sesión resultó espectacular, fértil e intensa y fue capaz de experimentar recuerdos de la infancia, perinatales y de vidas anteriores, lo que tuvo como consecuencia una mejora de su vida y sus relaciones.

Era un día caluroso y húmedo de finales de mayo en Nueva York. La intensa luz y el calor que desprendían los potentes focos instalados para las cámaras de televisión aún hacían más bochornoso el ambiente. Notaba las gotas de sudor que se me iban formando en la espalda y bajo la delgada capa de maquillaje que me habían aplicado en la cara. Andrea, la periodista, no había llegado todavía.

A pesar de que les había pedido un lugar tranquilo y relajado, los productores habían elegido para la grabación un piso del centro. En lugar de instalaciones en una sala silencio-sa en un estudio con aire acondicionado, nos metieron en un piso sofocante sin aire acondicionado. Al abrir las ventanas corría un poco de brisa, pero también penetraba en el salón, ya de por sí atestado, una cacofonía de ruidos del tráfico, si-renas y otros estruendos del exterior. En esas condiciones adversas y con la tensión añadida que aportaban las cámaras de televisión, pensé con tristeza que disminuían considera-blemente las probabilidades de que la regresión fuera bien.

Por fin llegó Andrea. No parecía que la molestaran ni el calor ni las sirenas procedentes de la calle. Al parecer, desde pequeña se había acostumbrado a los constantes ruidos de fondo de la ciudad. Le fastidiaban más los atroces dolores menstruales que estaba sufriendo y que también me preocu-paban a mí, porque temía que no le permitieran concentrar-se. Antes de la grabación dedicamos unos instantes a cono-cernos y a comentar el proceso de hipnosis.

He incluido aquí la inducción hipnótica en su integridad, aunque algunas partes son repetitivas, para ilustrar esta téc-nica y demostrarle que en la hipnosis y en la regresión no hay ni magia ni artimañas. La repetición es deliberada, ya que ayuda a profundizar en el estado que experimenta el sujeto. El diálogo apenas se ha tocado, pues quiero que usted expe-rimente toda la sesión exactamente como se desarrolló.

Los micrófonos estaban conectados y había tres cáma-ras listas para grabar la sesión. Andrea, vestida con una blu-sa color burdeos y pantalones oscuros, se acomodó en un viejo sofá. Iniciamos el proceso de inducción hipnótica. A pesar de las molestias, Andrea entró enseguida en un estado de trance profundo. Luego me contó que los dolores mens-truales habían desaparecido completamente.

Al principio no hizo más que escuchar mientras yo iba indicándole lentamente cómo alcanzar el estado hipnótico profundo.

—Voy a contarte lo que vamos a hacer, lentamente —empecé—. El objetivo es que estés muy cómoda y vas a conseguirlo con los ojos cerrados. Lo único que tienes que hacer es seguir las instrucciones. ¿Está claro?

Andrea asintió. Estaba empezando a relajarse.

—Muy bien. Hay sistemas más rápidos, pero quiero que también experimentes el procedimiento de relajación. Deja que los ojos se te vayan cerrando poco a poco y mantenlos cerrados durante toda la sesión. Concéntrate primero en la respiración. Es un sistema muy antiguo de interiorización, hay quien lo llama la respiración yoga. La respiración es muy importante. Imagínate, y hoy no dudes cuando tengas que utilizar la imaginación, que al espirar expulsas de verdad la tensión y el estrés del cuerpo y al inspirar recoges la hermosa energía que te rodea... Espiras estrés y tensión e inspiras una hermosa energía. Esto te ayudará a profundizar cada vez más con cada respiración. Podrás concentrarte en mi voz y dejar que también ella te lleve a un lugar más profundo. Y que los ruidos de fondo y las demás distracciones sirvan para hacer aún más profundo tu nivel. No van a interferir. Hoy vas a poder llegar a un nivel lo bastante profundo como para tener experiencias maravillosas.

Me detuve un instante y dejé que respirara cada vez más profundamente.

—Ya hemos dicho que es muy sano, para el cuerpo y para la mente, poder relajarse, desprenderse de la tensión y del estrés, dejar que el cuerpo, sencillamente, se afloje. Muy bien. Ahora la respiración es muy, muy cómoda... Espiras estrés e inspiras una hermosa energía. Mientras, relaja todos los músculos. Se te va a dar muy bien, porque estás muy en contacto con tu cuerpo, algo de lo que algunas personas carecen totalmente. Ponte todo lo cómoda que puedas. Muévete siempre que quieras. Si te notas alguna parte del cuerpo incómoda, muévela hasta que esté lo más cómoda posible. Relaja los músculos de la cara y de la mandíbula; siente cómo se relajan totalmente. Deshazte de toda la tensión y la rigidez de todos esos músculos. Relaja los del cuello, que queden muy blandos, sueltos. Hay mucha gente con problemas en el cuello o dolores de cabeza porque pone demasiada tensión en el cuello y ni siquiera se da cuenta. Siente cómo se relaja totalmente el cuello. Y los músculos de los hombros, tan blandos y tan distendidos. Deshazte de toda la tensión y de la rigidez. Los músculos de los brazos... ya los tienes muy relajados. Que sólo te aguanten el sofá y los cojines. Bien. Ponte muy, muy cómoda.

Su respiración iba volviéndose más lenta y profunda. Me daba cuenta de que ya estaba hundiéndose en un nivel de trance profundo. A mis espaldas oía cómo los cámaras correteaban para ajustar sus posiciones y movían las pesadas cámaras para cubrir los distintos ángulos, que iban cambiando a medida que la cabeza de Andrea se hundía lentamente hasta alcanzar una posición muy relajada.

—Y ahora los músculos de la espalda, totalmente relajados, tanto la parte de arriba como la de abajo, mientras vas profundizando más y más en ese hermoso estado de paz. A cada respiración profundizas más aún. Ahora relaja los músculos del estómago y del abdomen, para que la respiración siga sosegada. Por último, relaja totalmente los músculos de las piernas. Ahora sólo te aguanta el sofá y vas entrando más y más en ese hermoso estado de paz. Bien, muy bien. Vas a concentrarte en mi voz y a dejar que te siga llevando a un estado cada vez más profundo; los ruidos del exterior o las distracciones van a servir también para que ese nivel sea aún más profundo. De vez en cuando oirás ruidos. No importa. A pesar de ellos puedes llegar a un estado muy profundo.

»Y ahora imagínate una hermosa luz encima de tu cabeza. Puedes elegir el color o los colores. Imagínate que es una luz curativa maravillosa, una luz de hermosa energía, una luz que te sumerge, que te hace descender a un nivel de paz y serenidad cada vez más profundo. También es una luz que te relaja completamente. Es una luz espiritual, conectada a la que hay encima de ti y a tu alrededor. Escoge el color o los colores y permite que entre en tu cuerpo, por la parte superior de la cabeza, y que ilumine el cerebro y la médula espinal... Va fluyendo de arriba abajo como una hermosa ola de luz y pasa por todas y cada una de las células, los tejidos, las fibras y los órganos de tu cuerpo con paz, con amor y poder curativo mientras tú vas descendiendo más y más.

Proseguí con el proceso de profundización de su estado de trance. Hablaba en voz baja y rítmica, lo que aumentaba el efecto hipnótico.

—Vas a concentrarte en mi voz y, sin embargo, vas a descender más y más a medida que la luz te llene el corazón, te lo cure y siga fluyendo hacia abajo. Que sea una luz muy potente, muy fuerte, en cualquier zona en la que la necesites como poder curativo. Al ir descendiendo a un nivel cada vez más profundo, el resto de la luz baja por las piernas hasta llegar a los pies y llena el cuerpo de luminosidad, en este hermoso estado de paz y relajación. Consigues concentrarte en mi voz. Imagínate ahora que la luz también rodea completamente el exterior de tu cuerpo, como si te envolviera una hermosa burbuja o un capullo de luz. Te protege, cura tu piel, hace que tu nivel descienda aún más. Y ahora voy a contar hacia atrás, del diez al uno, profundiza tanto que la mente ya no esté limitada por las habituales barreras del espacio y el tiempo. Llega hasta un nivel tan profundo que lo recuerdes todo, todas las experiencias que has vivido, en este cuerpo o en cualquier otro que hayas tenido antes, o incluso entre un cuerpo y otro, cuando estabas en estado espiritual. Lo recuerdas todo.

La cuenta atrás es una técnica de profundización muy eficaz.

—Diez, nueve, ocho... Vas profundizando más y más al oír cada número... Siete, seis, cinco... Estás en un nivel profundo, tranquilo... Cuatro, tres... Un nivel hermoso de serenidad y paz... Dos... Ahora todo el nerviosismo sale completamente de tu cuerpo... Uno. ¡Muy bien! En este hermoso estado de paz, imagínate que estás bajando por una escalera muy bonita. Bajas, bajas... Desciendes más y más... Bajas y bajas... A cada paso, el nivel es aún más profundo. Al llegar al pie de la escalera te encuentras ante ti con un jardín muy bonito, un jardín de paz y seguridad, de serenidad y amor. Un jardín maravilloso. Entra en ese jardín y busca un sitio para descansar. Tu cuerpo, aún lleno de luz y rodeado de luz, sigue curándose, relajándose, recuperándose, rejuveneciendo. Los niveles más profundos de tu mente pueden abrirse y lo recuerdas todo. Para demostrártelo podemos empezar a retroceder en el tiempo, primero un poco y luego cada vez más y más.

La cabeza de Andrea iba inclinándose hacia delante y la barbilla se acercaba peligrosamente al diminuto micrófono de solapa que le habían sujetado precariamente a la blusa. Había llegado a un nivel tan hondo que no eran necesarias más técnicas de profundización. Decidí iniciar el retroceso en el tiempo.

—Dentro de unos instantes voy a contar hacia atrás, del cinco al uno. Deja que te venga un recuerdo de la infancia. Si quieres que sea un recuerdo agradable, muy bien, pero también puede ser un recuerdo que te enseñe algo o que tenga algún valor que te ayude a sentir más alegría, paz o felicidad en tu vida actual. Recuerda plenamente, con sentimientos, con sensaciones, utilizando todos los sentidos. Si en cualquier momento te sientes incómoda, siempre puedes distanciarte y flotar por encima de la escena del recuerdo. Puedes flotar y observar desde lejos. Pero si no estás incómoda, quédate con el recuerdo y evócalo vívidamente. Podrás hablar y, sin embargo, permanecer en un nivel muy, muy profundo y continuar la experiencia. Ahora, mientras cuento hacia atrás, que el recuerdo se vaya definiendo con todo detalle; utiliza todos los sentidos. Un recuerdo de la infancia. Cinco, cuatro... Lo recuerdas todo... Tres... Se va definiendo... Dos... Ya lo ves todo... Uno. ¡Estás dentro del recuerdo! Durante unos instantes, vuelve a experimentarlo, recuérdalo. Puedes hablar y contarme lo que experimentas, pero seguirás en un nivel muy, muy profundo, continuarás con la experiencia. ¿Qué recuerdas? ¿Qué te viene?

—Es invierno —empezó Andrea—. Voy de paseo con mi padre por el barrio. En invierno siempre me pedía que fuera a pasear con él. Estamos con nuestro perro, un husky, y el viento sopla con mucha fuerza, y ha nevado, y vamos andando de cara al viento, y estoy encantada, porque es un momento sólo para papá y para mí, y a los demás nunca les pide que vayan con él. Hace un frío polar y mi padre lleva la parka maravillosa de siempre, y ya ha salido la luna, y al perro le encanta la nieve.

La voz de Andrea era más infantil. Un fuerte acento del Medio Oeste había sustituido a la cadencia perfeccionada de una periodista profesional.

—Andamos y hablamos —prosiguió— y le damos patadas a la nieve. Es de noche y no hay tráfico, así que vamos andando por en medio de la calle. Las farolas son de esas antiguas con globos grandes, y todo es precioso. Es como si el mundo entero se hubiera parado y sólo estuviéramos mi padre y yo.

Una sonrisa radiante inundó su rostro, que parecía menos tenso y más vulnerable.

—¿Te ves a ti misma? —le pregunté—. ¿Qué aspecto tienes?

—Llevo un peinado horrible —replicó. Parecía sorprendida.

—¿Cuántos años tienes? —pregunté, para anclarla a la escena.

—Ocho.

—Y llevas el abrigo puesto, claro.

—No veo de qué color es —contestó vacilante—. No lo sé. Llevo bufanda, mitones y botas, pero tengo los pies fríos.

—¿Y cómo es el abrigo de tu padre?

—Es una parka roja con el forro de lana blanca. La compró

en Chicago y en invierno siempre la lleva. Tiene una capucha con piel alrededor. Es como la que lleva mi padre siempre.

—Parece que es un momento de mucha felicidad para ti; estás con tu padre y con tu perro y todo está muy tranquilo.

Me di cuenta de que tenía lágrimas en los ojos.

—¿Hay tristeza en este recuerdo?

Andrea negó con la cabeza.

—¿Sólo felicidad?

Sonrió.

—Me entran ganas de volver a ser una niña —dijo en voz baja.

—Pues ahora mismo puedes serlo —le expliqué—. Sólo tienes que sentirlo. Es vivido; puedes estar allí mismo, en la nieve. Si quieres, incluso puedes oír cómo cruje y ver cómo tu perro juega con ella, cómo disfruta. Puedes sentirlo sin estar incómoda.

Quería que Andrea experimentara plenamente aquel hermoso recuerdo de la infancia, que utilizara todos los sentidos y los sentimientos.

—Nunca volvíamos a casa temprano —prosiguió—. Dábamos unos paseos muy, muy largos. Papá nunca... No hay prisa. Subimos por la calle y luego no veo adónde vamos, pero siempre volvemos al mismo sitio y nos vamos a casa, y mamá ha hecho chocolate.

Otra sonrisa luminosa suavizó su rostro.

Me llegó el zumbido de las cámaras de televisión. Decidí resumir su experiencia y pasar a niveles aún más profundos. Debido a las limitaciones de tiempo impuestas por la grabación, tenía que guiar las conexiones y las interpretaciones más que con los pacientes habituales en la consulta. También me preocupaba el que hubiera en la sala otras personas que no tenían por qué conocer información privada, por lo que dejé que Andrea evocara determinados recuerdos en silencio. Además, el objetivo no era llevar a cabo una sesión terapéutica sino hacer una demostración.

—Muy bien. Lo que me gustaría que hicieras es recordar el amor y el cariño que existe en este momento entre tu padre y tú y entre tu madre y tú, porque tener el chocolate ahí es también algo muy conmovedor y tierno. Son recuerdos maravillosos de amor, de juventud y de ternura, de tu madre y de tu padre, de la estrecha relación que tienes con tu padre y de esos paseos tan especiales. Así que incluso cuando te despiertes recordarás el amor, la ternura y el cariño. Es un recuerdo maravilloso que seguirá acompañándote... La bondad, la felicidad, la alegría e incluso la presencia del perro, todo, la felicidad del momento. Así tiene que ser la vida. Hay muchísimas oportunidades de amar, de ser cariñoso. Puede ser algo muy sencillo, como un paseo con tu padre, no tiene por qué ser caro. Un paseo con tu padre en una noche de invierno, y con el perro, y tu madre con el chocolate preparado. Lo recordarás incluso después de despertarte. Y, ahora, ¿estás lista para retroceder aún más?

—Sí —respondió sin vacilar. Andrea había probado la dulzura y la intensidad de esos recuerdos y quería más.

—Bueno. Empieza a flotar por encima del recuerdo. A flotar por el aire, sintiéndote muy libre y muy ligera. Sigue flotando, aléjate de ese momento y deja que el recuerdo se desvanezca. Ahora vamos a retroceder aún más, a cuando aún no habías nacido, a cuando estabas en el vientre de tu madre. Voy a volver a contar hacia atrás, del cinco al uno. No te preocupes, todo lo que te venga a la cabeza, a la conciencia, es bueno. No lo juzgues, ni lo critiques, ni lo analices, experiméntalo simplemente. Ése es el único objetivo. Cuando llegue al uno ya estarás allí, antes de nacer, en el útero. A ver si sientes algo, si tienes alguna idea, alguna sensación, ya sea física, emocional o incluso espiritual. Puede que descubras por qué has elegido esta vida y a estos padres. Todo lo que te venga es bueno. Tal vez seas consciente de cosas que pasan fuera del cuerpo. A veces sucede. No importa. Sea lo que fuera lo que experimentes, está bien. ¿De acuerdo?

Andrea asintió lentamente.

—Muy bien. Respira bien hondo una o dos veces y desciende aún más, a ese nivel tan, tan profundo. Cuando cuente hacia atrás del cinco al uno regresaremos a la época anterior a tu nacimiento, ya en esta vida, cuando estabas en el útero. Vamos a ver qué recuerdas y qué experimentas. Cinco, lo recuerdas todo... Cuatro, regresas a la época anterior al nacimiento, estás en el útero de tu madre... Tres, acepta todo lo que te llegue a la conciencia... Dos, todo se vuelve más claro... Uno. Estás dentro del recuerdo. Dedica unos instantes a acomodarte al entorno, a darte cuenta de tus sensaciones... físicas, emocionales, espirituales... cualquier impresión o idea. A veces incluso puedes conectar con los sentimientos o los pensamientos de tu madre, porque estáis muy estrechamente unidas. O incluso con los de tu padre, que está cerca. Dedica unos instantes a recordarlos a volver a experimentarlo. Igual que antes, vas a poder hablar sin salir de ese estado tan y tan profundo, en un nivel muy profundo, sin dejar de experimentar la situación. Me contarás lo que experimentes.

Tras una breve pausa, le pregunté:

—¿Qué te viene?

Andrea respondió rápidamente con una sonrisa y me di cuenta de que había conseguido superar la barrera de los años. Había aparecido en el inicio mismo de su vida actual.

—Mamá está muy contenta —dijo, sin más. No dejaba de sonreír.

—Bien, bien —contesté, aliviado al ver que recordaba algo importante. Las cámaras lo grababan todo—. ¿Sientes su alegría?

Asintió.

—Bien. O sea que eres una hija muy deseada. Eso es importante. ¿Qué más? ¿De qué más eres consciente? ¿Cómo te sientes?

—No lo sé.

—¿Tienes alguna otra impresión o sensación?

—Mamá lleva un peinado muy raro. —Incluso antes de nacer, Andrea ya era capaz de observar y evaluar los peinados.

—Sí, lo ves. ¿Cómo describirías ese peinado? ¿Por qué es raro?

—Parece como si se lo hubiera cortado ella misma con una navaja. Lo lleva muy corto. A mí padre le gusta así.

También era consciente de los sentimientos de su padre, de lo que le gustaba y de lo que no.

—¿Le gusta así de corto?

—Sí. Es muy guapo —añadió.

—¿También le ves a él más joven? Bien. Me alegro mucho de que quieran tenerte; son felices. Es un buen entorno para nacer.

—Están muy ilusionados.

Andrea parecía contenta de seguir en ese lugar, de volver a disfrutar de aquellos sentimientos maravillosos. No le importaba en absoluto que pasara el tiempo o que las cámaras fueran grabando.

—Bueno, ahora vamos a pasar al nacimiento, cuando cuente hasta tres, sin ningún dolor ni malestar, sólo observando, para ver de qué tomas conciencia a través de la experiencia del nacimiento. Al llegar a tres, pero sin que sufras ningún dolor ni malestar. Uno, dos, tres. Experiméntalo. Todo lo que te pase por la cabeza está bien. ¿Qué sientes?

Andrea siguió en silencio durante diez o quince segundos, antes de responder.

—Sitios oscuros.

—¿Cómo te sientes ahora?

No sabía dónde estaba ni qué eran aquellos «sitios oscuros».

—Como si no hubiera terminado —explicó.

Entonces lo comprendí.

—Muy bien, aún no has acabado de nacer. Bueno, puedes experimentarlo, sin dolor, sin malestar. Experiméntalo, vive tu nacimiento aquí y ahora.

—A mi madre no le han puesto anestesia. Nada. Salgo de color rosa.

Era una observación interesante para un recién nacido.

—Rosa, sí. ¿Y estás...?

—Llorando, pero no me pasa nada. Mi madre se encuentra bien.

—¿No ha querido que le pusieran la anestesia?

—Les ha dicho que no. No quería que yo naciera azul, como todos esos niños.

A veces la anestesia total administrada durante el nacimiento puede afectar al hijo.

—Comprendo. Pero tú no saliste azul, sino rosa, despierta y llorando. ¿Ahora la ves? ¿Qué ves?

Andrea estalló en una risa divertida.

—Todo el mundo está contento. La han puesto en una habitación con otras mamás. Mi padre es médico, pero a mamá no la ponen sola en una habitación.

Esto último lo comentó con ironía.

—Afuera todo es azul —añadió—. Hace sol.

—Observas muchas cosas —comenté—. Muchos detalles. ¿Te han llevado con ella?

—Acaba de tomarme en brazos. Tengo la impresión de que estoy siempre con ella.

—Es lo que recuerdas, el tiempo que estás con ella. ¿Qué tal se le da ser madre?

—Se divierte. Está delgada, no ha engordado mucho durante el embarazo.

Andrea se fijaba mucho en los aspectos exteriores, como los peinados o el peso.

—Pero ¿te encuentras bien? —le pregunté.

—Sí, sí —me tranquilizó.

—Es un buen recuerdo. Eres consciente de muchísimos detalles. Déjate llevar por la escena, cómo te sostiene en brazos, qué aspecto tiene con el pelo corto y todo eso. No se ha engordado demasiado. Y tú estás contenta de estar allí. Bien.

—Mi padre se siente tan orgulloso que no hay quien le haga callar. Le da la lata a todo el mundo.

—¿Lleva a gente?

—Todo el día. Está pesadísimo. Cada vez que ve a alguien por el hospital le arrastra hasta el cristal para que me mire. Está pesadísimo. La cosa tiene gracia.

—Está conectado contigo con mucha fuerza, desde el principio —observé, recordando su conexión amorosa mientras paseaban una noche de invierno ocho años después—, pero su cariño es pesado. Muy bien. Bueno, eso también lo recordarás después de despertarte. Ya sé que hay muchos detalles más, no tienes por qué contármelos todos ahora. Hay muchísimas más cosas que ver, que percibir, que describir. Todo, los colores, el exterior, la habitación, los demás niños, lo que lleva tu padre, el aspecto que tiene... Mil cosas. Lo que quiero es que tomes conciencia de ellas. Empápate en ese amor, aunque te parezca pesado; al fin y al cabo es amor, y eso es muy bueno. Tu madre lo mantuvo; fue algo maravilloso. Hay mucha felicidad y alegría. Es maravilloso que al llegar a este mundo te reciban así, que notes que te desean, que sientas la alegría, la felicidad, el amor. Vas a recordar aún más detalles. Deja que te empapen. Más detalles todavía de la habitación, de sus dimensiones, de cómo está amueblada. Pero lo más importante de todo es el amor.

La cara de Andrea se ensombreció.

—Ha entrado el marido de la señora que está en la cama de al lado de la de mi madre. La mujer acaba de tener un niño y él quiere acostarse con ella.

—¿En esa habitación? —le pregunté, sorprendido por la repentina claridad de ese desagradable recuerdo.

—Sí, y ella dice que no. Él es antipático. A mi madre no le hace ninguna gracia.

—¿Se ha dado cuenta?

—Sí, las camas están separadas por cortinas, pero este señor es muy ordinario.

—Sin embargo su mujer le ha dicho que no.

—¡Pero si acaba de dar a luz! —exclamó Andrea.

—Ya lo sé.

—A mi madre no le hace ninguna gracia —repitió.

—¿Se va el señor?

—No.

Entonces se produjo un breve silencio. Llené el vacío.

—No es muy comprensivo. Date cuenta no sólo de que la familia a la que has llegado tú es mucho más comprensiva, sino también de que tienes muchas más cosas por delante, porque tenéis afecto, tenéis comprensión.

—Me pesa el cuello —dijo Andrea, dejando caer la cabeza sobre el brazo del sofá. Volví a oír el equipo televisivo, que se movía para adaptarse a la nueva postura.

—Muy bien. Ahora ya estás muy cómoda. ¿Te encuentras preparada para salir de esa escena?

No contestó, así que dejé que se quedara en ella durante unos instantes.

—¿O quieres quedarte un poco más? ¿Por qué no te quedas ahí un poco más y desciendes a un nivel más profundo? Respira bien hondo. Ahora tienes el cuello perfectamente. Así vas a poder descansar con mucha comodidad y concentrarte en la felicidad y en cualquier otro detalle que captes, por ejemplo, la señora de la cama de al lado. No dejes que eso te afecte negativamente. Ésa no es tu familia. Experiméntalo un poco más y después piensa en la conexión que hay con el momento en que jugabas en la nieve, años después.

Decidí establecer algunas conexiones.

—Tu padre está orgulloso. Se sentía muy orgulloso cuando naciste y luego cuando daba aquellos paseos en invierno en los que había tanto cariño. Todo forma parte del mismo amor, de la misma conexión. ¿Qué suponen siete u ocho años? Eso no es nada. El amor nunca se termina, es para siempre. Piensa en las conexiones que hay y dedica algún tiempo a sentir ese estado, que es muy positivo, un estado con recuerdos felices. Hazte con ese amor que ya existía antes de que nacieras, porque ya eras consciente, incluso antes de nacer, del amor que había, de la felicidad de tu madre, de la de tu padre. Ves todas las conexiones a lo largo de tu vida. Tú también contribuyes a ese amor, no sólo lo recibes, y has podido devolvérselo a los demás, a los que has querido.

Andrea volvía a sonreír, iba recibiendo esas ideas.

—Así que no sólo ha sido cuestión de suerte. Te lo has ganado, te lo mereces. Y no hay nada más importante que el amor. Ahora ya estamos preparados para retroceder aún más. ¿Te parece?

Asintió.

—Muy bien. Flota por encima de esa escena, sal del hospital y de la sala de los recién nacidos, flota por encima y deja que la escena se vaya desvaneciendo lentamente. Imagínate ahora que hay una puerta muy bonita delante de ti; es la que da a las vidas pasadas o a los estados espirituales, porque también son importantes y pueden ayudarnos a entender por qué hay tanto amor en tu vida ahora o cómo es una persona concreta o un síntoma o cualquier cosa en la que quieras concentrarte. Cuando atravieses ese umbral, mientras cuento hacia atrás del cinco al uno, verás una luz muy hermosa al otro lado.

—Ya la veo, se cuela por el resquicio de la puerta —intervino Andrea. Había llegado a un estado de trance muy profundo.

—¿Ya la ves? Muy bien. Entonces vamos a atravesar el umbral. Al otro lado habrá una escena. Puede ser de una época muy lejana, puede ser una vida anterior. Entra en la escena, entra, atraviesa el umbral y entra en esa luz tan hermosa mientras cuento. Cinco, la puerta se abre. Tira de ti, te atrae. Al otro lado hay una lección de la que puedes aprender. Cuatro, cruzas el umbral y entras en esa luz tan hermosa. Tres, te mueves por el interior de la luz, te das cuenta de que al otro lado de ella hay una escena, o una persona, o una figura. Se irá enfocando del todo mientras llego al número dos. Dos, ahora todo se ve claro; te acuerdas de todo. Uno. ¡Estás dentro del recuerdo! Si te encuentras dentro de un cuerpo, mírate los pies para ver qué tipo de calzado llevas, si son zapatos o sandalias o botas o pieles o si vas descalza. Mírate la ropa, fíjate en todos los detalles. Siente las texturas, porque no se trata sólo de ver, sino también de experimentar con todos los sentidos.

—Llevo botas de hombre —contestó.

—¿Botas de hombre? —repetí.

—Para mí no hay. Pero no soy un hombre, soy una chica. Lo que pasa es que no tengo botas de chica porque no nos llega el dinero.

—¿No tenéis dinero y por eso llevas esas botas de hombre?

—De chico —me corrigió—. Tienen la puntera redonda y me da vergüenza llevarlas, porque no está bien.

—¿Porque son de chico?

—Sí, las de chica... No sé, debería llevarlas de chica, pero no sé por qué...

—¿Y la ropa?

—Llevo una falda roja que llega hasta el suelo, con un delantal o un bordado o algo por delante. Es como si hubiera una tela de más. Y también llevo sombrero.

Los ojos de Andrea se agitaban bajo los párpados cerrados, mientras iba mirándose la ropa.

—Sí, un sombrero. ¿Y qué edad tienes, más o menos?

—Nueve o diez años.

—¿Hay alguien más contigo? ¿Ves a alguna persona más? ¿Estás en casa? —Quería sacarle más detalles sobre aquella época.

—Una casa de campo. Vivimos en una pradera, no sé dónde. Y no veo más casas. Sólo la mía. Y las botas son de... Tengo un hermano mayor y éstas son sus botas. Las que llevo ahora. Está en una llanura, en el Oeste, pero no en las Rocosas, no tan lejos. Estamos en una llanura. Somos granjeros.

Andrea estaba recordando una vida anterior en el Medio Oeste de Estados Unidos.

—La vida es bastante dura, ¿no?

—Tenemos una vaca y un huerto. Hay un pozo, y la casa es muy sencilla.

—Muy bien. Ahora quiero que tomes conciencia también de tus padres, no sólo de tu hermano. Voy a contar hasta tres. Vas a ver a toda la familia que vive en la casa. Uno, dos, tres. Toda la familia, quizá cenando o en otro momento. Toma conciencia de los demás.

—Todo el mundo está delante de casa, como si fueran a hacerse una foto. Es verdad, están puestos como para que les fotografíen.

—Muy bien, ya los ves.

—Lo que pasa es que mamá y papá son los mismos. Los mismos ojos.

Normalmente nos reencarnamos en distintas relaciones, pero en aquella vida en la llanura, al parecer, los padres de Andrea eran los mismos que en su vida actual.

—A veces sucede. Volvemos una y otra vez con las personas que queremos. Sucede a menudo. ¿Ves a tu hermano?

—Sólo tengo un hermano y es más pequeño, pero creo que no lo conozco.

—¿No lo reconoces?

—Ni siquiera le veo la cara.

—¿Y las botas que llevas son suyas?

Estaba confundido, porque creía que había dicho que las botas eran de un hermano mayor.

—No, había otro hermano, pero no está aquí. Son suyas.

—¿Las botas son de ese otro hermano? —pregunté para aclarar la situación.

—Las botas son suyas. Me las dio ese hermano, pero ahora no está.

—¿Le ha pasado algo? —pregunté. Tenía la impresión de que había un problema en el ambiente.

—Me parece que sí. Nadie dice nada.

Decidí ahondar más en el asunto.

—Vamos a ver qué le pasó. Voy a tocarte la frente y a contar hacia atrás, del tres al uno para que descubras qué le pasó a tu hermano mayor. Tres, dos, uno. Ya te acuerdas.

El golpecito en la frente ayuda a hacer aún más profundo el nivel hipnótico y mejora la definición de los recuerdos.

—Le pegaron un tiro —recordó de repente.

—¿Un tiro?

—¡Qué pena me da!

Empezó a sollozar, y la emoción de la tragedia sacudió todo su cuerpo.

—Ya lo sé, tranquila. ¿Fue un accidente?

—Creo que no. Creo que no fue un accidente —dijo, controlando los sollozos.

—No. Y le echas de menos.

—Mi hermano pequeño no se acuerda de él.

Dejó de llorar al recordar ese detalle.

—¿Sucedió hace mucho tiempo?

—Cuando era un recién nacido.

—Cuando tu hermano pequeño era un recién nacido. Muy bien. Pero tú eras mayor, tú te acuerdas. Vamos a retroceder a antes de que le pegaran el tiro, para verle y encontrarle. Te acuerdas. No pasa nada. Fue hace mucho tiempo. Al contar hasta tres regresarás a antes de que muriera y te acordarás de él. Vamos retrocediendo en el tiempo... Uno, antes de que muriera... Dos, tu hermano mayor... Tres, antes de que muriera, ya. Te acuerdas.

—Dios mío, es John. ¡Es mi hermano John!

Andrea se había dado cuenta de que su hermano mayor de aquella vida anterior había vuelto a ésta como su hermano John. Seguía estando muy triste, pero me di cuenta de que ya empezaba a consolarse.

—Ahora que ya lo sabes, te das cuenta de que no pasa nada, porque ha vuelto como John. Ya no tienes que estar triste. Ves las conexiones y comprendes que está bien. Se encuentra bien, pero entonces le echaste mucho de menos y eso explica tu relación con John.

En realidad, no sabía nada de la relación de Andrea y John, pero al ver lo fuerte que era su reacción emocional ante su muerte en la vida que habían compartido en el pasado, supuse qué patrones y efectos persistentes habrían resurgido en la relación que mantenían en su vida actual.

—¿Alguna vez has tenido miedo a perderle?

—De pequeño estuvo enfermo.

—¿Qué pasó?

—Fue prematuro.

—¿Nació antes que tú?

—No, después.

—Después. —Andrea parecía a punto de ponerse a llorar otra vez—. Bueno, no pasa nada. Ahora vas a darte cuenta de muchas cosas, de tu relación con John, de la vida. ¿Qué experimentas ahora? ¿De qué te acuerdas?

—Sigo estando triste.

Decidí que avanzara en aquella vida.

—Vamos a ir hacia adelante en la vida de esa niña. Vamos a avanzar. Ha pasado mucho tiempo desde que murió su hermano; eso ya ha pasado. Vamos a otro momento importante de su vida. Ya es mayor; ha pasado lo de su hermano.

Su rostro se iluminó casi al instante.

—Ahora sé disparar —anunció con orgullo. El estado de ánimo de Andrea había cambiado por completo.

—¿Ahora sabes disparar? —repetí.

—Se me da muy bien. Se me da muy bien practicar el tiro. Gano a todos los chicos. Y ahora llevo otros zapatos.

—¿Ahora ya son tuyos?

—Y todos los chicos coquetean conmigo, porque les encanta que sepa disparar.

—¿Ya no estáis tan aislados? —quise saber.

—No. Hay más casas. No muchas, pero hay un camino y gente que va y viene. Soy mayor. Me lo paso bien.

—Estos recuerdos son más felices: el coqueteo, lo bien que se te da disparar.

Quería que se detuviera en aquella escena y en su ambiente de felicidad.

—Me toman el pelo, pero me admiran —añadió.

—¿Te ves? ¿Ves qué aspecto tienes? Seguro que eres muy guapa, si todos coquetean tanto contigo.

—Tengo el pelo castaño y rizado, me llega un poco por debajo de los hombros. Llevo un lazo azul claro en el pelo, y una falda con dibujos de flores. La blusa es blanca o rosa claro. Es una blusa corriente, nada del otro mundo. No sé, como mi hermano no estaba, aprendía a... Quería... Me sentía presionada, como presionada para ser como los chicos.

—¿Para sustituirle, en cierto modo?

—Sólo quiero ser capaz de cuidar de mí misma —puntualizó Andrea.

—Sí, y lo haces muy bien. Has aprendido a disparar, a utilizar una pistola, tan bien como los chicos, o quizás incluso mejor. ¿Y qué hay de lo del coqueteo? ¿Hay alguien que te...?

—Todos son bastante asquerosos —me cortó.

—Muy bien. Ahora vamos a avanzar en el tiempo otra vez. Voy a contar hasta tres. Pasa al siguiente hecho importante de su vida, el siguiente hecho importante. Uno, dos, tres. Estás dentro del recuerdo. Han pasado unos años. ¿Qué sucede?

—Ya no vive en esa casa. Estoy mirándola.

En ese momento Andrea era más una observadora que se contemplaba a sí misma en aquella vida en las Grandes Llanuras.

—Muy bien. Puedes observarla o puedes entrar en ella, lo que te haga sentir más cómoda.

—Vive sola.

—¿No se ha casado?

—No ha encontrado a nadie. Siempre se ha considerado demasiado buena para cualquiera de aquellos chicos. No se siente sola. Tiene un rancho o algo así y hay gente que trabaja para ella. Les cae bien. Es una buena jefa...

La voz de Andrea fue apagándose mientras contemplaba la escena. Fui haciéndola avanzar en el tiempo.

—Así que es muy, muy competente. Ha conseguido poseer un rancho propio. Tiene gente que trabaja para ella y es muy capaz. Y eso no era nada fácil para una mujer en aquella época. Debe de ser muy fuerte. Ahora vamos al final de su vida, al último día, a los últimos momentos. Si te hace sentir mal puedes flotar por encima de la escena, pero, si no, quédate. Cuando acabe de contar hasta tres lo verás todo con claridad, el último día de su vida. Uno, dos, tres. Estás dentro del recuerdo. Entra y mira qué pasa, si hay alguien.

Andrea parecía muy tranquila.

—No pasa nada especial. Está muy calmada y ya está. Es vieja y ya no queda nadie más. Pero está bien. Su vida ha sido muy buena y no está enferma. Tiene buen aspecto, lo único que sucede es que es vieja. Lleva un escote blanco alto. Está sentada en el porche, tranquila, mirando lo que pasa.

—¿Y ahí es donde se muere?

—Creo que sí.

—Ahora flota por encima, flota por encima de la escena. Abandona ese cuerpo anciano. Te sentirás ligera, libre, mientras tu espíritu flota. Quizá puedes mirar hacia abajo y verla, ver su cuerpo. Y entonces, cuando te sientas tan libre y tan ligera, repasa esa vida, las lecciones que aprendió, que aprendiste tú. ¿Qué aprendiste? ¿Qué aprendió ella?

—Aprendió a no tener miedo de estar sola. Aprendió a cuidar de sí misma —respondió Andrea desde una perspectiva superior.

—Sí, a ser independiente —comenté.

—Muy independiente. Le gustaba mucho la vida que llevaba. La gente se reía de ella porque nunca se casó ni tuvo hijos. Pero no parecía que a ella le importara. A la gente de la comunidad le caía bien. Al cabo de los años dejaron de meterse con ella. A la gente le gustaba trabajar para ella. Tenía mucho ganado.

—En este estado, mientras flotas, mira a ver si te das cuenta de lo que pasa a continuación. Has abandonado tu cuerpo; estás flotando. ¿Qué pasa a continuación? ¿De qué eres consciente?

—Voy subiendo y ella es cada vez más pequeña. Floto. Estoy dentro de una luz azul. Floto sin más.

—Estupendo. Te sientes bien, ya no estás enferma, no eres vieja, sólo flotas. Tu conciencia avanza. ¿Qué pasa a continuación? ¿O sigues flotando, simplemente?

—Sólo hay rayos de luz azul, que vienen por arriba, por el lado izquierdo de la cabeza; es un cono de luz azul muy grande y después no veo nada...

Volvió a producirse un largo silencio.

—¿Hay algo más? —pregunté por fin. Quería saber más del cono de luz azul.

—No...

—Vale. ¿Estás preparada para volver?

Asintió.

—Muy bien. Antes de regresar establece conexiones entre su vida en la pradera y su independencia y la tuya.

Con independencia de las cámaras de televisión, Andrea estaba aprendiendo lecciones importantes. Procesó con rapidez los «nuevos» datos. Después sonrió abiertamente.

—Me caía muy bien.

—Has conservado mucha de su fuerza. Eso está muy

bien. Y además sabes que tu hermano ha vuelto, y ves que la muerte no es lo que parece. La gente vuelve.

—Le echaba mucho de menos —dijo con una punzada de tristeza en el rostro.

—Ya lo sé —le respondí—. Pero aun así acabó siendo muy fuerte e independiente. Las relaciones son muy importantes, y también la independencia, cuando están en equilibrio. ¡Y tu hermano ha vuelto! Y esta vez ha vivido, aunque al nacer era un poco débil, y habéis podido reencontraros. Así funcionan las almas, así funciona el amor. Siempre estamos reencontrándonos. Eso te sirve para dejar atrás cualquier tristeza o miedo que tengas. Siempre volvemos juntos, una y otra vez. Recuerda también el amor de tu padre y lo pesado que se ponía cuando estaba tan orgulloso de ti, el amor de tu madre que también ha venido a esta vida contigo, cómo os habéis reconocido. Ellos también estaban en la pradera. La felicidad en la nieve, con tu perro, tu padre y su parka. Todo ese amor que has conservado en esta vida, en la que has conseguido mantener relaciones y ser independiente y fuerte y amar, y lo has armonizado todo. Has hecho todo eso con un equilibrio extraordinario. Es algo maravilloso. Siente la fuerza y la independencia y tu capacidad de mantener relaciones muy buenas, recoge todos esos pensamientos y sentimientos positivos.

Llegado este punto, tras digerir toda esa información y experimentar tantas emociones, Andrea parecía cansada. Decidí despertarla. Ya había aprendido suficiente por un día.

—Dentro de unos instantes voy a despertarte. Te apretaré en la frente, en un punto situado entre las cejas. Cuando apriete hacia arriba abrirás los ojos y te despertarás. Estarás despierta, controlarás muy bien el cuerpo y la mente, te sentirás estupendamente bien, más ligera, como si te hubieras deshecho de una carga, porque habrá desaparecido la tristeza que sentías por haber perdido a tu hermano en aquella época. Sabes que ha vuelto. Te sientes muy tranquila, muy relajada, y sin embargo tienes un control total. Cuando te apriete te despertarás completamente.

Le apreté hacia arriba la frente y se despertó lentamente.

—Tómate el tiempo que necesites y vuelve del todo. Lo has hecho muy bien. ¿Cómo te encuentras?

—Reventada.

—Reventada —repetí, compenetrado. Me di cuenta de que también yo estaba cansado; había mantenido una concentración muy fuerte—. Has hecho un gran esfuerzo. ¿Ha sido lo que esperabas?

—No sabía qué esperar. No me imaginé en ningún momento que vería a mi hermano. Pensaba que a lo mejor veía a una de mis hijas, pero no. Me he sentido como si algo me atrajera a otra época, a una vida distinta, pero que no pudiera llegar, no había forma de llegar. Veía dónde estaba, pero no podía llegar.

—¿Un tercer lugar?

—Sí, no podía llegar.

—¿Sabes qué era esa tercera época?

—No. Era antes de la vida de la pradera, pero no conseguía llegar. Parecía como si hubiera un rayo de luz azul, pero era un cono puro y se acababa sin más. El primero me rodeaba completamente, y de repente me vi los pies. Éste era... Veía el borde de la luz y dónde acababa. Afuera estaba oscuro. Era como si alguien hubiera tomado un cono y me lo hubiera puesto encima. Se acababa, y estaba allí mismo.

Al parecer, Andrea había vislumbrado otra vida anterior, quizá con su hija, pero no había podido navegar más allá de aquella luz brillante de color azul.

—Sólo se trataba de que vieras que estaba allí, pero no era para ahora. No pasa nada. Sigue estando allí y, además, seguro que también has establecido conexiones con tus hijas. Pero te has encontrado a tu hermano, lo que no esperabas. Ésa es una de las cosas que pasan con todo esto; no siempre consigues lo que quieres. Eso ha sido una sorpresa, pero parece ser que ha habido cierta tristeza.

Andrea se mostró de acuerdo inmediatamente.

—Ha sido una sorpresa total, porque en esta vida soy muy feliz. Tengo muy buena relación con mi hermano. Estuvo muy enfermo al nacer. No esperaba ver su cara.

—Y la intensidad de la emoción es muy fuerte, porque la tienes ahí mismo y es muy real. Sentías la tristeza, sentías la separación, pero cuando tenías siete u ocho años en esta vida sentías la emoción positiva de ir paseando con tu padre, que fue muy...

—Fue un recuerdo maravilloso —me interrumpió.

—Sí, un recuerdo maravilloso —asentí.

Los ojos de Andrea tenían cierto brillo al rememorar la escena de su niñez.

—Sentía el viento en la cara. Recordaba los copos de nieve. Lo veía todo. Recordaba todas las curvas, pero aquellas farolas... las había olvidado —dijo extasiada.

—Creo que nos acordamos de todo —añadí—, y ésta es una forma de recordar ese tipo de detalles, la sensación de los copos de nieve, las curvas de la carretera, cómo te sentías entonces. Todas esas sensaciones. Es algo más que una emoción, también están las sensaciones físicas.

—¿Y entonces voy a acordarme de todo lo que he dicho? ¿Y luego de más cosas?

—Claro. Te has acordado de más cosas. Por ejemplo, dejé que te detuvieras un rato con lo del nacimiento.

—No podía salir de dentro de ella —recordó Andrea—. Estaba oscuro, estaba dentro de un tubo largo y no podía salir.

—Allí te pasaste más tiempo; creía que habías salido. Ésa era la oscuridad de la que hablabas. Es que todavía no habías nacido. Pero te acordaste de un hombre que quería acostarse con su mujer, que estaba en la cama de al lado y acababa de tener un hijo. Y lo viste vívidamente, y eso que acababas de nacer. También eso ha sido interesante, que te acordaras de ese tipo de detalles.

—A mi madre no le hizo ninguna gracia —repitió una vez más Andrea.

—Ya lo sé.

—Me apartó la cara. Me apartó.

Seguía recordando más detalles. Aunque ya estaba despierta, aún recordaba la escena del hospital.

—Seguramente habría salido de la habitación si hubiera tenido más fuerzas —añadió. Y bruscamente regresó al presente.

—¿La primera vez pasa siempre lo mismo? —preguntó Andrea, que ya había recuperado su papel de periodista.

—Quizás alrededor de un cincuenta por ciento de la gente tiene algún tipo de recuerdo, pero los tuyos han sido tan vívidos y tan intensos para ser una primera vez que yo te situaría entre el quince o veinte por ciento mejor. Sólo un quince por ciento de la gente, aproximadamente, puede conseguirlo. Y esta técnica te funcionaría en muchos niveles, no sólo con los recuerdos. Puedes aprender a controlar el cuerpo. Por ejemplo, si necesitáramos que te bajara la presión arterial, seguramente podrías hacerlo así, sin medicamentos. Durmiéndote, así —dije, chasqueando los dedos—, podrías conseguirlo. Podrías utilizarlo por motivos físicos, por motivos de salud. Si tuvieras fobias, podríamos encontrar una causa y deshacernos de ellas.

—He tenido la impresión de haber estado antes en algunos sitios a los que he viajado. El Oeste es uno de ellos. Rusia... es otro.

Después de que se hubieran apagado las cámaras de televisión, Andrea seguía estando calmada, reflexionando sobre las experiencias vividas durante la regresión.

—Le mataron con un rifle —añadió—, no con una pistola.

Iba añadiendo detalles. Las personas que pasan por una regresión se dan cuenta de cientos de detalles, muchos más de los que verbalizan con las preguntas mientras están inmersas en el estado de trance, recordando su niñez y experiencias de vidas anteriores. Ella seguía reflexionando y recordando.

—John vino a esta vida con ictericia. Cuando llegaron las enfermeras para llevárselo y hacerle un tratamiento, mi madre les dijo: «Seguramente no volveré a verle. Seguramente se morirá.»

Una vez les hubo entregado a su hijo recién nacido a las enfermeras, su madre empezó a distanciarse en cierto modo de él, como si se preparara para su muerte. Aunque lo quería mucho, siguió con esa defensa de sus emociones, incluso después de que John cobrara fuerzas y su salud mejorara sensiblemente. En cierto modo, su madre siempre estaba anticipando la muerte de ese hijo.

En casos de ictericia en recién nacidos, que es algo bastante habitual, la bilirrubina, una sustancia química del hígado, sube temporalmente y la piel se amarillea. Exponer a la criatura a la luz natural o a lámparas de cierta frecuencia lumínica, basta por lo general para eliminar el exceso de bilirrubina y devolver a la piel su estado normal. Al ir madurando el hígado, la ictericia desaparece por completo. El proceso de curación puede durar apenas unos días o una semana o dos.

La madre de Andrea reaccionó de forma exagerada ante la ictericia de su hijo. Estaba casada con un médico, y sabría por tanto que la vida de John no corría peligro. Según Andrea, John siempre había sido consciente de la reserva de su madre, aunque no comprendía por qué se le discriminaba de esa forma.

—¿Ves la conexión? —le pregunté a Andrea—. Tu madre también había sido la madre de John en aquella vida anterior, en la pradera, en el siglo pasado. Y entonces él murió. Lo perdió. Cuando volvió en esta vida como su hijo y afectado de ictericia, tu madre se acordó de cuando lo había perdido la primera vez. Puede que no lo recordara conscientemente, pero sí emocional o subconscientemente. Y por eso se protegió manteniendo a raya sus emociones. No podía soportar perderle otra vez. Estaba convencida de que era muy frágil, como antes, y de que iba a dejarla de nuevo.

Andrea estaba emocionada. Su regresión había servido para explicar la relación entre su madre y su hermano menor. Había descubierto las auténticas raíces del comportamiento de su madre y la reacción de su hermano a la barrera protectora que había levantado su madre por si volvía a perderle. Andrea decidió que se lo explicaría todo a los dos.

De las muchas regresiones que he facilitado y estudiado, la de Andrea fue muy especial. Estaba llena de recuerdos que servían para curar, de emociones intensas y detalles vívidos. Es más, tenía una capacidad superconsciente para aprender las lecciones de sus vidas anteriores y conectarlas con las de su vida actual.

La grabación televisiva nunca fue emitida. Un ejecutivo de la cadena temió que, al ser la sesión tan vívida y emotiva, Andrea comprometiera su credibilidad como periodista objetiva. Con ello privó a millones de personas de la oportunidad de descubrir más cosas sobre la naturaleza de la vida, sobre cómo todos estamos conectados y somos responsables unos de otros, sobre los horrores y la devastación que produce el asesinato y sobre cómo las consecuencias de la violencia se transmiten a las vidas posteriores.

Después de establecer la conexión entre la lejana muerte de su hermano y los miedos de la vida actual de su madre, Andrea se quedó en silencio. Me di cuenta de que seguía contemplando y experimentando los intensos sentimientos que había desencadenado la regresión. También yo permanecí silencioso. Era un momento privado para ella y no quise seguir haciéndole más preguntas delante de sus compañeros de la televisión. A menudo estas experiencias pueden ser intensas y trascendentes a la vez, demasiado personales para compartirlas con los demás, así que me limité a contemplar su rostro, radiante.

Sentí una gran compasión dentro de mí por la persona que tenía al lado y el corazón me dio un vuelco. Mi conciencia empezó a ceder. La habitación, calurosa y repleta de gente, empezó a desvanecerse. Los ruidos del tráfico, las sirenas y la cháchara constante de fondo fueron cesando. Ya no era completamente consciente de mi cuerpo. Percibí una hermosa luz en la periferia de mi visión. Una voz susurraba en los límites de mi mente, en el borde extremo de mi conciencia. Creo que era un Sabio.

«Cuando mires a otra persona —me dijo—, en una relación, en la terapia, en la vida, debes ver su alma a través de las vidas y los eones. No veas sólo al ser físico transitorio que tienes delante. También tú eres una de esas almas.»

Me habló en voz baja, con cariño y mucha compasión. Era un consejo, no una crítica.

Volví a mirar a Andrea con dulzura. La veía a ella, pero también a la chica del Oeste. Era consciente de que tenía otras muchas vidas, otros muchos nombres. Pero su alma era siempre la misma. Necesitaba ver esa parte de la gente, la que es siempre constante, su alma, no su forma física transitoria, para poder comprenderles y ayudarles de verdad. Para ayudarles a ellos y también a mí mismo, porque también yo soy una de esas almas.

Lo mismo que usted.

De mis pacientes, muchos de los que han recuperado recuerdos lejanos parecidos a los de Andrea han experimentado una sensible reducción o incluso la desaparición de sus síntomas crónicos.

Por ejemplo, provoqué la regresión de una mujer suramericana de cincuenta años que sufría claustrofobia grave, miedo a estar atrapada en lugares pequeños o cerrados. Padecía esa fobia desde la primera infancia. En la regresión recordó haber sido enterrada viva cuando era una esclava egipcia al morir su dueño, un pariente del faraón. Era costumbre enterrar vivos a algunos esclavos con el noble para que pudieran servirle en la otra vida. Les dieron a los esclavos un veneno para que se lo tomaran antes de asfixiarse en el interior cerrado y reducido de la tumba. Después de aquel recuerdo le desapareció para siempre la claustrofobia.

¿Cuál es el mecanismo de esa mejoría clínica?

Soy de la opinión de que hay al menos dos explicaciones, aunque sin duda también intervienen otros factores. Según mi experiencia, el recuerdo de hechos reprimidos u olvidados, a menudo dolorosos, suele estar relacionado con la curación. Recordar esos hechos con sus emociones correspondientes, lo que se llama catarsis, es una piedra angular del psicoanálisis y de otras psicoterapias tradicionales. El hecho en sí de sacar a la luz esos recuerdos enterrados es de enorme ayuda. Mis investigaciones indican que hay que ampliar el campo terapéutico, que no podemos detener la arqueología psíquica en la niñez o incluso en los primeros años de vida, sino que también hay que excavar los patrones y recuerdos de vidas anteriores para conseguir una curación completa.

El segundo motivo por el que esos recuerdos fomentan la mejoría clínica es que experimentamos cómo nos sentimos en otros cuerpos en tiempos antiguos, mientras vemos nuestras diversas muertes y renacimientos, y nos invade el descubrimiento certero e infalible de que somos almas eternas, no simples cuerpos individuales. No llegamos a morir nunca, simplemente cambiamos de nivel de conciencia. Al ser nuestros seres queridos también inmortales, nunca llegamos a separarnos de ellos. La constatación de nuestra auténtica naturaleza espiritual supone una potente fuerza de curación.

Del mismo modo que cada cara de un diamante refleja toda la pieza, la experiencia de regresión de Andrea refleja los temas principales de este libro.

Recuperó recuerdos y sentimientos del estado fetal, antes de nacer. También era consciente de las emociones de sus padres, lo que demuestra que la conciencia no está localizada, no está limitada al cuerpo o el cerebro físicos. Eso implica de por sí que, al morir, nuestra conciencia sobrevive y sigue avanzando, ya que no tiene una base física. Naturalmente, los recuerdos de la muerte en vidas anteriores y de lo que sucede después de la muerte también confirman que la existencia de la conciencia continúa. Andrea, por ejemplo, pudo observar el cuerpo de la anciana que acababa de abandonar.

También pudo recordar incidentes que sucedieron unos instantes después de su nacimiento en esta vida. Los bebés y los niños se percatan de muchas más cosas de las que sospechamos. Se dan cuenta de lo que sentimos, no sólo de lo que hacemos. El flujo de nuestros sentimientos y pensamientos de amor por ellos, tanto antes como después del nacimiento, nutre sus almas y es vital de cara a un desarrollo sano.

A través de los recuerdos recuperados durante la regresión, Andrea descubrió cómo los hechos de vidas anteriores y perinatales pueden influir profundamente en las conexiones de la vida actual. Andrea se encontró con sus padres y su hermano actuales en el recuerdo de su vida anterior. Descubrió que siempre nos reencontramos con nuestros seres queridos. A veces el reencuentro se da en el otro lado, en otras dimensiones; a veces sucede en una vida futura, al volver a la Tierra.

Consiguió discernir qué valores de la vida son importantes y qué otros carecen de importancia o incluso son perjudiciales. Descubrió cómo es el dolor que pueden provocar las armas y la violencia. Todas las vidas son preciosas.

Después de morir en su vida de las Grandes Llanuras, se encontró con un cono de luz azul muy hermosa. Existen muchas otras descripciones, tanto en este libro como en otras fuentes, de personas que han visto una luz hermosa y regeneradora tras abandonar el cuerpo físico. Ese encuentro tiene lugar durante experiencias cercanas a la muerte, y al parecer también después de la muerte. Normalmente hay un familiar o un amigo querido o un ser espiritual esperando junto a la luz para recibir al viajero que ha abandonado un cuerpo y para comunicarle información o mensajes de importancia.

En otro capítulo analizaremos con mucho más detalle los mensajes del otro lado, al igual que otros tipos de fenómenos parapsicológicos o paranormales. Todos poseemos dotes intuitivas mucho más poderosas de lo que nos creemos. Al ir combinando las historias, las experiencias y los ejercicios de este libro, podrá ir afinando sus percepciones intuitivas y recibiendo información y mensajes más directamente. Es posible incluso que pueda ayudar a sanar a otras personas.

La energía del amor domina y unifica toda la regresión de Andrea. El amor de sus padres, el que sentía por su hermano, el reencuentro con los seres queridos... Incluso el cono de luz azul le pareció algo cálido, reconfortante y lleno de amor, según me contó más tarde.

La experiencia de Andrea ante esa energía en varias de sus manifestaciones le permitirá expresar su propio amor de forma más abierta y completa en su vida y sus relaciones actuales. También le costará menos aceptar el amor de los demás, porque el amor fluye en ambas direcciones y comprende tanto el dar como el recibir.

Por último, la profunda experiencia de regresión de Andrea la llevará a comprender mejor la naturaleza de su vida y de su alma. Esa comprensión es un paso sagrado, uno de esos pasos que van acompañados de cambios positivos en la vida presente: una mejor salud física y emocional, relaciones más sanas, más felicidad y más alegría.

Espero que, al compartir las experiencias de las personas que irá conociendo a lo largo de este libro, al reflexionar sobre los mensajes de los Sabios y al considerar mis historias y reflexiones, también usted dará esos pasos hacia la sabiduría.

Una vez empiece, abordará con más paciencia y tranquilidad los obstáculos y frustraciones de su vida. Mediante la comprensión de las lecciones y las deudas del pasado, recordará sus objetivos para esta vida. Se sentirá realizado y dejará de estar desconcertado y perdido. Aprenderá a superar el miedo, la ansiedad y el dolor. Vivirá su vida más intensamente en el presente y disfrutará de sus placeres también con más intensidad. Pero sobre todo comprenderá lo que todos tenemos en común: estamos más allá de la vida y de la muerte, más allá del espacio y del tiempo. Todos somos inmortales y existimos por toda la eternidad.

3

El regreso

Elegimos cuándo queremos pasar al estado físico y cuándo queremos abandonarlo. Sabemos cuándo hemos conseguido aquello a por lo que nos enviaron aquí abajo... Cuando has tenido tiempo de descansar y revigorizar el alma, se te permite elegir cuándo regresar al estado físico.

No nacemos en nuestra familia por accidente ni por casualidad. Elegimos las circunstancias y preparamos un plan para nuestra vida antes incluso de ser concebidos. Nos ayudan en esa preparación los seres espirituales llenos de amor que después nos guían y protegen mientras estamos en el cuerpo físico y se va desarrollando el plan de nuestra vida. Podemos llamar destino a los hechos que van desarrollándose después de que los hayamos elegido.

Existen pruebas importantes de que vemos los principales acontecimientos de la vida que tenemos por delante, los puntos de destino, en la etapa de preparación que precede a nuestro nacimiento. Se trata de pruebas clínicas, recopiladas por mí y por otros terapeutas a partir de los pacientes que han experimentado recuerdos previos al nacimiento mientras estaban hipnotizados o medicados, o de forma espontánea. Ya está programado quiénes serán las personas más importantes que conoceremos, cuáles los reencuentros con almas gemelas y compañeros del alma, incluso los lugares en los que sucederán esos hechos. Algunos casos de *déjà vu*, esa sensación de haber estado antes en un sitio o de haber vivido un momento, pueden explicarse como un vago recuerdo de esa anticipación de la vida que está cristalizando en la vida física que vivimos.

Lo mismo sucede en el caso de la gente. Las personas adoptadas suelen preguntarse si el plan de su vida se ha visto alterado de algún modo. La respuesta es negativa. Los padres adoptivos se eligen, lo mismo que los naturales. Todo tiene su razón, y en el curso del destino no existen casualidades.

Aunque todos los seres humanos tenemos un plan vital, también tenemos libre albedrío, lo mismo que nuestros padres y todas las personas con las que nos relacionamos. Nuestras vidas y las suyas quedarán afectadas por las elecciones que hagamos mientras estemos en estado físico, pero los puntos del destino sucederán de todos modos. Conoceremos a las personas que proyectamos conocer y nos enfrentaremos a las oportunidades y los obstáculos que habíamos previsto mucho antes de nacer. Sin embargo, la forma de desenvolvernos ante esas situaciones, nuestras reacciones y decisiones subsiguientes son las expresiones de nuestro libre albedrío. El destino y el libre albedrío coexisten e interactúan constantemente. Son cosas complementarias, no contradictorias.

Las pruebas procedentes de los pacientes a los que he sometido a regresiones coinciden en que el alma parece reservarse un cuerpo concreto, aproximadamente en el momento de la concepción. No puede ocuparlo otra alma. Sin embargo, la unión del cuerpo y el alma no se completa hasta el momento del nacimiento. Antes de eso, el alma de un ser nonato puede estar tanto dentro como fuera del cuerpo, y a menudo es consciente de experiencias que suceden al otro lado. También puede percatarse de hechos que ocurren fuera de su cuerpo e incluso del de su madre.

El alma no puede dañarse jamás. Ni los abortos espontáneos ni los provocados pueden hacerle daño. Cuando un embarazo no termina bien, no es infrecuente que la misma alma ocupe el cuerpo de un hijo posterior de los mismos padres.

Al término de una conferencia sobre fenómenos paranormales que pronuncié, un estudiante de posgrado de psicología me contó un sueño que había tenido cuando su mujer estaba embarazada de cuatro meses. Por aquel entonces aún no sabían el sexo de la criatura. Una noche se le apareció su hija, aún por nacer, en un sueño muy real y le anunció su nombre, le relató su vida inmediatamente anterior y le contó por qué había elegido ser hija de aquella pareja joven, cuáles eran sus objetivos y sus planes kármicos. El hombre se despertó con aquel sueño fascinante grabado firmemente en la cabeza. Miró a su mujer y le dijo:

—Acabo de tener un sueño increíble...

—¡Yo también! —le interrumpió ella—. He soñado que se me aparecía nuestra hija...

El mismo nombre, la misma vida anterior, los mismos planes, los mismos detalles...

Habían tenido el mismo sueño.

Se quedaron impresionados. El hecho de que tanto la madre como el padre hubieran recibido el mismo mensaje durante sueños simultáneos daba validez a la información y les convencía más aún.

Cinco meses más tarde tuvieron una hija preciosa.

Marie, una mujer de origen italiano de algo menos de sesenta años, quedó asombrada por la intensidad (y más tarde, al comprobar los hechos, por la exactitud) del recuerdo que tuvo de un incidente acontecido un mes antes de su nacimiento, cuando aún estaba en el vientre de su madre.

No la habían hipnotizado antes ni había hecho regresiones y le costaba aceptar que sus experiencias fueran recuerdos reales, aunque los detalles y la claridad le parecían asombrosos.

—En cierto modo no me lo creo —empezó—. Cuando usted me dijo que estaba en el vientre de mi madre, es que me vi dentro de él y a ella sentada a una mesa.

Marie pasó a describir el piso de su madre en el Bronx con todo lujo de detalles, en especial la cocina, donde estaban su madre y su tía, bebiendo té y comiendo las galletas al estilo italiano que su tía solía preparar durante las vacaciones navideñas. Marie también se sorprendió de que el abeto ya estuviera decorado, pues todavía quedaban quince días para la Navidad.

La conversación entre la madre y la tía de Marie había tomado un cariz muy serio.

—La vi sentada allí, con mi tía, bebiendo una taza de té —prosiguió Marie—. Y, claro, yo estaba todavía en su vientre. Le dijo a mi tía: «Me voy a morir. Y no voy a poder educar a mi hija.»

Incrédula, Marie exploró el recuerdo. Describió detenidamente sus pensamientos mientras observaba y escuchaba desde el útero de su madre.

—Y entonces me dije: «Esto es muy extraño.» Mi madre murió, eso es cierto. Esto pasó una o dos semanas antes de Navidad, y mamá murió el 14 de enero de neumonía.

Se detuvo, levantó la vista y prosiguió con emoción:

—Qué ganas tengo de volver a casa para llamar a mi tía y preguntarle si de verdad mamá se sentó allí y le contó todo eso. Seguro que se acuerda y que se cree que estoy chalada, pero yo las he visto conversar a las dos... Y son cosas que no sabía.

Ni Marie había estado nunca en el antiguo piso de su

madre después de nacer, ni su tía le había contado aquella conversación. Era de esperar, sin embargo, que su tía recordara exactamente lo que habían hablado. Según Marie, aquella anciana de ochenta años estaba «totalmente lúcida».

Al cabo de dos horas, Marie me llamó. Había hablado con su tía, que se lo había confirmado todo.

—La he llamado y le he dicho: «Tía Marie, soy Cookie.» Me ha contestado: «¿Y ahora quién demonios se ha muerto?» Le he contado que nadie, que iba a hablar deprisa y que quería que me escuchara bien. Le he dicho que quería saber si había estado sentada a la mesa con mi madre, con un plato de galletas delante, el abeto ya adornado...

Su tía la había interrumpido:

—¿Quién demonios te lo ha contado?

—Ahora no voy a contártelo todo, pero quiero que me digas qué pasó aquel día.

—Fui a verla —empezó la tía de Marie— con un plato de galletas recién hechas. Las había hecho para ella. Eran las que más le gustaban, y mientras se las comía se pasaba la mano por la barriga y decía: «Esto es para la galletita que llevo dentro.»

—Y ahora me llaman Cookie —explicó Marie—. Todo el mundo me llama Cookie, porque me encantan las galletas.

Según su tía, la madre de Marie se había comido dos galletas y se había quedado mirando el abeto.

—Aún quedaban quince días para Navidad —explicó Marie—. Había adornado el árbol pronto, porque creía que yo iba a nacer en Navidad.

La madre de Marie, sentada a la mesa, le había dicho a su hermana:

—Marie, no voy a vivir mucho tiempo y no veré nunca a esta criatura. La conoceré, y sé que será una niña. Quiero que la llaméis Rose Marie si no sobrevivo, aunque sé que la conoceré. Estoy segura... Pero también estoy segura de que me voy a morir.

—¡Eso es absurdo! —había exclamado la tía Marie.

Pero su hermana remachó sus palabras:

—Mira el abeto. Pon un regalo debajo para mí cada año, aunque no esté aquí.

Hasta aquel momento del embarazo, había disfrutado de una salud excelente. No había razón física que justificara aquella sombría premonición.

—¿Y quién lo iba a decir? —prosiguió la tía—. Tu madre sólo estaba un poco resfriada, nada más. El día de Navidad amaneció con neumonía. El parto tuvo complicaciones. Tu madre murió de neumonía, y tú naciste y sobreviviste.

—¡Todo es absolutamente cierto! —replicó Marie.

Mientras, su tía seguía preguntándole:

—¿Quién demonios te lo ha contado?

—Supongo que mientras estaba en su vientre veía y oía lo que pasaba —respondió Marie—. Ahora estoy convencida.

Los recuerdos de su tía habían confirmado y enriquecido su propia experiencia emocional y vívida.

Marie aún formuló a su tía otras preguntas que le sirvieron para eliminar más incógnitas. Descubrió que la cocina y el piso de su madre eran exactamente como ella los había visto.

La tía Marie le contó que la había bautizado según las instrucciones de su madre. Luego repitió lo que le había pedido su hermana, que pusiera regalos bajo el árbol de Navidad en el futuro.

—Le he preguntado si lo había hecho. ¡Y me ha dicho que no!

Los dos sonreímos.

Vanessa es una joven de origen hispano que hasta ahora ha llevado una vida sumamente difícil. Quedó viuda después de que su marido falleciera de una enfermedad repentina y le costaba mucho superar el dolor. La conocí en uno de mis talleres con gran número de asistentes, donde la elegí al azar de entre el público para hacer una demostración de una regresión individual. Mientras quinientas personas la observaban con expectación y su padre asistía a la escena con nerviosismo, entró en un trance profundo.

Lo más importante de la regresión de Vanessa sucedió en el vientre de su madre, antes de nacer. Hallándose en un estado profundo de concentración relajada describió la luz hermosa y apacible que impregnaba tanto a ella como al útero y que aportaba un alimento espiritual que complementaba el del cuerpo de su madre. Sentía el amor de sus padres, cómo la esperaban. En aquel momento cambió la expresión de Vanessa, y de un estado de felicidad absoluta pasó a otro de sorpresa y sobrecogimiento.

—Me doy cuenta de todo —anunció—, tanto dentro como fuera del útero. Sé tantas cosas... ¡Lo veo y lo siento todo!

Vanessa parecía aturdida por lo profunda que era su conciencia desde dentro del vientre de su madre. Mientras permanecía en silencio, sus párpados, cerrados, palpitaban. Más tarde me contó que en aquel momento estaba observando muchas cosas. Después su padre confirmaría detalles de escenas que ella había vislumbrado antes de nacer.

—Veo lo que va a pasar... Veo cosas de mi vida que aún no han sucedido... Tienen un sentido; no son accidentes, como creía —afirmó con seguridad, desde una perspectiva superior.

Mientras experimentaba aquella luz, la sensación de conciencia elevada y el reconocimiento del plan y el destino de su vida, el dolor que había llevado dentro empezó a desaparecer. Su vida actual se había transformado gracias a recuerdos y experiencias anclados en su experiencia prenatal.

Los recuerdos del período anterior al nacimiento son importantes por muchos motivos. Fomentan las mejorías clínicas en pacientes cuyos síntomas derivan de traumas y relaciones de la primera infancia.

Además, esos recuerdos demuestran que incluso antes de nacer ya existe una conciencia activa, que el feto y el recién nacido son conscientes de muchas más cosas de las que creíamos. Perciben e integran una gran cantidad de información. Una vez tenemos ese conocimiento, deberíamos replantearnos cómo nos relacionamos con esos seres diminutos. Están profundamente sintonizados con las expresiones de amor que les comunicamos, a través de palabras, pensamientos y sensaciones.

Durante el segundo día de talleres sucedió delante de todo el grupo uno de esos acontecimientos vitales extrañamente simultáneos. Volví a sacar a un voluntario para hacer una demostración de una regresión individual, pero esa vez utilicé un tipo de inducción hipnótica más rápido.

Ana, la paciente voluntaria, se había perdido la sesión del día anterior por estar enferma. Nadie le había hablado de la regresión de Vanessa.

Tras meterse de forma rápida y profunda en el estado de trance, Ana regresó también al período en el que estaba en el útero. Empezó a describir la hermosa luz entre dorada y blanca, su conciencia de lo que sucedía tanto dentro como fuera del cuerpo de su madre y del suyo propio, los motivos por los que había elegido a aquellos padres para su próxima vida y cómo iba a estructurarse para alcanzar de la mejor forma posible los objetivos de su alma.

Me quedé pasmado. Aunque en ocasiones me encuentro en mi trabajo con situaciones simultáneas o sincrónicas como ésas, siguen sorprendiéndome siempre por lo improbables que son desde el punto de vista estadístico.

Todos los asistentes estaban aturdidos. Ana era la única que no sabía que lo que nos llegaba era una repetición casi exacta de la regresión de Vanessa del día anterior.

Quizás el grupo tenía que escuchar dos veces el mensaje de que no estamos aquí por casualidades de la naturaleza. Somos seres divinos, matriculados temporalmente en este colegio planetario, y hemos preparado nuestro curriculum para poder perfeccionar el proceso de aprendizaje. Procedemos de la luz y, sin embargo, somos de la luz. Y somos mucho más sabios de lo que podríamos llegar a imaginarnos. Lo único que tenemos que hacer es acordarnos.

FASCINANTES RECUERDOS DE LA INFANCIA

Existen siete planos por los que tenemos que pasar antes de regresar. Uno de ellos es el de la transición. En él se espera. En ese plano se decide lo que vas a llevarte a la próxima vida.

Nacemos con un recuerdo considerable de nuestro verdadero hogar, el otro lado, esa hermosa dimensión que acabamos de abandonar para entrar una vez más en un cuerpo físico. Nacemos con una tremenda capacidad de recibir y dar amor, de experimentar la más pura felicidad, de vivir el momento presente plenamente. Cuando somos bebés no nos preocupamos por el pasado o el futuro. Sentimos y vivimos espontánea y completamente en el momento, que es como deberíamos experimentar esta dimensión física.

La arremetida contra la mente empieza cuando somos muy pequeños. Se nos alecciona con valores y opiniones paternales, sociales, culturales y religiosos que reprimen nuestro conocimiento innato. Si nos resistimos a esa acometida, se nos amenaza con el miedo, la culpa, el ridículo, la crítica y la humillación. También pueden acecharnos el ostracismo, la retirada del amor o los abusos físicos o emocionales.

Nuestros padres, nuestros profesores, nuestra sociedad y nuestra cultura pueden enseñarnos falsedades peligrosas y a menudo lo hacen. Nuestro mundo es una clara prueba de ello pues se encamina a trompicones e imprudentemente hacia una destrucción irreversible.

Si se lo permitimos, los niños pueden enseñarnos la salida.

Hay una historia muy conocida de una madre que entra en la habitación de su hijo recién nacido y se encuentra a su otro hijo, un niño de cuatro años, asomado a la cuna.

—Tienes que contarme cómo es el cielo y cómo es Dios —le implora el niño a su hermanito—. ¡Estoy empezando a olvidarme!

Tenemos mucho que aprender de nuestros hijos antes de que lleguen a olvidarse. En esta vida y en todas las que hemos vivido, también nosotros hemos sido niños. Hemos recordado y hemos olvidado. Y, para salvarnos y salvar nuestro mundo, tenemos que recordar. Tenemos que superar con valor el lavado de cerebro que tanto dolor y tanta desesperación nos ha producido. Tenemos que reclamar nuestra capacidad de amar y de sentir alegría. Tenemos que volver a ser completamente humanos, como cuando éramos jóvenes.

La madre de un muchacho que ahora tiene veinte años me contó el extraño comportamiento de su hijo cuando sólo tenía tres. La perra de la familia acababa de morir. La madre dejó a su hijo con el animal para ir a otra habitación a llamar por teléfono al veterinario y decidir qué se hacía con el cadáver.

Al volver la esperaba una escena impresionante.

—Entré y vi a la perra completamente cubierta de tiritas y mantequilla. La había untado totalmente con mantequilla... Toda la cabeza y la cola. Y luego había vendado todo el cuerpo, el cadáver de la perra, con todo aquello. Le pregunté: «Dios mío, ¿qué estás haciendo?» Me respondió: «Mami, lo hago para que se deslice más deprisa hasta el cielo.» Pensé que lo habría visto en Barrio Sésamo. Algunos años después, antes de haber oído hablar de la reencarnación, se lo conté a una amiga que me dijo con toda naturalidad mientras se tomaba una taza de té: «Bueno, es que debió de ser egipcio en otra vida... Eso es lo que les hacían a los perros cuando se morían. En otra vida fue egipcio y enterró a su perro envuelto en aceite y vendajes.»

Al día siguiente la amiga le llevó un libro en el que aparecían prácticas funerarias de los antiguos egipcios.

—Cuando me enseñó el dibujo del libro que me llevó al día siguiente, me di cuenta de que nuestra perra había quedado exactamente igual... Era para asustarse. Le pregunté a mi hijo si se acordaba de cuándo le había hecho aquello a la perra y me contestó que sí. Y me dijo que en cuanto vio que se había muerto se dio cuenta de que tenía que hacerlo... Tenía que ir a encargarse de ella porque su alma estaba justo encima de su cuerpo. Lo comprendió con sólo tres años y se puso manos a la obra. Ahora estoy convencida de que en otra vida fue egipcio. Me alegro mucho, porque somos judíos y me parece una mezcla muy bonita de culturas.

El escritor Carey Williams me contó otro caso fascinante, el de dos gemelos de dos años que vivían en Nueva York. Su padre era un médico de renombre. Un día estaba con su mujer mirando cómo los gemelos hablaban entre ellos en un idioma extraño, más complejo que los que suelen inventarse los niños de su edad. En lugar de utilizar palabras inventadas para referirse a objetos familiares, como el televisor o el teléfono, hablaban una lengua mucho más completa. Sus padres no habían oído jamás aquellas palabras.

Llevaron a los niños al departamento de lingüística de la Universidad de Columbia, donde un profesor de lenguas antiguas descubrió que aquel «lenguaje infantil» era arameo. Se trata de un idioma prácticamente extinguido que actualmente sólo se habla en una zona remota de Siria. Esa antigua lengua semítica se utilizaba principalmente en la zona de Palestina hacia la época de Jesucristo.

No se puede aprender ese idioma antiguo viendo la televisión por cable, ni siquiera en Nueva York. En cambio, sí puede extraerse ese conocimiento de los bancos de memoria de vidas anteriores. A los niños se les da especialmente bien.

Por ejemplo, pruebe a preguntarle a su hijo pequeño si se acuerda de cuando era «mayor». Escuche atentamente la respuesta, porque puede ser algo más que el producto de una fértil imaginación. Es posible que la criatura llegue a contar detalles de una vida anterior.

Observar la alegría y la espontaneidad de los niños al jugar es siempre gratificante. Muchos de nosotros nos hemos olvidado de cómo disfrutar de los simples placeres de la vida. Nos preocupan demasiado ideas como el éxito y el fracaso, la impresión que producimos en los demás o lo que nos depara el futuro. Nos hemos olvidado de cómo jugar y divertirnos, y nuestros hijos pueden recordárnoslo.

Nos evocan los valores que teníamos de pequeños, esas cosas que también son muy importantes en la vida: la alegría, la diversión, la inconsciencia del presente, la confianza y el valor de las buenas relaciones.

Nuestros hijos tienen mucho que enseñarnos.

EL KARMA Y LAS LECCIONES

Tenemos deudas que hay que pagar. Si no las hemos abonado, tenemos que llevárnoslas a otra vida para saldarlas. Al pagar las deudas progresamos. Algunas almas lo hacen más deprisa que otras. Si algo interrumpe tu capacidad de pagar esa deuda, tienes que regresar al plano del recuerdo y esperar allí hasta que vaya a verte el alma con la que tengas la deuda. Cuando los dos podáis volver a una forma física al mismo tiempo, se os permitirá regresar, pero el que

*decide cuándo volver eres tú. Tú decides lo que hay
que hacer para pagar esa deuda.*

*Habrá muchas vidas para satisfacer todos los
acuerdos y todas las deudas pendientes.*

Aún no se me ha comunicado nada sobre muchos de los
demás planos, pero éste, el relacionado con «las deudas que
hay que saldar», evoca el concepto del karma. El karma es
una oportunidad de aprender, de poner en práctica el amor
y el perdón. El karma es también una oportunidad de expiar,
de hacer borrón y cuenta nueva, de compensar a aquellas
personas a las que hayamos podido molestar o dañar en el
pasado.

El karma no es solamente un concepto oriental. Es una
idea universal, plasmada en todas las grandes religiones (véase
La responsabilidad por las propias acciones en el Apéndice A,
Valores espirituales compartidos). La Biblia dice: «Se recoge
lo que se siembra.» Todo pensamiento y toda acción tienen
consecuencias inevitables. Somos responsables de nuestras
acciones.

La forma más segura de reencarnarse en una persona de
una raza o una religión concretas es manifestar prejuicios
contra ese grupo. El odio lleva directamente hasta el grupo
despreciado. En ocasiones, un alma aprende a amar tras convertirse en lo que más desprecia.

Es importante recordar que el karma está relacionado
con el aprendizaje, no con el castigo. Nuestros padres y todas las personas con las que nos relacionamos están dotados
de libre albedrío. Pueden querernos y ayudarnos, u odiarnos
y hacernos daño. Su elección no es nuestro karma. Su elección es una manifestación de su libre albedrío. También ellos
están aprendiendo.

A veces un alma elige una vida que supone un reto especialmente difícil para acelerar su progreso espiritual, o como
acto de amor para ayudar, guiar y alimentar a otros que es-

tán pasando también por una vida igualmente difícil. Una vida dura no es un castigo, sino más bien una oportunidad.

Cambiamos de raza, de religión, de sexo y de ventajas económicas porque tenemos que aprender de todas partes. Lo experimentamos todo. El karma es la justicia definitiva. En nuestro aprendizaje no se pasa nada por alto ni se olvida nada.

Sin embargo, la gracia divina puede sustituir al karma. La gracia es la intervención divina, una mano cariñosa que desciende de los cielos para ayudarnos, para aligerar nuestra carga y nuestro sufrimiento. Una vez hemos aprendido la lección, no hay necesidad de seguir sufriendo, aunque la deuda kármica no se haya pagado en su totalidad.

Estamos aquí para aprender, no para sufrir.

Elisabeth Kübler-Ross, la psiquiatra y escritora de renombre internacional cuyas innovadoras investigaciones sobre la muerte y las experiencias cercanas a la muerte han cambiado nuestra relación con el fin de la vida, me contó la siguiente historia.

Elisabeth tiene dos hermanas trillizas, y al nacer pesó muy poco. El médico le dijo a su madre que dos de las niñas, como mínimo, no sobrevivirían. Pero se trataba de una mujer de una fuerza y un valor excepcionales, una mujer que lo daba todo y no aceptaba nada a cambio, una mujer orgullosa y muy independiente. Se juró que sus tres hijas sobrevivirían. Se desvivió por ellas durante casi un año y las tuvo siempre con ella en la cama para que aprovecharan el calor de su cuerpo, como una incubadora de nuestros días. Las tres niñas sobrevivieron y crecieron sanas.

Cuando ya estaba enseñando en la Universidad de Chicago, en el Departamento de Psiquiatría, Elisabeth visitó a su madre en Suiza, donde vivía en la casa familiar. La mujer le hizo una petición poco habitual.

—Elisabeth, si acabo siendo un vegetal, quiero que me des algo para no tener que vivir así —le dijo.

—No puedo hacerlo —replicó su hija inmediatamente.

—Sí que puedes —insistió su madre—. Tú eres médica. Tú puedes darme algo.

—¡No, no puedo! Además, alguien como tú, que siempre ha estado sana, que va de excursión y sube montañas, seguro que llega a los noventa y tiene un final así de rápido —añadió Elisabeth chasqueando los dedos.

Se negó a seguir hablando de una posible eutanasia y regresó a Chicago.

Aproximadamente un mes después de aquella visita, la madre de Elisabeth sufrió una grave apoplejía que le paralizó la mayor parte del cuerpo. Aunque su mente quedó relativamente intacta, aquella mujer orgullosa e independiente tuvo que depender de los demás para sus necesidades más básicas.

—Aprendí a escuchar las premoniciones de los demás —me contó Elisabeth.

Su madre murió cuatro años después, sin haber recobrado el funcionamiento de su cuerpo. Elisabeth estaba furiosa con Dios.

Al trabajar con niños moribundos y sus extraordinarios dibujos, los horizontes espirituales de Elisabeth se ampliaban a pesar de su rabia. También empezó a meditar.

Un día, poco después de la muerte de su madre, Elisabeth se sintió «sacudida» por una fuerte voz interior, una especie de mensaje que le llegó mientras meditaba.

—¿Por qué estás tan enfadada conmigo? —le preguntó la voz.

Elisabeth replicó mentalmente:

—Por lo mucho que hiciste sufrir a mi madre. Era una persona extraordinaria, cariñosa, que nunca aceptó nada para ella y que se lo daba todo a los demás. ¡La hiciste sufrir durante cuatro años y luego se murió!

—Eso fue un regalo para tu madre —respondió la voz con delicadeza—, un regalo de gracia divina. El amor tiene que estar equilibrado. Si nadie recibiera amor, ¿quién podría darlo? Tu madre lo aprendió en sólo cuatro años, en lugar de volver para vivir una o varias vidas gravemente retrasada o con una discapacidad física en las que habría estado obligada a aceptar el amor de los demás. Ya lo ha aprendido, y ahora puede seguir avanzando.

Al oír eso y comprender el mensaje, Elisabeth se liberó de su rabia. La comprensión puede aliviar inmediatamente los dolores más profundos.

Una mujer y su hija adolescente participaron en una regresión en grupo en uno de mis talleres, y a ambas las invadió la emoción. Durante una pausa después del ejercicio en grupo empezaron a contarse sus recuerdos y reacciones. Se sobresaltaron al descubrir que habían compartido una misma vida, mucho tiempo atrás, en una época más violenta.

—Mi hija y yo estamos hoy aquí —contó la madre al grupo, pues la hija seguía demasiado emocionada para hablar—, y estoy bastante segura de que hemos recordado un fragmento de una misma vida anterior durante la meditación. Lo que me ha contado es que ha experimentado una y otra vez, o eso le parecía, que un toro la embestía... o un hombre con cuernos de toro. Y ella veía los cuernos. La embestía una y otra vez.

La mujer pasó a hablar entonces de su propia experiencia simultánea.

—Cuando me lo ha contado he oído lo de la embestida del toro y me he desatado —relató—. Lo que yo he recordado de mi vida anterior es que era prácticamente un vikingo. Tenía pieles y cosas y uno de esos gorros tan pesados en la cabeza, con cuernos. Y entraba en una cueva o una cabaña y se me acercaba un niño y yo le mataba con una espada. Y he visto mucho miedo y todo estaba oscuro... Y mi hija ha dicho que ella también estaba muy asustada... y que durante la meditación ha sentido dolor, justo donde estaba la herida de la espada. Está claro... De verdad... Cuesta hablar de esto. Más de lo que creía.

Tanto la madre como la hija seguían experimentando una profunda reacción emocional ante los recuerdos compartidos de aquella otra vida.

Yo comenté que si lo que habían recordado de forma espontánea y simultánea era una vida que habían compartido, aunque hubieran muerto entonces ahora estaban juntas otra vez, y con buena salud. No había por qué sentir culpa o rabia, sólo perdón y amor. Los recuerdos y las vidas que habían compartido demostraban que no existe la muerte, sólo la vida. Les dije:

—Parte del proceso curativo es, además del recuerdo, además de la catarsis, la comprensión de la muerte. Y cuando se tiene, y es así de intensa, empiezas a darte cuenta de que no existe otra muerte más que el abandono del cuerpo. Es como atravesar un umbral, pero se vuelve para poder compensar las cosas, así que no hay que sentirse culpable...

La madre me interrumpió.

—No, no me siento culpable. Una de las cosas que siempre le he dicho a mi hija es que me gustaba su ferocidad, incluso de niña. Siempre me ha impresionado mucho. Hace un momento estábamos hablando de eso y me ha dicho: «¡La última vez eso me costó la vida!» Pero ahora nuestra relación va muy bien, mejor incluso que antes, y tengo la impresión de que todo esto es algo que tiene mucha fuerza.

4

La creación de relaciones de amor

Son niveles de aprendizaje distintos, y tenemos que aprender algunos de ellos en carne propia. Tenernos que sentir el dolor. Los espíritus no sienten dolor. Están en una etapa de renovación. El alma se renueva. En estado físico, cuando entran en la carne, sienten dolor; pueden sufrir. En forma espiritual no se siente dolor. Sólo existe felicidad, una sensación de bienestar. Pero es un período de renovación por el que pasamos. En estado espiritual, la relación entre la gente es distinta. En estado físico, pueden experimentarse las relaciones.

Tras nacer en estado físico, nuestra principal fuente de aprendizaje es la relación con los demás. A través de la alegría y el dolor de las relaciones con otras personas, progresamos en nuestra senda espiritual para aprender sobre el amor desde todas partes. Las relaciones son un laboratorio viviente, una prueba sobre el terreno para determinar cómo nos va, si hemos aprendido nuestras lecciones, para descubrir hasta qué punto nos acercamos a nuestro plan vital predeterminado. En las relaciones se evocan nuestras emociones, y reaccionamos. ¿Hemos aprendido a poner la otra mejilla o contraatacamos con violencia? ¿Tendemos la mano a los demás con comprensión, amor y compasión, o reaccionamos con miedo, egoísmo o rechazo?

Sin las relaciones no lo sabríamos, no podríamos evaluar nuestro progreso. Son oportunidades maravillosas para aprender, aunque difíciles.

Estamos aquí en estado físico para aprender y crecer. Aprendemos rasgos y cualidades como el amor, la no violencia, la compasión, la caridad, la fe, la esperanza, el perdón, la comprensión y la conciencia. Tenemos que olvidar rasgos y cualidades negativos, entre ellos el miedo, la rabia, el odio, la violencia, la avaricia, el orgullo, la lujuria, el egoísmo y los prejuicios.

Esas lecciones las aprendemos principalmente a través de las relaciones.

Puede aprenderse más cuando hay muchos obstáculos que cuando hay pocos o ninguno. Una vida con relaciones difíciles, repleta de obstáculos y pérdidas, presenta muchas más oportunidades de crecimiento del alma. Una persona puede haber elegido la vida más difícil para poder acelerar su progreso espiritual.

En ocasiones un hecho negativo, como perder un trabajo, puede suponer la apertura de una oportunidad mucho mejor. No tenemos que sufrir con anticipación. Es posible que el destino necesite algo más de tiempo para tejer su intrincado tapiz. Además del dolor y de las dificultades, también hay amor, alegría y éxtasis en este mundo. Estamos aquí para vivir en comunidad, para aprender sobre el amor al estar entre otros seres humanos que siguen la misma senda, que aprenden las mismas lecciones. El amor no es un proceso intelectual, sino una energía bastante dinámica que fluye por nuestro interior en todo momento, seamos o no conscientes de ello. Tenemos que aprender a recibir amor, además de darlo. Sólo en la comunidad, sólo en las relaciones, sólo en el servicio a los demás podemos aprender realmente la energía del amor, que todo lo abarca.

A lo largo de muchos años he tratado a innumerables parejas y familias que tenían problemas de relación. A algunos les induje regresiones y a menudo descubrimos las causas, arraigadas en vidas anteriores, de los conflictos de sus existencias actuales. Otros necesitaban aprender a comunicarse mejor, y otros a comprenderse mutuamente a niveles más profundos. Algunos tenían que revisar sus valores y prioridades. Y algunos necesitaban una o dos técnicas que les ayudaran a salir de una rutina sofocante, a ponerse en marcha y empezar a cambiar. El tipo de intervención que necesitaban nos quedaba claro pasado un poco de tiempo.

Experimentaban un crecimiento y sus relaciones se enriquecían cuando intentaban mejorar sinceramente. Muchas de las sugerencias y de las técnicas que utilizo con mis pacientes se basan en una comprensión más profunda y más espiritual de nuestras vidas y nuestros destinos que la de las pautas de la psicoterapia tradicional. He llegado a la conclusión de que nuestros corazones y nuestras almas ansían la psicoterapia espiritual y responden a ella mucho más que ante propuestas puramente intelectuales o mecánicas.

Las relaciones son el terreno en el que germina nuestro crecimiento mientras estamos en un cuerpo físico, por lo que les ofrezco algunas de mis ideas, sugerencias y técnicas para que les ayuden en sus relaciones, en especial si tienen alguna dificultad en ese aspecto de su vida.

Muchas de estas ideas las tuve un día mientras meditaba en las colinas que dominan la ciudad colombiana de Medellín. Les otorgo mucho valor, porque me llegaron a la conciencia durante la meditación y percibí la presencia o, al menos, la influencia de los Sabios a mi alrededor, por lo que apenas he tocado nada. Me doy cuenta de que algunos de estos consejos pueden parecer didácticos y difíciles. Sin embargo, los recibí envueltos en una tremenda energía de cariño y compasión. En realidad, los mensajes y la información están repletos de amor y de poder curativo. La experiencia en la aplicación de estos principios con los pacientes que necesitaban mejorar sus relaciones me indica que estas técnicas funcionan de verdad, hacen maravillas.

Le presento las siguientes ideas en forma breve y cristalizada; no es conveniente que sólo las lea por encima. Le recomiendo que se tome el tiempo necesario para pensar en las sugerencias que le conciernan o que tengan algún tipo de eco en su interior o para meditarlas. También puede anotar sus reflexiones sobre esas ideas en su diario.*

No hay ninguna prisa, no hay que seguir ningún calendario, no hay ninguna evaluación y, desde luego, no hay ninguna competencia entre su pareja y usted, y al decir pareja me refiero a su compañero o compañera sentimental, a su padre, a su madre, a un hijo, a un amigo o a cualquier otra persona con la que mantenga una relación.

Espero que le ayuden a amar con más libertad y sin miedo.

Aumentar la conciencia del yo y del otro

Lo que se me revela es lo que es importante para mí, lo que me incumbe. Toda persona debe preocuparse de sí misma, de convertirse en un todo. Tenemos lecciones que aprender... todos nosotros. Hay que aprenderlas una a una, por orden. Sólo así podremos saber qué necesita la persona que tenemos cerca, qué le falta o qué nos falta a nosotros para ser un todo.

Comprenda la naturaleza del yo, del yo verdadero, que es inmortal. Darse cuenta de eso le ayudará a ver siempre las cosas desde la perspectiva adecuada.

* He complementado algunas técnicas con sugerencias del libro *I Will Never Leave You (Nunca te dejaré)*, de Hugh y Gayle Prather. *(N. del A.)*

Conózcase, para poder ver claramente, sin las distorsiones de la mente consciente o del subconsciente. Practique la meditación y la visualización, la observación distanciada, la percepción tranquila, las sensaciones de amor-cariño desde la distancia o el distanciamiento del amor. Cultive ese estado.

Conozca sus ideas y sus suposiciones y, dese cuenta de que puede que las haya adoptado sin cuestionárselas. Cuando se generaliza estableciendo grupos o tópicos se hace imposible ver a los individuos por sí mismos. Las suposiciones erróneas arraigadas en el pasado, como «los hombres son unos brutos y unos insensibles» o «las mujeres son demasiado sensibles y emotivas» ocasionan una percepción distorsionada de la realidad. La experiencia tiene mucha más fuerza que las creencias. Aprenda de sus experiencias. Lo que ayuda sin hacer daño tiene valor. Descarte las creencias y los pensamientos caducados.

La felicidad nace en el interior de las personas. No depende de cosas externas o de otra gente. Cuando nuestra sensación de seguridad y felicidad depende del comportamiento y los actos de los demás, nos volvemos vulnerables y podemos sufrir con facilidad. Nunca le dé su poder a nadie.

Intente no tener demasiado apego a las cosas. En el mundo tridimensional aprendemos gracias a las relaciones, no a las cosas. Todos sabemos que no podemos llevárnoslas con nosotros cuando nos vayamos.

Cuando morimos y nuestras almas progresan hasta dimensiones superiores, nos llevamos nuestros comportamientos, nuestras acciones, nuestros pensamientos y nuestro conocimiento. La forma de tratar a los demás en las relaciones es infinitamente más importante que lo que hemos acumulado materialmente. Además, podemos ganar y perder muchos objetos materiales a lo largo de la vida. En la otra vida no nos encontraremos con nuestras posesiones, sino con nuestros seres queridos. Esta idea debería ayudarle a recapacitar sobre sus valores en caso de que sea necesario.

Los hombres son de Marte, la mujeres de Venus, de John Gray, es desde hace muchos años todo un éxito de ventas en muchos países. Muchos otros libros, películas y programas de televisión han subrayado también las diferencias entre hombres y mujeres, al parecer insalvables. Existe un abismo entre los sexos que se manifiesta en nuestra forma de pensar y en nuestro comportamiento. No vemos el mundo del mismo modo. La testosterona, la hormona masculina, inclina a los hombres hacia la agresión y la competitividad, en lugar de la cooperación, hacia la «propiedad» del territorio y de la familia. El estrógeno y la progesterona, las hormonas femeninas, parecen fomentar la sensibilidad, la comunicación en lugar de la competición, un menor deseo de agresión y una mayor ansia de protección.

La forma en que se educa a los niños y a las niñas aumenta esa asimetría innata y refuerza los muros biológicos que separan a hombres y mujeres. A los niños se les anima socialmente a ser más agresivos, más competitivos, más enérgicos. A las niñas, a ser más pasivas, más comunicativas, más cooperativas. Los padres y los maestros, la sociedad y la cultura, y los medios de comunicación y los publicistas nos enseñan valores distintos.

Parece que hay mucho de cierto en todo esto. No puede resolverse ningún problema hasta que se tome conciencia clara de este problema. Pues bien, ya lo sabemos. ¿Y ahora qué pasa?

Está claro que hay que educar a los niños para que sean conscientes de su sensibilidad y la expresen más. Hay que enseñarles a cooperar más y a aprender a comunicarse mejor. A las niñas se las debe educar para que estén más seguras de sí mismas y sean más enérgicas. En líneas generales, hay que modificar más la formación de los niños que la de las niñas, ya que el mundo está sumido hoy en una violencia provocada casi exclusivamente por hombres.

Pero ¿qué hay de las diferencias biológicas innatas? ¿Cómo podemos cambiar la biología? ¿Qué podemos hacer con la testosterona? He aquí una metáfora.

Las hormonas y determinados factores genéticos hacen que a los hombres les salga pelo en la cara. ¿Quiere eso decir que las barbas son inevitables, que todos los hombres tienen que ir por la vida con largas barbas?

Naturalmente, la respuesta es que no. Los hombres pueden decidir afeitarse la barba. Cualquier hombre tiene la opción de afeitarse o no.

Las influencias biológicas son tendencias, superables con voluntad consciente. La testosterona y las demás hormonas impelen, pero no compelen. Del mismo modo que los hombres pueden decidir afeitarse, también pueden elegir no ser violentos, ser menos agresivos, cooperar más y ser más comunicativos y sensibles.

La decisión consciente de elegir la senda del amor, no la de la violencia, es el siguiente paso para los hombres.

Tras esa elección tenemos otro paso más, que es el despertar a la verdad espiritual de que estamos formados por espíritu y alma, no por cuerpo y cerebro. El alma no tiene sexo, no tiene hormonas, no tiene tendencias biológicas. El alma es pura energía de amor.

A medida que nos vamos haciendo conscientes de nuestra naturaleza espiritual, reconocemos nuestra auténtica esencia. Somos inmortales y divinos. Renunciar a la violencia, al odio, a la dominación, al egoísmo y a la propiedad de las personas y de las cosas es mucho más sencillo tras ese reconocimiento. Aceptar el amor, la compasión, la caridad, la esperanza, la fe y la cooperación pasa a ser lo más natural.

En el transcurso de nuestras muchas vidas se dan algunos cambios de sexo. Todos hemos sido hombres y todos hemos sido mujeres. Aunque creo que tendemos a especializarnos en un sexo o el otro, todos tenemos que hacer, por así decirlo, algunas asignaturas optativas como personas del otro sexo. Tenemos que aprender de todas partes. Ricos y pobres. Fuertes y débiles. Budistas, cristianos, judíos, hindúes, musulmanes o de otras religiones. Distintas razas. Y, por descontado, hombres y mujeres.

Y así, al final, todos podemos aprender a superar cualquier tendencia biológica negativa para manifestar plenamente nuestra naturaleza espiritual. De forma similar, y por el mismo motivo, todos podemos aprender a superar cualquier enseñanza social o cultural negativa.

Algunos se quedan rezagados porque no todos avanzamos a la misma velocidad, aunque recorremos la misma senda. Los que van al frente tienen que mirar hacia atrás, con compasión y con amor, y ayudar a quienes se quedan atrás.

Hay que mirar hacia atrás y ayudar, sin esperar recompensa, ni siquiera agradecimiento.

Hay que mirar hacia atrás y ayudar, porque eso es lo que hacen los seres espirituales.

Recuerdo vívidamente cómo me rescató Marianne Williamson, maravillosa escritora y oradora, cuando estábamos presentando un taller sobre relaciones curativas. El formato era un debate abierto. Habíamos acordado que yo hablara durante diez minutos, luego ella durante otros diez y después abriríamos el debate al público y responderíamos y comentaríamos sus preguntas durante los siguientes cien minutos. Había unos ochocientos asistentes.

Aproximadamente cinco minutos después de empezar mi exposición se levantó una mujer que estaba en las primeras filas y levantó la mano. Su comportamiento me distrajo y le pregunté qué quería.

—He venido para participar en un debate, no para oír una lista —me contestó bastante enfadada.

Yo había empezado mi intervención de diez minutos con una breve lista de sugerencias que había utilizado con mis pacientes cuando hacía terapia de parejas en la consulta. Son técnicas que ayudaban mucho a la gente, y había decidido compartir mi «lista» con los asistentes. Naturalmente, aquella mujer no sabía que sólo iba a hablar durante diez minutos. Quizá temía que mi lista se alargara y ocupara las dos horas.

Abrí la boca para explicar cómo habíamos decidido Marianne y yo distribuir el tiempo, pero no tuve oportunidad de decir palabra.

Para protegerme, Marianne se puso de pie de un salto, se colocó detrás de mí y, con las manos colocadas firmemente en mis hombros, miró fijamente a aquella mujer, la única levantada entre ochocientas personas.

—¿Es que no sabe que los hombres hacen listas? —le preguntó con voz firme. La mujer se dejó caer en el asiento—. ¿Por qué le niega su forma de ser? ¿Por qué se la arrebata?

A continuación Marianne hizo una exposición elocuente y apasionada sobre las diferencias entre hombres y mujeres.

Le agradecí mucho su defensa. Es posible que los hombres hagamos listas, aunque también las hacen algunas mujeres. Y las mujeres tienden a rescatar, como acababa de demostrar Marianne, pensé en silencio.

Quiérase. No se preocupe por la opiniones de los demás. Si de verdad necesita y quiere rechazar alguna oferta u obligación, dígalo. En caso contrario, la rabia se acumulará en su interior. Se sentirá contrariado por el compromiso y también por la persona que le haya obligado. Es mejor decir que no cuando tenga que hacerlo, y que sí cuando quiera. Cuando una persona no es capaz de rechazar compromisos no deseados, muchas veces aparecen enfermedades físicas, porque ésa es una forma más «aceptable» de decir que no. En ese caso no hay más remedio que decir que no, porque quien lo dice en su lugar es el cuerpo. Es mucho más saludable hacerse valer. Una vez vi escrita en una camiseta una frase que resume esto con humor: «El estrés es decir que no con la mente y que sí con la boca.»

La proyección es la acción psicológica consistente en negar el miedo y las motivaciones inconscientes y después traspasar esos miedos y motivaciones a los demás. Tenga cuidado de no proyectar sus sentimientos ocultos en otras personas o de atribuirles intenciones y propósitos cuando no los tienen. Esa distorsión de la realidad le hace daño a usted y se lo hace también al otro.

Por ejemplo, si tiene miedo a que le abandonen y poca autoestima, y un día tiene una cita en un restaurante para cenar y su acompañante no aparece, puede decirse: «En realidad no le intereso; me ha plantado porque ha encontrado a otra persona mejor.» Pero lo cierto es que a lo mejor se ha quedado atrapado en un atasco.

Comprenda la naturaleza y la influencia de los patrones repetitivos, desde las experiencias de la niñez o incluso desde vidas anteriores. Si no se comprenden, los patrones tienden a repetirse y perjudican inútilmente la relación.

En mis libros anteriores he enseñado a reconocer esos patrones repetitivos y a diferenciar los orígenes arraigados en vidas anteriores de los de la existencia actual. En el capítulo dos de este libro, la reacción de la madre de Andrea ante la enfermedad de su hijo recién nacido refleja un patrón de una vida anterior (la reacción ante la pérdida de un ser querido) que se repite en la actual. Patrones como la caída en el alcohol o las drogas para hacer frente a una situación suelen repetirse a lo largo de muchas vidas.

En las relaciones, lo mismo que con el alcohol y las drogas, patrones antiguos como la dominación, la manipulación o los abusos pueden resurgir y afectar de forma negativa a los participantes.

A veces la regresión a la infancia o a vidas anteriores puede descubrir las verdaderas raíces de un asunto. En otras ocasiones las raíces son superficiales, han surgido en esta vida y lo que nos impide resolver el problema es que dejamos que se entrometa el orgullo.

Una de las lecciones más importantes de la vida es aprender a ser independiente, a comprender la libertad. Eso significa tener independencia de los compromisos, de los resultados, de las opiniones y de las expectativas. Romper los compromisos conduce a la libertad, pero eso no quiere decir abandonar una relación de amor importante, una relación que sea alimento para el alma. Lo que quiere decir es terminar con la dependencia de cualquier persona o cosa. El amor no es nunca una dependencia.

El amor es un estado absoluto, incondicional y eterno que no exige nada a cambio.

Es importante que se quiera y se cuide consecuentemente, por lo que no debe permanecer en una relación destructiva, aunque crea que quiere a la otra persona. Puede que la conexión con esa persona no funcione por los problemas de ella, por su falta de comprensión o de voluntad propia, pero es importante recordar que el amor es eterno. Tendrá muchas más oportunidades de que le salga bien.

Vea a la otra persona con claridad y no la ponga en un pedestal. Sus padres, sus profesores y sus figuras de autoridad son personas como usted. Tienen sus miedos, sus dudas, sus preocupaciones y sus imperfecciones. También tienen sus objetivos, y a veces usted puede ser un títere en sus manos. Considéreles como a iguales, como a hermanos. Sus juicios no tienen un peso especial. Considere las opiniones que emitan. Tal vez sean sensatas, acertadas. Pero también es posible que sean erróneas.

En mis talleres suelo contar la historia de un paciente que tenía por padre a un hombre distante, solitario y autoritario. Era juez y exigía que se le tuviera mucho respeto, que se le pusiera en un pedestal muy alto, no sólo a los que comparecían ante él en el tribunal, sino también a su esposa y a sus hijos.

Nunca podía abrazar a su hija ni decirle que la quería.

Cuando ya había muerto, la chica tenía la sensación de que la relación con su padre había quedado inacabada, sin resolver, pero no lo veía bien: el pedestal era demasiado alto.

Un día, estando en un estado muy relajado, mi paciente se imaginó en un hermoso jardín en el que se le apareció su padre, más joven y mucho más sano que en sus últimos días.

—Piensa en mí como en un hermano —le indicó con cariño.

Aquellas palabras cambiaron completamente el tenor de su relación. Desde entonces pudo considerar a su padre no como a un superior sino como a un igual. Veía tanto sus virtudes como sus fallos de forma mucho más clara y más cómoda.

Podía comprenderle y perdonarle.

Se dio cuenta de que había estado sosteniendo el pedestal, pero ahora que había desaparecido también se había desvanecido la distorsión de la realidad que esa proyección provoca siempre.

El amor y el perdón llenaron el vacío.

A menudo nos tomamos como algo personal las pullas de las personas que nos maltratan, pero por lo general no somos más que los títeres de sus dramas neuróticos personales, e igual les servimos nosotros que otros. Cualquier persona que estuviera en nuestra situación habría recibido el mismo tratamiento. En usted no hay nada especialmente nocivo o destacable por ser negativo.

No se fíe de la apariencia de la gente. Las personas más peligrosas suelen tener un aspecto de lo más seductor: fascinantes, divertidas, impulsivas, arriesgadas, que viven al límite. A menudo esos rasgos externos nos ciegan y no vemos el peligro. Aprenda a mirar con el corazón, no con los ojos.

El rechazo, es decir la negación de sentimientos, miedos y motivaciones internos, es lo contrario de la conciencia. Si es su caso, es posible que diga y haga cosas que dañen la relación. Cuando haya despertado, cuando se conozca de verdad, no hará daño a la otra persona sin darse cuenta.

LA CREACIÓN DE RELACIONES AFECTIVAS

Cuando mire a lo ojos a otra persona, a quien sea, y vea su propia alma reflejada, se dará cuenta de que ha alcanzado otro nivel de conciencia.

Las relaciones requieren cuidados y atenciones. Aléjese de los miedos y de las emociones negativas. Cuando tenga que hablar o comunicarse, reconsidere sus prioridades. Dedique tiempo y energía a la otra persona. Dedique toda su atención y toda su conciencia a la relación y a sus problemas. La relación es más importante que ese televisor, que esa revista, que ese periódico. Elimine las distracciones. Apague el televisor; suelte el periódico. Respete a la otra persona.

No dé nada por sentado. No se quede metido en la rutina que le agobia. Renueve la relación a través de actos de amor. La relación está viva, vive en el presente. No es algo del pasado.

Deje que el alma entre en la relación a través de la toma de conciencia y la comprensión. Con ello se fomenta una química que permite llegar a procesos más profundos: el alma/el hemisferio derecho del cerebro en armonía con el ego/el hemisferio izquierdo. Las relaciones impregnadas por el alma aportan auténtica alegría a nuestras vidas.

Amar completamente, sin reprimir nada, no es arriesgado. Nunca le rechazarán de verdad. Sólo nos sentimos heridos y vulnerables cuando se mete de por medio el ego. El amor en sí es absoluto y lo abarca todo. A muchos, la idea de amar completamente y sin reservas puede parecerles arriesgada o incluso peligrosa. Sin embargo, no hablo de terminar una relación unilateralmente, ni de soportarla cuando haya abusos o dolor. Hacerlo no es un acto de amor para usted ni para la otra persona. Aguantar en una relación destructiva no es un ejemplo de amor sin reservas, más que otra cosa puede ser una manifestación de falta de autoestima y de amor propio. La gente puede ser peligrosa, pero el amor no.

Tienda la mano con amor y compasión para ayudar a los demás sin preocuparse de qué puede sacar usted a cambio. No importa si ayuda a muchos o a pocos. Los números no cuentan, lo que cuenta es el acto de tender la mano con afecto. A veces, cuando un médico toca a un paciente con compasión y poder curativo se beneficia más que el enfermo. Todos somos médicos del alma.

Déjese guiar por el corazón, no por la cabeza. En caso de duda, elija el corazón. Eso no quiere decir que niegue sus propias experiencias y lo que haya aprendido empíricamente a lo largo de los años sino que confía en usted mismo, en que sabrá combinar intuición y experiencia. Existe un equilibrio, una armonía que hay que cultivar, entre la cabeza y el corazón. Cuando la intuición es convincente se favorecen los impulsos del amor.

Cuanto más escuche esa voz interior tranquila, esa intuición, más clara y precisa resultará.

Confíe. Puede confiar en el amor. Las decisiones concretas pueden parecer perjudiciales, pero el amor no lo es. Cuando vea las cosas con perspectiva, la intención basada en el amor le parecerá clara. Puede que su hijo no comprenda que una inyección de antibióticos es un acto de amor. Usted está preocupado y no escatimará esfuerzos para protegerle de una enfermedad que quizá sea peligrosa. Para el niño, sin embargo, la inyección puede parecer algo dañino. Pensemos en otro ejemplo más complejo: imagínese que tiene que alejar de usted a un ser querido porque su relación es destructiva, o porque es toxicómano y hay que ingresarle por su propio bien, aunque sea en contra de su voluntad. Son simplemente ejemplos de que es necesario ver las cosas con perspectiva antes de juzgar las decisiones o los actos concretos.

Como muchos hombres, tiendo a creer que los gestos románticos tienen que hacerse a lo grande, por ejemplo, regalar una joya o flores, o invitar a cenar en un sitio elegante. Sin embargo, he aprendido que los detalles pueden tener mucha más importancia.

Hace muchos años, cuando era residente de Psiquiatría en Connecticut, nuestro hijo Jordan era pequeño y Carole trabajaba media jornada. Muchas veces tenía que trabajar hasta tarde en el hospital y una noche de verano, en la que hacía mucho calor, salí a las once. Por el camino me paré a comprar dos helados, uno para Carole y otro para mí, y me los llevé a casa. No habíamos tenido oportunidad de hablar, así que no sabía que mi mujer había tenido un día agotador, tanto en el trabajo como en casa. Nos sentamos, nos comimos el helado y pasamos un rato juntos, a esa hora de tanta paz. Después me ha contado que el que pensara en ella y le llevara aquel helado ha sido siempre uno de sus recuerdos preferidos de nuestro amor.

Ayude a los demás en el plan y los objetivos de sus vidas. La seguridad en las relaciones procede de los actos de amor del presente.

Gánese la independencia. No arrebate autoestima, dinero o confianza en sí mismos a los demás para que dependan de usted. No tenga una actitud reductora con nadie. La gente no abandona relaciones de auténtico amor a no ser que no sea consciente de ello.

En la familia de Carole suelen decir desde hace mucho que el peor pecado es quitarle a alguien el *neshumah*. Esta palabra yiddish quiere decir que es pecado arrebatarle la alegría a alguien o, más coloquialmente, aguarle la fiesta. La gente lo hace muy a menudo y es algo muy destructivo. A todos nos ha pasado y todos hemos tenido esa sensación de que se nos caía el alma a los pies. A veces un niño que está orgulloso de un dibujo o de haber cantado una canción o de cualquier otro pequeño logro se encuentra con una risotada en lugar de una palmada en la espalda. A los adultos, a veces las críticas de alguien nos arruinan los momentos de felicidad. Aunque sepamos que los actos y las palabras del otro se deben a los celos, a un complejo de inferioridad o a otras razones, seguimos sintiéndonos desgraciados, como cuando éramos pequeños. Es interesante señalar que la palabra yiddish *neshumah* significa «alma». El peor pecado es quitarle el alma a alguien.

Los siguientes consejos sirven para comunicarse con más compasión y juzgando menos. En realidad son miniejercicios y, si los practica a menudo, sus relaciones mejorarán, y hasta es posible que en gran medida. También en este caso tiene que tomarse el tiempo necesario, pues las sugerencias están cristalizadas. Y sea creativo sin preocuparse, modifique estas técnicas y sugerencias como mejor le parezca.

Por ejemplo, el intercambio de papeles puede evolucionar y convertirse en un proceso más formalizado que le permita alcanzar un nivel más profundo de concentración relajada y proyectarse en la mente del otro. Intente ser la otra persona, comprender sus reacciones, sus miedos, sus esperanzas y sus alegrías. Este proceso puede durar lo que le haga falta. No hay límite de tiempo.

Dé mensajes verbales positivos. Tómeles las manos a los demás más a menudo. Felicíteles de corazón. Todos tenemos que recibir amor, además de darlo.

Intente comunicarse sin criticar, sin juzgar, sin intención alguna de herir o dañar. Comunique su amor, su cariño y su compasión. No se comunique para hacer daño o para ganar.

Deje de lado el ego y el orgullo, porque no son más que obstáculos. Escuche con atención, con distancia y perspectiva. Convierta el espacio que compartan en un santuario para que el otro pueda hablar sintiéndose seguro.

No hable hasta tener algo que decir, en especial algo positivo. No hable reflexivamente. Siempre es mejor estar callado, escuchar, comprender. Descubra qué miedo o miedos subyacen tras su pensamiento o su acción. Mire las cosas con perspectiva y no deje que la rabia o la emoción le distraigan. Deténgase en los temas de fondo, el miedo subyacente que siempre se esconde detrás de los momentos dramáticos.

No actúe ni hable nunca movido por la rabia. Las palabras tienen un efecto y un poder duraderos, no se olvidan con facilidad. No deje nunca que el alcohol o las drogas hablen por usted. Nunca pueden cerrarse completamente las heridas provocadas por palabras de rabia u odio.

Ganar una discusión puede suponer perderla si se entromete el ego. Hacer cosas que fomenten el amor, la comprensión y la cooperación es ganar de verdad. Si alimenta ideas y emociones negativas (miedo, rabia, culpa, vergüenza, tristeza, ansiedad, preocupación y odio), sea en usted mismo o en el otro, habrá perdido.

Deshacerse de la rabia es difícil. Nos sentimos justificados, con superioridad moral, como si se cuestionaran nuestra integridad y nuestro honor, como si se pusieran a prueba. El único examen que hay en esta gran escuela que llamamos humanidad consiste en ver si aprendemos a deshacernos de la rabia y a aceptar el amor. Aferrarse a la rabia sólo sirve para envenenar las relaciones. Siga amando, aunque el otro esté furioso, aunque se sienta herido, aunque tenga miedo. El amor es algo constante, la rabia pasa.

Descubra las causas de la rabia, mejore las condiciones y deshágase de ella. ¿Cuánto tarda en deshacerse de ella? ¿Cinco días, tres, uno, una hora? Si siempre se deshace de ella pasados cinco días, ¿por qué no pasada una hora? Puede conseguirlo.

Hace algunos años traté a un matrimonio en una terapia de pareja. Eran personas inteligentes y perspicaces, y su relación iba bastante bien a grandes rasgos, pero los buenos ratos que pasaban juntos solían quedar interrumpidos por peleas de gran carga emocional que provocaban rabia y dolor. Se aferraban a la rabia durante días, y esto les producía un gran sufrimiento y una desagradable incomodidad. Sin embargo, el orgullo les impedía poner punto y final cuanto antes a la disputa, acabar con el sufrimiento antes de que cobrara vida propia.

Una vez entraron en la consulta después de llevar peleados una semana. Durante siete días, uno detrás de otro, las cosas más nimias hacían que la rabia, que iba hirviendo a fuego lento, alcanzara el punto de ebullición.

Tras unos treinta minutos de terapia, se resolvieron los problemas y la rabia quedó prácticamente disipada. Como era habitual, el orgullo y el sentirse dolidos habían prolongado la disputa e impedido resolverla antes.

Intenté una técnica nueva.

—En vuestras peleas, que siempre acaban por resolverse, ¿cuánto tardáis aproximadamente en superar la rabia y hacer las paces? —les pregunté.

—Bueno, por lo general unos cinco o seis días —respondió él. Su mujer asintió.

—¿Creéis que podríais conseguirlo en tres días? Así aún dispondríais de bastante tiempo para discutir, pasarlo mal y arreglar las cosas. Si podéis hacerlo en cinco días, ¿por qué no en tres? Total, siempre acabáis reconciliándoos.

Los dos recapacitaron durante unos instantes y asintieron para indicar su aprobación. Sí, podían estar peleados tres días en lugar de cinco o seis.

—Si podéis arreglar las cosas en tres días —proseguí—, ¿por qué no en uno? Seguro que conocéis bien todo el proceso de vuestras peleas, desde el origen hasta la reconciliación, y habéis aprendido todas las herramientas necesarias para resolver vuestras diferencias. ¿No podéis acelerar el proceso y hacerlo todo en un día?

Volvieron a considerar la propuesta y volvieron a aceptarla. Con un día tenían suficiente.

—Bueno —continué—, ¿y por qué no en seis horas? ¿No bastaría? Al fin y al cabo, si podéis reconciliaros en un día, ¿por qué no en seis horas? Pensad en cuánto dolor y cuánto sufrimiento os ahorraríais. Sólo seis horas.

Esa idea volvió a parecerles sensata y también la aceptaron.

Seguí acortando sus peleas hasta que lo dejamos en una o dos horas. Quedaron en que podían reconocer las causas de la discusión incipiente, de los sentimientos de rabia, negociar y comprometerse e intentar comprender los sentimientos del otro. Aceptaron hacerlo todo en una hora aproximadamente.

Desde entonces, ese proceso abreviado de pelea/rabia/resolución siempre les ha funcionado. Ya se habían dado cuenta de que, al fin y al cabo, las discusiones y la rabia siempre terminaban. Ahora, en lugar de sufrir durante cinco o seis días sólo tienen que pasarlo mal durante un rato.

Todos podemos aprender a condensar nuestros períodos de rabia en un reconocimiento temprano y una solución rápida. Al final siempre nos deshacemos de la rabia. ¿Por qué aferrarnos a ella y sufrir sin necesidad?

Olvídese del pasado. Ya no volverá. Aprenda de él y déjelo en paz. La gente cambia y madura constantemente. No se aferre a una imagen limitada, desconectada y negativa de una persona en el pasado. Véala como es ahora. Su relación está siempre viva, cambia siempre.

Empiece ahora mismo a demostrarle al otro su cariño. No sufra ni se arrepienta de no haber querido a alguien en el pasado. Lo pasado, pasado está. Empiece ahora mismo. Nunca es demasiado tarde para expresar el amor y la compasión.

Cuando en 1996 fui a Brasil, una mujer me dijo, muy alterada:

—Me siento fatal cuando pienso en la educación estricta y autoritaria que le di a mi hijo mayor cuando era pequeño. Yo era muy joven e inmadura y le eduqué como mi madre me había educado, sin más. ¡Ojalá pudiera volver a empezar!

—Quiérale ahora —le repliqué—, quiérale como le gustaría haberle querido cuando era niño.

Cuando volví a Brasil en 1997, la vi de nuevo. Estaba contenta con el progreso que había hecho. Meditar habitualmente la había ayudado a alejarse de la parálisis afectiva que le había impuesto la culpa y la había acercado más a su hijo, al que bañaba con todo el amor y la atención que había reprimido en su interior.

Imagínese aún más situaciones. Piense que el abismo que le separa de su pareja desaparece y se llena de una energía hermosa. No son icebergs que flotan cada uno por su lado, son el agua que los une. Imagínese esa conexión y siéntala. En determinado nivel, la otra persona la recibirá. Todos estamos conectados unos con otros.

Mi mujer y yo llevamos programas de formación intensivos varias veces al año. Durante una de esas clases, Carole trabajó con un hombre que descubrió la esencia del amor. Las palabras que siguen son de la propia Carole.

La gente suele preguntarme si me he encontrado con Brian en una vida anterior. He experimentado regresiones para ayudar a superar determinados problemas, pero no he buscado en concreto una vida pasada en la que estuviera él. No ha habido otro motivo que la simple curiosidad por experimentar una regresión en la que le encontrara. Para mí es muy poco importante, porque siempre he sentido un amor y una conexión muy profundos entre los dos, pero es cierto que ése es un motivo por el que la gente suele querer pasar por una regresión, ver si una persona importante en su vida actual es alguien que han conocido en una existencia anterior. Arthur era una de esas personas.

Era el segundo día de uno de nuestros cursillos de formación profesional y acababa de terminar una presentación. Arthur, un sudafricano de sesenta y pico años, se me acercó y me pidió que le ayudara con un problema que era uno de los motivos por los que se había apuntado al grupo. Le respondí que primero tenía que trabajar dentro del grupo durante unos días y ver qué progresos hacía. Intuía que las respuestas que Arthur andaba buscando se revelarían en las intensas interacciones de grupo e individuales.

Al cuarto día Arthur fue a verme y me dijo que, aunque había trabajado con otras personas, seguía habiendo algo que le preocupaba, así que mientras Brian hacía un largo ejercicio de grupo, nos fuimos a otra habitación y empezamos a trabajar a solas.

Le pregunté qué quería conseguir. Su madre, a la que quería mucho, había muerto hacía un tiempo. Él tenía cuatro nietos y, aunque adoraba a los cuatro, tenía más cariño a una en concreto. Quería saber si aquella niña era la reencarnación de su madre.

Decidió hacer una regresión para ver si su subconsciente le llevaba a una vida anterior en la que hubieran estado juntos su madre y él. También me contó que no era una persona muy visual y que creía que algunos de los problemas que había ido teniendo a lo largo de la semana se debían a eso.

Tras una inducción relativamente corta, experimentó una regresión y se encontró en Inglaterra después del año 1800. Era un jovencito y estaba a las puertas de su casa, en la que vivía con su familia, aunque no tenía la seguridad de que fuera de su propiedad. Le pedí que entrara. Él sabía que dentro estaban sus padres, pero no podía verlos muy bien. También sabía que tenía hermanos, pero tampoco conseguía distinguirlos con claridad.

Así pues, avanzamos un poco y llegamos, a una época en la que Arthur estaba en un internado. Veía a un hermano y a una hermana, pero sus padres seguían estando bastante confusos. La vida le iba muy bien y era feliz en el internado. Se dio cuenta de que su hermana de aquella existencia era su madre de esta vida, y eso le puso eufórico. Pensó también que su hermano de entonces podría ser su hijo de ahora.

Con el tiempo se hizo abogado y fuimos avanzando hasta llegar al día de su boda. Aunque le preocupaba no poder utilizar sus sentidos visuales, Arthur pudo contemplar la escena en detalle. Vio que sus hermanos estaban presentes en la ceremonia, lo mismo que sus padres, aunque seguía sin distinguir sus rostros. Continuaba sin poder reconocerlos, aunque esto no le preocupaba. Le bastaba con el placer de ver a sus hermanos.

La ceremonia fue de maravilla y Arthur se sentía feliz al ver cómo había ido el día. Explicó que no era un matrimonio por amor, sino por conveniencia. Había crecido con aquella chica, y sus familias habían decidido que les convenía ser novios y casarse. A él le parecía bien, era una buena amiga; era lo mismo que se esperaba de él, que fuera un buen amigo. Con el tiempo tuvieron varios hijos y Arthur alcanzó el éxito como abogado.

Seguimos avanzando hasta el día de su muerte. Arthur acabó convertido en un anciano, rodeado de su familia, su esposa y sus hijos. Había llevado una vida muy buena. Dijo que el matrimonio había evolucionado hasta alcanzar el amor. Le tenía mucho cariño a su mujer, y tanto ellos como sus hijos habían sido muy felices. No hallamos indicios de conflictos ni traumas en esa existencia. Al contrario, nos encontramos con un anciano que iba apagándose y que murió rodeado por sus seres queridos.

Después, según Arthur, se adentró en lo que le pareció «una especie de tornado». Estaba pasando a otra dimensión. Allí Arthur vio a algunos seres queridos, familiares y amigos, esperándole. Los veía, pero sabía que no podía reunirse con ellos hasta haber visto a unos seres que le pidieron que repasara su vida. Tuvo que hacerlo antes de poder seguir adelante. Le pidieron que revisara su vida y que dijera cuál había sido su tema, que concretara cuál había sido la lección de su vida. Tras una breve reflexión, explicó que estaba relacionada con no necesitar una vida fantástica, ni memorable, ni llena de emociones o de grandes hechos para poder sentir satisfacción y amor y para dárselo a los demás. Le pareció que aquellos seres quedaban satisfechos con la respuesta.

Después pudo reunirse con sus familiares y amigos. Eso le puso eufórico. Reconoció a varias personas. Su hermano estaba entre ellas, pero sus padres no, se encontraban en algún otro lugar. No estaban con aquel grupo.

Me pareció interesante porque en aquella vida nunca vio a sus padres con claridad, siempre le parecieron muy confusos.

Le pregunté si veía a su hermana. Bajo los párpados, sus ojos buscaron entre la gente y contestó:

—No, no está. —Entonces empezó a iluminársele el rostro y añadió—: Ahora viene por ahí. Ya la veo. Sí, sí, es una de nosotros. Está con nosotros.

Dejé que disfrutara de su felicidad durante unos instantes y volví a preguntarle qué sucedía.

—Bueno, estamos esperando —me contestó—. Ahora sólo tenemos que esperar para decidir cuándo vamos a reencarnarnos, cuándo vamos a volver.

Le pregunté quién había por allí y me dijo que había Sabios, que estaban ayudándole a decidir qué hacer en su próxima vida. Curiosamente, me explicó que los Sabios sólo aconsejaban si se les pedía; en caso contrario, no imponían su opinión.

Le pregunté si podía hacerles preguntas sobre su vida actual. Tras un silencio respondió que sí, que era posible. Le sugerí que intentara descubrir si su nieta era la misma alma que su madre.

Arthur permaneció un tiempo en silencio y finalmente dijo:

—Me han contestado. Han dicho: «¿Querías a tu madre?» Y he respondido: «Sí, la quería mucho.» Y entonces han preguntado: «¿Quieres a tu nieta?» Y he dicho: «Sí, la quiero mucho, mucho.» Y entonces la respuesta de los Sabios ha sido: «Entonces, ¿tiene alguna importancia si tu nieta fue tu madre?» Y he contestado: «No, no importa nada. El amor que siento por ella es lo que importa. El amor es el amor.» Y parece que esta respuesta les ha gustado.

Tras terminar la regresión, Arthur se sintió muy contento. Había decidido no seguir investigando.

Nuestras almas existen en una corriente de amor energético. Nunca nos separamos realmente de nuestros seres queridos, aunque nos sintamos alejados y faltos de amor. Los reencuentros pueden ser repentinos y espectaculares.

Diane fue paciente mía. Es una mujer de treinta y tantos años, muy guapa, de pelo y ojos castaños. Aunque es bajita, tiene una personalidad muy fuerte. Es enfermera jefa de una unidad de urgencias de un gran centro médico y todos los días tiene que tomar muchas decisiones sobre cuestiones de vida o muerte, además de dirigir con habilidad a una gran cantidad de enfermeras y técnicos.

Por aquel entonces, Diane estaba preocupada porque tenía treinta y cinco años y seguía soltera. Algunos de los hombres con los que había salido se sentían intimidados por ella, incómodos por su fuerte personalidad. Aunque la habían pedido en matrimonio varias veces, había decidido no aceptar, no casarse si no había amor y pasión. Estaba buscando un alma gemela, pero por lo visto no había aparecido ninguna. A veces tenía una vaga sensación de culpa y de falta de valía, y también de que no se merecía encontrar el amor y ser feliz.

Durante una vívida regresión a una vida anterior, Diane se encontró en Norteamérica, cientos de años atrás, durante las guerras indias. Formaba parte de los colonos y tenía un hijo de corta edad. Su marido no estaba y la cabaña se encontraba rodeada por un grupo de indios que había salido de cacería. El niño y ella estaban escondidos en un compartimento secreto construido bajo el suelo.

—Mi hijo tiene uno o dos años. Tiene el pelo oscuro y los ojos marrones —me contó—. Es monísimo.

Yo presentía que se avecinaba una tragedia mientras ella describía a su hijo y narraba la escena.

—Tiene una marca de nacimiento bajo el hombro derecho, con forma de media luna o de espada curvada —prosiguió—. Mi pelo es oscuro y largo y llevo un vestido hecho con una tela sencilla.

Le pedí que volviera al escondite, y unos instantes después empezó a sollozar. Le dije que flotara sobre la escena, para distanciarse de ella y observar desde arriba, como si estuviera viendo una película. Así podía ayudarle a controlar sus emociones mientras seguía describiendo la escena de aquella vida anterior.

—Tengo que quedarme escondida ahí o nos matarán. Ése es nuestro plan... Pero el niño está llorando, está llorando.

Tengo que ponerle la mano en la boca, no hay manera de que calle.

Volvió a romper a llorar.

—Está muerto... Lo he matado. No quería hacerlo, pero no dejaba de llorar. Dios mío, Dios mío, ¿qué he hecho?

Los indios no la encontraron, pero pasó el resto de su vida atormentada por el dolor y la culpa. Nunca se lo perdonó.

Tuvo otros dos hijos en aquella vida que estuvieron a su lado, junto con sus nietos, en los últimos momentos de aquella existencia trágica. Querer a sus hijos y a sus nietos sólo había servido para aliviar ligeramente su culpa, su vergüenza y su mortificación.

Murió y pasó a flotar sobre su cuerpo. Habló de una hermosa luz dorada y circular. Dentro de aquel círculo veía los espíritus de los seres queridos que habían muerto antes que ella, incluidos su marido y sus padres, pero su hijito no estaba entre ellos.

No obstante, sintió por fin una paz inconmensurable. De la luz surgía una música, pero no encontró palabras para describirla.

—La luz y la música son tan hermosas que no hay palabras para explicarlas. Vienen a recibirme. Vuelvo a casa.

Sintió una punzada de tristeza al dejar a sus hijos y a sus nietos, pero la alegría y el placer que encontraba en la luz y en la música eran abrumadores.

—No comprenden que no me he muerto, aunque haya abandonado mi cuerpo. Sigo siendo consciente. La palabra «muerte» se utiliza mal. No me he muerto de verdad, pero eso no lo saben.

Tenía razón. Nunca morimos de verdad. Simplemente ampliamos nuestro nivel de conciencia, como si atravesáramos un umbral para pasar a un entorno más luminoso, más vívido, un entorno animado por la luz y la música del amor.

Un día, algunos meses después de esa experiencia de regresión, Diane estaba trabajando en el hospital, atendiendo a un hombre de cuarenta y un años que sufría ataques de asma intermitentes. Se sintió atraída hacia él de una forma inexplicable, pero descartó esa atracción mentalmente y prosiguió el examen físico.

Los ojos de aquel hombre la miraban fijamente. También él sentía una especie de conexión antigua con aquella enfermera tan guapa, como si se conocieran. Empezaron a bromear y descubrieron que tenían mucho en común.

Diane se puso detrás de él para auscultar sus pulmones. Le colocó el estetoscopio en la espalda, más concentrada en auscultar que en observar. Cuando vio la marca de nacimiento en forma de media luna que tenía debajo del hombro derecho se quedó sin aliento, le fallaron las rodillas y estuvo a punto de desmayarse.

Al instante se dio cuenta de que estaba sucediendo algo muy profundo.

Diane fue conduciendo la conversación para preguntarle si estaba casado. Mientras, se le iban llenando los ojos de lágrimas de alegría.

Estaba divorciado. Su mujer había tenido varios amantes mientras estaban casados y le había dejado hacía años. Se sentía traicionado y su confianza se había resentido. No había vuelto a casarse por miedo a que volvieran a traicionarle. No creía que fuera capaz de soportar otra vez aquel dolor. De repente pensó: «¿Por qué le estoy contando a esta enfermera cosas tan íntimas y personales? ¿Qué tiene de especial?»

Creo que su encuentro no fue casual. Su amor, la relación que habían dejado inacabada en otra existencia y su plan de vida les habían reunido. Sus almas habían programado aquel reencuentro. Hoy están felizmente casados.

Diane ya no se siente culpable ni falta de valía. Nunca he tratado a su marido, aunque quise hacerlo, pero no para comprobar su conexión en otra vida (para eso bastaban el reconocimiento de las almas, la marca de nacimiento y su felicidad en común). Están enamorados y el amor no necesita pruebas. Lo que yo quería era ayudarle a aliviar el asma que sufre. Como ya he contado en otros libros, una muerte por asfixia en una vida suele manifestarse como síntomas de asma en otra existencia.

5

La eliminación de obstáculos para la felicidad y la alegría

Usted sabe mucho más que los demás. Comprende muchas más cosas. Sea paciente con ellos. No tienen los conocimientos que usted posee. Enviaremos espíritus para que le ayuden, pero lo que está haciendo ya es correcto... Siga así. No hay que desperdiciar esta energía. Tiene que deshacerse del miedo. Esa será su mejor arma.

Todos hemos sido creados a imagen y semejanza de Dios, y Dios está dentro de todos. Nuestra naturaleza básica subyacente se basa en el amor, la paz, el equilibrio y la armonía. Nuestra esencia innata es compasiva, cariñosa y buena. Somos almas.

En el transcurso de nuestras vidas va acumulándose un revestimiento de miedo, rabia, envidia, tristeza, inseguridad y muchos otros sentimientos negativos que tapa nuestra hermosa naturaleza interior. Esa envoltura se intensifica y se refuerza debido a la educación y a las experiencias de nuestra niñez en la vida actual. Parecemos lo que no somos: personas furiosas y temerosas, llenas de sentimiento de culpa e inseguridad. Nos hemos olvidado de quiénes somos en realidad.

No nos hace falta aprender qué son el amor y el equilibrio, la paz y la compasión, el perdón y la fe. Los conocemos desde siempre. Nuestra tarea es, por el contrario, olvidar esas emociones y actitudes negativas y dañinas que asolan nuestras vidas y nos producen tanto sufrimiento a nosotros, a nuestras comunidades y a nuestro mundo. Al ir deshaciéndonos de esos rasgos negativos, quién lo iba a decir, redescubrimos nuestra auténtica naturaleza, nuestro yo positivo y amoroso. Siempre ha estado ahí, pero tapado, oscurecido y olvidado.

Cuando retiramos las capas exteriores de residuos e inmundicia, las ideas y las emociones negativas, cuando limpiamos y pulimos el revestimiento exterior, podemos vislumbrar de nuevo los auténticos diamantes que en realidad somos. Somos almas inmortales y divinas y estamos recorriendo un camino. En el fondo, siempre hemos sido diamantes.

Deshacerse del miedo, la rabia y demás emociones negativas es importante, no sólo para el bienestar espiritual sino también para una buena salud física. Actualmente está muy extendida la idea de que el estrés mental (que comprende las emociones negativas, como el miedo, la rabia, la ansiedad crónica y la depresión) es una de las principales causas de enfermedad y muerte en el mundo. El cuerpo está íntimamente ligado a la mente, por lo que los estados de ánimo y las emociones se traducen fácilmente en síntomas físicos. El amor puede curar; el estrés puede matar.

The New England Journal of Medicine, considerada como la mejor revista médica de Estados Unidos, publicó un importante artículo en enero de 1998 en el que detallaba el daño multisistemático que puede provocar el estrés en el cuerpo humano.

En el artículo se afirma que el estrés produce la liberación de un complejo sistema de hormonas y otras sustancias químicas en el organismo. Cuando esas hormonas no se desactivan rápidamente, cuando el estrés persiste y el cuerpo sigue produciendo esas sustancias químicas, muchos órganos del cuerpo quedan expuestos a consecuencias negativas. El estrés provoca cambios en el ritmo cardíaco, la presión sanguínea y los niveles de azúcar en la sangre y también la secreción de cortisol, una potente hormona esteroide natural.

El estrés altera asimismo la secreción de ácido gástrico, adrenalina y otras sustancias químicas cuya producción sólo debería acelerarse en períodos concretos y cortos. Lo peor de todo tal vez sea que el estrés deprime el funcionamiento natural de nuestro sistema inmunitario y reduce la capacidad de lucha contra infecciones y enfermedades como el cáncer y el sida.

El artículo concluye que el estrés crónico produce cambios fisiológicos perjudiciales, y que entre esos problemas pueden encontrarse la resistencia a la insulina, las enfermedades cardíacas, la pérdida de memoria, la disfunción del sistema inmunitario y la disminución de la densidad de los huesos (la osteoporosis, que produce debilidad de los huesos y aumenta el riesgo de fractura).

Uno de los investigadores médicos citados en el artículo afirma: «Los médicos y demás trabajadores del sistema sanitario pueden ayudar a los pacientes a disminuir [el riesgo de padecer esos problemas relacionados con el estrés] si les enseñan a sobrellevar las situaciones, a reconocer sus propias limitaciones y a relajarse.»

Dean Ornish, el excelente cardiólogo que abrió nuevos caminos con el estudio de los efectos del estrés sobre las enfermedades cardíacas y el cáncer de próstata, y que ha publicado recientemente el libro *Love & Survival: The Scientific Basis for the Healing Power of Intimacy* (*Amor y supervivencia: la base científica del poder curativo de la intimidad*), asegura: «[Abrir el corazón] tiene muchísima relación no sólo con la calidad de vida sino también con su cantidad, es decir, con su duración. [...] La soledad y el aislamiento aumentan el riesgo de enfermedad y de muerte prematura por cualquier motivo, entre un doscientos y un quinientos por ciento. [...] Cuando nos sentimos solos tendemos a comer en exceso, trabajar demasiado, beber más de la cuenta, abusar de las drogas o caer en conductas autodestructivas como ésas.»

Según Ornish, «del amor y de la intimidad depende que enfermemos y nos mantengamos sanos, que nos pongamos tristes y que nos alegremos, que suframos y que nos curemos. [...] Que yo sepa, no hay otro factor en la medicina (ni la dieta, ni el tabaco, ni el ejercicio, ni el estrés, ni la genética, ni los fármacos, ni la cirugía) que tenga más efecto en nuestra calidad de vida, en la incidencia de las enfermedades y en la muerte prematura por cualquier motivo».

A título personal, Ornish ha comentado que, para él, alcanzar la salud emocional «no pasó por encontrar a la persona que quería, sino por ser la persona que quería».

Los objetivos son deshacerse de los pensamientos y las emociones negativos y descubrir la paz, la alegría y la felicidad interiores. Una vez conseguidos, la vida es mucho más placentera. Se progresa con más conciencia por el sendero espiritual de cada uno y el alma se manifiesta dentro de un cuerpo físico que está infinitamente más sano y es mucho más resistente a las enfermedades. Qué combinación tan maravillosa. Aunque siga sopesando y considerando las lecciones y las implicaciones espirituales, no cabe duda de las ventajas físicas que puede obtener gracias a las técnicas y las actitudes que se describen aquí. Esas ventajas para la salud son razones prácticas de mucho peso para seguir las sugerencias de este libro. Y por el camino irá acumulando ventajas espirituales. No tiene nada que perder y sí todo que ganar.

La rabia está arraigada en los juicios. Clasificamos a los demás de acuerdo con nuestra fantasía, con normas que elegimos y les aplicamos. Es posible que ellos ni siquiera sepan cuáles son, pero eso no nos importa.

Muchas veces la gente se enfada con nosotros porque defraudamos sus expectativas. Pero es posible que esas expectativas sean totalmente quiméricas y que por mucho que lo intentásemos no podríamos satisfacerles.

Una paciente mía me contó que su madre estaba muy molesta porque de pequeña su hija no era rubia. Qué cosa tan triste. Las heridas infantiles provocadas por las expectativas irrazonables de los padres pueden ser difíciles de curar. Hay que darse cuenta de que los padres se engañaban, de que tenían una idea equivocada, y eso no debe hacerse simplemente desde la cabeza o el intelecto. El descubrimiento tiene que ser algo visceral, algo que salga del corazón.

Hágase las siguientes preguntas con tranquilidad, y sin juzgar ni criticar sea consciente de las ideas, las sensaciones y las imágenes que vayan surgiendo.

¿En qué fueron irrazonables sus padres al exigirle y esperar cosas de usted? ¿Fue usted alguna vez un títere de los intereses tergiversados de sus padres? ¿Vivían a través de usted? ¿Le utilizaban para impresionar a otras personas, por ejemplo, a sus amigos, sus hermanos o sus padres?

La preocupación excesiva por las opiniones de los demás puede indicar que le utilizaron para esos fines. Lo ideal sería que no importara tanto lo que piensen de usted los demás como el saber que está haciendo lo que debe, buscando su verdad personal, dando pasos guiados por la compasión. Deje a un lado esa dependencia y libérese.

La culpa es un tipo de autorrabia, de rabia dirigida hacia dentro. Sucede cuando nos desilusionamos a nosotros mismos, cuando defraudamos las expectativas de nuestro yo idealizado.

La rabia es una defensa del ego, una defensa contra el miedo a ser humillados o a pasar vergüenza, el miedo a que no nos tengan en consideración, a que se rían de nosotros, el miedo a quedar desprestigiados, el miedo incluso a la pérdida. El miedo de no conseguir lo que queremos. Creemos que la rabia nos «protege» de los demás, de quienes podrían hacernos esas cosas, de quienes también nos demuestran rabia.

La rabia es una emoción perjudicial, nociva e inútil. Se disuelve a base de comprensión y amor.

Cuando una emoción negativa se comprende, cuando se arroja luz sobre sus raíces, la energía que está detrás disminuye y acaba desapareciendo. Cuando nos enfadamos, la respuesta saludable es descubrir qué ha provocado la rabia, rectificar la situación si es posible y deshacernos de esa emoción.

Todos estamos conectados. Todos somos lo mismo. Todos remamos en la misma galera.

Tras la rabia suele haber tristeza, como si la ira fuera una capa protectora para la vulnerabilidad y la desesperación. ¿Se ha dado cuenta de que la gente que está enamorada se enfada mucho menos? Da la impresión de que están en un nivel en el que la rabia no tiene lugar. Y tampoco cabe la tristeza. El nivel del amor es de otro tipo, y no acoge ni la rabia ni la desesperación.

Cuando nos enfadamos creamos sustancias químicas dañinas en el cuerpo que afectan negativamente a las paredes estomacales, a la presión arterial, a los vasos sanguíneos del corazón y de la cabeza, a las glándulas endocrinas, al sistema inmunitario, etcétera. Si averiguásemos la causa de la rabia y pusiéramos remedio a la situación que la origina, las cosas nos irían mucho mejor.

Sin embargo, seguimos aferrándonos a la rabia, a pesar de sus consecuencias físicas y emocionales. Somos una especie testaruda.

Los medios de comunicación nos proyectan a personas

furiosas como modelos de conducta. Rambo siempre estaba de mal humor. No sé si llegó a sonreír alguna vez. Harry el Sucio, y al parecer la inmensa mayoría de policías, soldados y demás héroes de película, están envueltos en rabia. Incluso el capitán Kirk de *Star Trek* estaba enfadado permanentemente.

Su rabia suele presentarse como algo justificado. Alguien ha actuado mal y es lógico que estén furiosos; que maten, incluso.

Esas representaciones no nos hacen ningún favor. La rabia debería evitarse, no fomentarse.

La rabia nos lleva a proyectar nuestros miedos en «el otro». La rabia engendra violencia, guerras y un dolor extraordinario. La rabia nos destruye, de dentro afuera y de fuera adentro también, sea mediante las secreciones químicas y hormonales de nuestro propio cuerpo o mediante la bala que dispara el enemigo.

La comprensión y el amor disuelven la rabia.

He observado que si alguien me corta el paso cuando voy conduciendo por Miami, que es donde vivo, me enfado. Pero cuando estoy de vacaciones en una isla del Caribe y me hacen lo mismo, no pasa nada. Mi perspectiva varía cuando estoy de vacaciones y no me tomo la mala educación tan a pecho. Pero la rabia no es algo geográfico: el cambio se produce en mi interior. Lo mismo podría suceder en Miami.

DESHACERSE DEL MIEDO Y ABRIR LA MENTE

Igual que se relaciona con los demás, se relaciona con usted mismo. Ha vivido en muchos cuerpos y en muchas épocas. Pregúntele a su yo actual por qué tiene tanto miedo. ¿Por qué le da miedo asumir riesgos razonables? ¿Le da miedo su reputación, lo que pien-

sen los demás? Esos miedos están condicionados des-
de la infancia e incluso desde antes.

Hágase las siguientes preguntas. ¿Qué puedo per-
der? ¿Qué es lo peor que me puede suceder? ¿Me resig-
no a vivir así el resto de mi vida? Ante la perspectiva de
la muerte, ¿es esto tan arriesgado?

Los muros que levantamos a nuestro alrededor cuando nos sentimos amenazados emocionalmente son muros de miedo. Nos da miedo que nos hagan daño, que nos rechacen, que nos hagan el vacío. Nuestra vulnerabilidad nos amenaza y nos refugiamos tras un muro para no sentir. Nuestras emociones quedan reprimidas.

A veces incluso rechazamos a la persona o a las personas que nos amenazan antes de que puedan rechazarnos. Nos adelantamos. Este tipo de autoprotección se conoce como defensa contrafóbica. Por desgracia, los muros que levantamos nos hacen más daño que cualquier persona. Nuestros muros nos aíslan, nos cierran el corazón, nos empeoran. Cuando nos encerramos entre ellos, cuando nos separamos de nuestras emociones y nuestros sentimientos, resulta imposible llegar al origen de nuestro sufrimiento, de los miedos y las inseguridades subyacentes. No podemos comprender las verdaderas raíces de nuestros problemas. No podemos curarnos; no podemos estar completos.

La experiencia va más allá de las creencias. En-
séñeles a experimentar. Elimine sus miedos. Enséñe-
les a quererse y a ayudarse mutuamente.

Cierre los ojos y respire hondo varias veces. Deje que se derrumben los muros que le aíslan. Examine sin juzgar, sin criticar, sin sentimiento de culpa, lo que subyace bajo el muro. ¿Cuál es el miedo? ¿De qué está protegiéndose? ¿Qué puede hacer para no tener ese miedo? ¿Cómo puede volver a estar completo? Cuando haya comprendido de verdad el miedo y sus orígenes, verá cómo se disuelve. Su corazón volverá a abrirse. Se sentirá feliz.

En una gran regresión en grupo, Mike experimentó su primer recuerdo de una vida anterior. En aquella existencia había sido un líder religioso muy cultivado y se había visto disertando sobre los aspectos masculinos y femeninos de Dios. Después había querido descubrir más sobre su vida anterior y averiguar si podía recordar más cosas sobre sus conocimientos religiosos. En esa ocasión trabajamos de forma individual, los dos solos, y grabamos la sesión. Como ya he escrito en otros libros, parece que la mente subconsciente tiene sus propios objetivos, que posee voluntad propia. Muchas veces no responde a mis sugerencias ni tampoco a los deseos del paciente. Va a donde tiene que ir, no siempre necesariamente a donde queremos que vaya.

Así pues, estando en un trance profundo, Mike se vio en otra vida en Inglaterra, hace muchos siglos. Regresaba de una guerra. Seguramente tenía que aprender lecciones de aquella existencia antigua, lecciones que quizás eran más importantes que el contenido más intelectual de la vida del teólogo de la primera regresión.

—Estoy en la parte exterior de una muralla que llega hasta el campo. Al otro lado de la muralla hay un gran árbol. Acabo de llegar a casa, supongo que de una guerra..., porque estoy contento de haber vuelto, de volver a ver esta tierra..., y a mi amigo. Está al otro lado de la muralla. Siempre íbamos hasta el árbol, nos sentábamos y hablábamos de la vida y de lo que íbamos a hacer cuando fuéramos mayores, y de lo que podíamos hacer con las cosas que pasaban. Está esperándome.

—¿Lo ves? —pregunté.

—Tiene el pelo castaño... y pómulos pronunciados. Bueno, en realidad tiene la cara delgada, no es que tenga los pómulos pronunciados, pero se le ven.

Muy a menudo me impresiona la cantidad de detalles y la claridad que se observa durante las regresiones. Mike siguió describiendo a su amigo.

—Y es bastante esbelto pero no flaco, y lleva... no sé, ropa bastante ajustada. Y un arco y flechas.

—¿Para qué es el arco?

—Bueno, para cazar... Para los ciervos... Y supongo que también para protegerse, porque acabo de volver de la guerra.

—¿Qué guerra? —quise saber.

—Una guerra en la que utilizábamos arcos. Yo también llevo uno. También tengo una cuerda con dos piedras para lanzar, una en cada extremo... Mis armas.

—¿Y cómo te sientes al volver a casa tras esa guerra?

—¡De maravilla! —respondió Mike inmediatamente—. Porque no me he... Porque estoy vivo, y puedo volver y ser feliz otra vez con mis amigos. Tengo padre y madre. Y puede que una hermana, no estoy seguro.

Le pedí que avanzara en el tiempo para descubrir qué le había pasado a aquel joven que estaba tan feliz de regresar de la guerra.

—Vivo en un castillo en la colina y está... Está desierto. Se llevaron al *sheriff*, nos quitaron la tierra cuando no estábamos. Mi madre está muerta y mi padre, prisionero no sé dónde.

—¿Qué te pasa a ti? ¿Qué haces ahora? —le pregunté.

—Estoy muy cansado de luchar. Supongo que tengo que hacer lo que se espera de mí. Supongo que dependen de mí, de que vuelva y les ayude.

Le pedí que avanzara aún más, hasta el final de esa vida.

—Estamos de celebración, porque todo es como tenía que haber sido cuando volví a casa. Y ahora todo el mundo está muy contento, todo el mundo tiene lo que debería tener y han restaurado el gobierno. Todo ha vuelto a su sitio y estoy de nuevo con mi padre y con mi amigo. Mi amigo y yo vamos a sentarnos en la colina otra vez.

Así terminó su vida, con esa alegría. Mientras flotaba sobre su cuerpo tras su muerte en esa existencia, le pregunté si había aprendido alguna lección en esa vida.

Contestó en un tono tranquilo, distendido.

—El honor es muy importante. Hay que cumplir con el deber y no tener miedo y... hay que confiar en que todo acabará saliendo bien si hacemos lo que nos dicta el corazón. Y también he aprendido lo importante que es la amistad.

Esos conceptos eran importantes para Mike y lo son para todos nosotros. Hay que ir donde el corazón nos lleve y no tener miedo. El miedo nos impide comprender y seguir nuestro destino. Aunque a veces parece que las cosas no salen bien en un nivel manifiesto, físico, en el espiritual siempre salen bien y en el físico también, tarde o temprano: si no es en esta vida, será en la siguiente.

Si tenemos la mente cerrada, no podemos aprender nada nuevo. Las mentes cerradas rechazan cualquier novedad, todo lo que entre en conflicto con creencias arraigadas, creencias que pueden ser falsas. Se han olvidado de que la experiencia es más fuerte que las creencias. El miedo es la fuerza que mantiene cerradas las mentes. Sólo las mentes abiertas pueden recibir y procesar nuevos conocimientos.

Yo había tenido la mente muy cerrada antes de mis experiencias con Catherine, así que sé lo difícil que puede ser dejar que se abra a nuevas posibilidades. Le he pedido a Carole que escriba el siguiente texto para ilustrar cómo mi mente bloqueó una importante vía de comprensión entre nosotros.

Las siguientes palabras son de Carole.

Llevábamos casados algo menos de dos años cuando llamaron por teléfono para decirnos que mi padre había muerto de un infarto repentino. Hicimos las maletas corriendo y tomamos el coche para ir desde Connecticut, donde vivíamos, a la casa de mis padres, en Pensilvania, a más de trescientos kilómetros de distancia. Aunque mi padre tenía antecedentes de afecciones cardíacas, sólo tenía cincuenta y tres años y su muerte fue una sorpresa para todos.

Era una persona sociable y carismática, y la casa se llenó a rebosar de amigos y gente del trabajo durante la semana del luto.

Tras el entierro, Brian regresó a la Facultad de Medicina y yo me quedé con mi madre durante una semana, más o menos. Mis padres tenían una casita encantadora en Cape Cod. Había dos teléfonos, uno abajo, en un pasillo, junto al dormitorio de mis padres, y el otro en la habitación de arriba, donde dormía yo, en una mesita que estaba algo separada del pie de la cama. Unos días después de que se fuera Brian me despertó el timbre del teléfono de mi dormitorio. Contesté enseguida y oí la profunda e inconfundible voz de bajo de mi padre.

—Hola, ¿cómo está todo el mundo? —preguntó.

—Estamos muy tristes, papá —le contesté, aturdida—, porque te has muerto, pero creo que todo se arreglará.

Luego me preguntó qué había decidido hacer mi madre con la tienda. Mi padre tenía una tienda de desguace de metales. Mi madre estaba totalmente desvinculada del funcionamiento del negocio. La verdad es que casi nunca iba por allí. Sin embargo, estaba tan triste que no podía desprenderse de nada de su querido Benjy y había decidido intentar sacarlo adelante. Se lo conté a mi padre y añadí que varios de sus amigos (que tenían tiendas del mismo ramo) iban a ayudarla con sus consejos. Me pidió que le comunicara que hiciera lo que quisiera: él no necesitaba que siguiera con el negocio.

Y después añadió:

—Diles que les quiero y que estoy bien. No volveréis a saber de mí.

Colgué el teléfono con la cara llena de lágrimas. Estaba totalmente despierta y, aunque había sido algo muy raro, sabía que acababa de hablar con mi padre de verdad. Oír su voz me reconfortó, pero me dio pena pensar que no volvería a escucharla.

A la mañana siguiente les pregunté a mi madre y a mi hermana si habían oído el teléfono. Ninguna de las dos había oído nada, y me resistí a contarles mi experiencia. Entonces mi madre dijo que mientras dormía había tenido la impresión de que alguien le escribía «Te quiero» en el dorso de la mano. Cuando salían, al cine, a cenar o por ahí, mi padre muchas veces le escribía esas dos palabras a mi madre en la mano sin que nadie se diera cuenta. Ella sabía muy bien que él había ido de visita durante la noche. Entonces fue cuando les di su recado.

Regresé a Connecticut unos días después. Aunque seguía dándole vueltas al recuerdo de aquella llamada, no le conté nada a Brian. Le repugnaba cualquier cosa que sonara mínimamente a fenómeno paranormal. Lo que había pasado era tan importante para mí que pensé que no podría soportar sus explicaciones racionales. Ése fue el único secreto de nuestra relación.

Tuvieron que pasar varios años para que, poco después de la experiencia de Brian con Catherine, le contara lo que había vivido aquella noche. Por aquel entonces ya había reunido un montón de obras relacionadas con esos temas y, tras escucharme con atención, tomó un libro de la estantería y me enseñó el título: *Llamadas telefónicas de los muertos*.

En noviembre de 1992 leí que la Iglesia Católica había exonerado por fin a Galileo por su «herejía execrable»: asegurar que la Tierra no era el centro del sistema solar. La investigación sobre su figura, que culminó con su exoneración, había durado doce años y medio.

Me quedé algo sorprendido, porque tenía la impresión de que ya había quedado absuelto en 1772, cuando sir Isaac Newton demostró que Galileo tenía razón. Pues no. Resultó que trescientos sesenta años después de su descubrimiento seguía cuestionado. ¿Cuánto tiempo tardan las mentes en abrirse?

Un amigo observó que Galileo había muerto aproximadamente un año antes de que naciera Newton.

—Qué interesante —le contesté—. ¿Y si Galileo se hubiera reencarnado en sir Isaac Newton para demostrar que tenía razón? Habría tenido una gran motivación para hacerlo.

Mi amigo añadió:

—¿Y si ahora hubiera vuelto convertido en papa para exonerarse?

Tiene que erradicar los miedos de sus mentes. La presencia del miedo es un derroche de energía. Les reprime y les impide hacer lo que se les encargó cuando fueron enviados aquí... Los problemas sólo existen en la superficie. Tiene que dirigirse al fondo de sus almas, donde se crean las ideas.

Durante una pausa en un taller que organicé en Suramérica, una mujer me pasó una nota. Trata de la superación de los miedos y por eso la incluyo.

Siempre he «sabido» y «visto» que me moriría a los cuarenta y dos años. Una amiga a la que se lo conté me recomendó su libro *Muchas vidas, muchos Sabios*, porque cuanto más me acercaba a esa edad, más miedo tenía por mi experiencia «vívida» de esa muerte.

Mientras leía el libro iba parando de vez en cuando porque no hacía más que visualizar ese «sueño», además de otros que también me atormentaban. Cuanto más leía, más respuestas descubría. Cada vez que comprendía un párrafo me sentía algo más relajada, hasta que finalmente me di cuenta de que mis sueños atormentados eran recuerdos de vidas anteriores.

Cuando vi a mi amiga después de leer su libro, lo primero que me dijo fue que tenía el aspecto de haberme librado de una carga muy pesada.

Me quedan dos meses para cumplir los cuarenta y dos años y llevo una carga mucho menos pesada. Gracias.

Una mujer me contó una extraordinaria experiencia cercana a la muerte que había tenido unos cuantos años antes. Algún tiempo después apareció como invitada en un programa especial de su televisión local sobre ese tipo de experiencias. En el espacio describió detalladamente su experiencia, muy personal y emotiva.

Otro de los invitados, un psiquiatra que hacía las veces de «experto» escéptico, invitado para aportar equilibrio al grupo de asistentes, le replicó en tono autoritario que su experiencia no era ni real ni válida, sino una simple reacción química del cerebro.

—Qué arrogante —le comenté furioso cuando me contó la historia—. No sabe nada sobre las ricas imágenes visuales que vio usted, nada sobre lo mucho que se emocionó, nada sobre la importancia de los mensajes que recibió, y sin embargo descarta toda su experiencia calificándola de reacción química.

—No —me corrigió en voz baja—. Tenía miedo. Era miedo, no arrogancia.

Estaba en lo cierto, por supuesto. La arrogancia no es más que otra cara del miedo. Sin miedo no habría necesidad de arrogancia. Para mí fue una lección importante, y dejé que mi juicio se evaporara ante el conocimiento.

«*Recuerde —dijo la voz—. Recuerde que siempre es querido. Siempre está protegido y nunca se encuentra solo... También es un ser de luz, de sabiduría, de amor... Nunca le olvidarán. Nunca le pasarán por alto ni dejarán de hacerle caso. Usted no es su cuerpo; no es su cerebro, ni siquiera su mente. Es un espíritu. Lo único que tiene que hacer es despertar al recuerdo, recordar. El espíritu no tiene límites, ni el del cuerpo físico ni el del alcance del intelecto o de la mente.*»

Uno de nuestros grandes fallos es esa extraordinaria preocupación por los resultados. Le damos muchas vueltas a cómo van a salir las cosas, y eso crea una ansiedad, un miedo y una infelicidad innecesarios.

La ansiedad está relacionada con nuestro rendimiento. ¿Y si no estamos a la altura? ¿Y si fallamos? ¿Qué pensarán los demás? ¿Con qué severidad nos juzgaremos?

El miedo tiene que ver con la pérdida de la meta o el objeto deseados. Tenemos el convencimiento de que si fallamos no conseguiremos lo que perseguimos. Seremos unos fracasados, unos perdedores. Nos rechazarán. Nos odiaremos.

En lugar de preocuparse por resultados concretos, haga lo que tenga que hacer. Tienda una mano sin egoísmo. Confíe en que todo va a salir bien.

La esperanza es algo bueno, pero no lo es crearse falsas expectativas, porque en ese caso el desengaño está siempre a la vuelta de la esquina.

Una mañana, mientras meditaba, apareció de repente en mi mente un mensaje muy claro y bien definido: «Amaos los unos a los otros con todo el corazón y no tengáis miedo, no os reprimáis. Cuanto más deis, más recibiréis a cambio.»

*Usted anhela la ilusión de seguridad, en lugar de
la seguridad de la sabiduría y del amor.*

El dinero es algo neutro, ni bueno ni malo. Lo importante es lo que hacemos con él. Con dinero podemos comprar ropa y comida para los pobres o podemos decidir utilizarlo con egoísmo y desperdiciar la oportunidad. Podemos elegir, y al final aprenderemos todas las lecciones.

El dinero y la seguridad no son lo mismo. La seguridad sólo puede surgir del interior. Es un rasgo espiritual, no terrenal. El dinero es algo terrenal, algo que no podremos llevarnos cuando nos marchemos.

Podemos perderlo todo de un día para otro, si ésa es nuestra lección o nuestro destino. La seguridad deriva de la paz interior y del conocimiento de nuestra esencia auténtica, que es espiritual. En realidad nada puede hacernos daño, porque somos inmortales y eternos, porque somos seres espirituales, no cuerpos físicos, porque siempre hay quien nos ama y nos protege, porque no estamos nunca solos, porque Dios y todo un ejército de seres amorosos nos protegen siempre, porque todos tenemos la misma esencia. Así pues, no hay por qué tener miedo. Esta verdad es el secreto de nuestra seguridad y de nuestra alegría.

«Amaos los unos a los otros con todo el corazón y no tengáis miedo, no os reprimáis. Cuanto más deis, más recibiréis a cambio.»

La regresión de Tom a la Inglaterra del siglo XIX fue muy rica en detalles. Aunque describió lentamente y a conciencia cómo era él, cómo eran su casa y sus circunstancias, me di cuenta de que era consciente de mucho más de lo que ponía en palabras.

En su vida actual le atormentaba un miedo irracional a la pérdida.

También en aquella vida anterior en Inglaterra había detectado una inseguridad. Describió una zona exuberante de la campiña con colinas ondulantes y árboles viejos.

—Tengo unos cuarenta y pico años y soy terrateniente, aunque no pertenezco a la clase alta. Vivo en una casa en la finca. Estoy casado y tengo dos hijos...

—¿Qué te ha atraído a esta época? —le pregunté.

—Soy un hombre adinerado, vivo bien. Estoy bastante bien situado —respondió—, y sin embargo hay algo de ansiedad, porque no soy de clase alta y me da miedo que, en cualquier momento, vengan y me lo quiten todo, o que lo pierda yo.

Le pedí que avanzara en el tiempo hasta el siguiente momento importante de aquella vida.

—Se ha incendiado la cuadra —respondió nervioso—. Es un infierno, estoy intentando liberar a los animales... Sólo consigo sacar a un par de caballos. ¡Creo que la casa también está en llamas!

—¿Qué pasa?

—Los chicos no están, pero mi mujer muere —respondió apesadumbrado.

—¿Cómo te sientes? —le pregunté—. Ahora lo recuerdas todo.

—Estoy muy consternado.

—¿Sabes cómo ha empezado el fuego?

—Creo que ha sido provocado.

Permaneció unos instantes en silencio.

—¿Sabes quién ha sido? —pregunté, rompiendo el silencio.

—Había gente en el pueblo... Creo que lo han hecho porque soy judío.

Otro profundo silencio.

Tras el incendio que había acabado con la vida de su mujer se fue de Inglaterra a Estados Unidos, pero no le abandonó la tristeza y vivió una vida bastante solitaria.

Le hice avanzar hasta el último día de su vida.

—Estoy en cama... Soy viejo. Mis dos hijos están aquí con sus familias. Sigue siendo un poco raro encontrarse en un país nuevo. Estoy preparado para irme.

Murió y abandonó su cuerpo.

—Estoy viendo que... Sigo teniendo la sensación de que he sufrido por lo que era, no por lo que hice.

Estaba dándose cuenta de cómo la rabia, los prejuicios y el odio pueden provocar un terrible sufrimiento. Pero también había habido una lección positiva.

—Mis hijos... Ese amor... Esa unión de toda la familia... Eso para mí ha sido un gran consuelo.

Tom, que en su vida actual no es judío, había descubierto mucho más que los orígenes de sus inseguridades y su miedo a la pérdida. Había aprendido que el odio y los prejuicios pueden provocar una violencia y un dolor descomunales. También había visto que el amor es el consuelo de todo dolor.

La labor de Tom en aquella vida anterior no había sido castigar, ni siquiera juzgar, a quienes habían quemado su casa y matado a su mujer. El karma y la ley divina se encargarán de ello. La labor de Tom es comprender y perdonar. Ésa es la labor del amor.

LA SEGURIDAD DEL HOGAR ESPIRITUAL

Me despertó un mensaje: «Eres un carpintero que está construyendo su hogar espiritual —escuché—. ¿Cuántos martillos hacen falta para levantar tu hogar espiritual? ¿Qué es mejor, mil martillos o uno perfecto? Lo que cuenta es la calidad de la casa, no cuántos martillos tiene el carpintero.»

Dedicamos demasiado tiempo a acumular martillos y no el suficiente a construir nuestro hogar espiritual.

A veces la familia biológica no es la verdadera familia de una persona. Puede que sus padres, sus hermanos y sus demás familiares no lo comprendan. Puede que no le demuestren amor y cariño. Puede que le rechacen y le traten con crueldad. Usted no está obligado a que le traten de forma inhumana. Ser el objetivo del comportamiento abusivo de otras personas, sean su familia o no, no satisface ninguna responsabilidad kármica. Maltratar o herir a una persona es un acto que la persona que maltrata realiza por propia voluntad. Los malos tratos o abusos no son nunca merecidos.

Al ir creciendo, es posible que se vea rodeado por amigos, por personas que le quieran de verdad, que le aporten la seguridad que da el sentirse querido y tratado con dignidad y respeto. Esos amigos y seres queridos se convierten en la verdadera familia. Seguramente también compartirán sus valores espirituales, y entre todos pueden ayudarse a evolucionar de forma positiva. Esa gente es su familia espiritual. Si su familia sanguínea, su familia de origen, le rechaza, su familia espiritual le aceptará, le cuidará y se convertirá en la familia que de verdad tendrá importancia para usted.

No estoy recomendando abandonar a la familia de origen ni dejar de mantener una buena comunicación y un trato afectivo, pero no tiene que dejar que abusen de usted, ni psicológica ni físicamente. No tiene que racionalizar el abuso y decirse que es algo tolerable simplemente porque procede de su familia, sus amigos o su comunidad religiosa.

Hay un aforismo que dice que la sangre es más espesa que el océano. Quiere decir que, cuando las cosas van mal y fallan los amigos o los conocidos, normalmente se puede contar con los parientes para que nos ayuden. Yo digo que, si bien es cierto que la sangre es más espesa que el océano, el espíritu es más espeso que la sangre. Siempre podemos depender de la familia espiritual para que nos ayude.

6

El poder curativo de la comprensión

Todo es amor... Todo es amor. El amor lleva a la comprensión. La comprensión lleva a la paciencia. Y entonces se detiene el tiempo. Y todo pasa aquí y ahora.

Las regiones más profundas de nuestra mente no están sujetas a las leyes temporales normales. Sucesos del pasado remoto pueden afectarnos todavía con una aguda inmediatez. Las heridas del pasado influyen en nuestro humor y en nuestra conducta como si nos las hubieran infligido ayer, y a veces su fuerza aumenta incluso con el tiempo.

La comprensión puede ayudar a cicatrizar esos traumas del pasado. Dado que la mente más profunda no está sujeta a las condiciones habituales del tiempo y el espacio, los sucesos del pasado pueden reescribirse y reformularse. La causa y el efecto no están ligados tan inextricablemente. Los traumas pueden deshacerse y los efectos perjudiciales, invertirse. Puede darse una curación profunda, incluso cuando se interpongan grandes distancias o hayan pasado muchos años de dolor y sufrimiento.

Del mismo modo que el amor aporta una profunda curación a las relaciones, la comprensión comporta una reducción del miedo. La comprensión abre una ventana por la que

la brisa del amor se lleva suavemente las dudas y las ansieda-
des, refresca el alma y nutre las relaciones.

Los miedos suelen referirse a hechos que ya han sucedido, en esta misma vida o en otras muy anteriores. Como nos
hemos olvidado, proyectamos esos miedos en el futuro pero,
en realidad, lo que tememos ya ha terminado. Lo único que
tenemos que hacer es recordar, despertar al pasado.

Una joven suramericana me escribió para contarme su
despertar y la curación que había tenido como consecuencia:

«He leído todos sus libros y me han impresionado mucho las historias sobre las vidas anteriores de la gente y cómo
pueden servir para curar ciertas fobias. En las últimas pági-
nas de uno de sus libros [A través del tiempo] explica a los
lectores cómo autohipnotizarse. Me gustaría contarle lo que
vi y cómo me sentí. Quiero decirle en primer lugar que tuve
que hacerlo cinco veces antes de entrar de verdad "en trance", porque estaba muy nerviosa y no conseguía concentrar-
me. Resulta que desde que conocí a mi novio y empezamos
a salir (hace de eso un año y tres meses) he tenido mucho
miedo a perderle. No era algo normal, porque incluso llegué
a pensar en el suicidio. Lo peor de todo es que nunca me ha
dado ningún motivo para pensar que podía dejarme y me
ha demostrado muchas veces lo mucho que me quiere. Un
día me encontraba muy mal y me dije que aquello tenía que
acabar de una vez.

»Luego me acordé de que había grabado en una cinta
toda la técnica. Esa vez lo hice con el objetivo concreto de
descubrir por qué tenía tanto miedo.

»Me vi de inmediato sentada en un camino, bajo un cielo estrellado. Era el año 1679, en Francia. Era francesa y me
llamaba Marie-Claire. Tenía unos veinte años y era muy guapa, con el pelo oscuro y largo. Llevaba harapos de color
marrón y sandalias: eso me hizo pensar que era muy pobre.

Tenía un bebé en brazos y yo lloraba sin parar. Entonces vi a otra persona en esa escena. Lo reconocí: era mi novio en esta vida. Se llamaba Pedro y era español. Tenía unos cuarenta años y era muy alto y delgado. Estábamos juntos y el niño era hijo nuestro. Él también lloraba desesperado. Entonces entraron en la escena dos guardias y me lo quitaron. Vi cómo estiraba la mano hacia mí y gritaba para que los guardias lo soltaran.

»No vi nada más, porque estaba tan angustiada que abrí los ojos...

»Lo más increíble es lo que sentí después. Tenía ganas de gritar de alegría, de reír como una loca. Me sentí muy libre, pura por dentro. Y lo mejor de todo es que no he vuelto a derramar una sola lágrima por mi novio y que todas esas sensaciones tan terribles han desaparecido. Además, nuestra relación es mucho mejor... y espero que todo el mundo acepte este nuevo tratamiento muy pronto.»

Yo también lo espero, aunque soy consciente de que es algo más que un tratamiento. Es una forma de comprender cómo funciona la vida y cómo se van renovando las relaciones. Es una forma de darse cuenta de que nunca perdemos de verdad a nuestros seres queridos. Ahí están esas dos personas, trescientos años después, vivas y sanas en nuevos cuerpos, compartiendo sus vidas y su amor otra vez.

La comprensión es lo que cura, y a través de ella se renueva eternamente el amor y se manifiesta.

Esas dos personas no han vuelto a encontrarse por accidente ni por casualidad. El destino dictó delicadamente el redescubrimiento de su amor. Antes de volver a nacer en sus cuerpos actuales ya habían acordado conocerse en determinado momento de sus vidas. En realidad no se trataba de conocerse, sino de reconocerse a un nivel más profundo como almas gemelas atemporales. A partir de entonces tenían que tomar decisiones sobre el futuro de su relación en esta encarnación. ¿Interferirían sus egos, sus mentes lógicas, formadas por la familia y la sociedad, con la conciencia de sus corazones, una conciencia despertada por el reencuentro con un alma gemela? ¿Se impondrían sus corazones, por encima de los obstáculos de la mente consciente?

Estaba escrito que resurgirían determinados miedos y pautas, en el caso de ella el miedo «irracional» a una separación no deseada y trágica, porque ese trauma había sucedido trescientos años antes en Francia. Como al principio no recordaba ese hecho, aunque la memoria inconsciente de su alma se acordara bien de él, tenía miedo de que pasara en el presente o en el futuro.

Una de sus labores kármicas era superar su miedo a la separación mediante la comprensión de que el amor es una energía absoluta, que el amor no termina nunca, ni siquiera con la muerte del cuerpo físico. Siempre nos reencontramos con los seres queridos, sea en este lado o en el otro.

Aunque su alma lo sabía, al nacer en esta vida olvidó sus conexiones anteriores con su novio. Su labor era recordar la inmortalidad del amor, utilizar ese conocimiento para superar sus miedos.

Ese conocimiento saltó del corazón a la mente cuando escuchó la cinta que había grabado siguiendo las instrucciones de mi libro y recordó aquella vida en Francia. En aquel momento lo supo a todos los niveles e inmediatamente se deshizo del miedo del pasado y del presente.

Ya podía amar con libertad. No tenía que guardarse nada, por miedo a perder el amor.

La experiencia de esa joven es un excelente ejemplo de que antes de nacer ayudamos a organizar y preparar esas oportunidades de aprendizaje de nuestras vidas, los puntos de destino que nos ayudarán a comprender, a darnos al amor y a renunciar al miedo. En la concepción de nuestros planes de aprendizaje nos ayudan energías divinas, espirituales. Algunas sensaciones de *déjà vu* representan el recuerdo superficial de nuestro plan prenatal a medida que va haciéndose realidad en estado físico en el momento y el lugar designados durante el desarrollo de nuestras vidas. Nos acordamos. Es sumamente importante prestar mucha atención a las coincidencias, a las sincronías y a las experiencias de *déjà vu* de nuestras vidas, ya que suelen representar la convergencia de nuestro plan espiritual y del sendero real por el que transitamos durante nuestra vida.

Al recordar, ya sea a través de evocar vidas anteriores, sueños, experiencias de *déjà vu*, coincidencias o sincronías, ya sea de forma espontánea, durante momentos espirituales o acontecimientos místicos o de cualquier otro modo, empezamos a comprender.

Al ir comprendiendo nos deshacemos de los miedos.

Al ir deshaciéndonos de los miedos, desaparecen los obstáculos que nos impiden alcanzar el amor y éste fluye con libertad en nuestro interior y entre nosotros.

Suelen preguntarme cómo se sabe si un «recuerdo» es real o producto de la imaginación o de la fantasía. Lo interesante es que desde el punto de vista terapéutico no parece que tenga importancia. La gente mejora; sus síntomas desaparecen. Ni siquiera importa si el paciente o el terapeuta cree en la existencia de vidas anteriores. Sin embargo, de acuerdo con una encuesta de 1994 de *USA Today*/CNN/Gallup, un 27% de los estadounidenses cree en la reencarnación. Probablemente esa cifra sea significativamente superior en la actualidad. El 90% cree en la existencia del cielo.

Sin embargo, si pensamos en la convalidación sí importa. Como médicos y científicos, nos gustaría saber qué recuerdos son reales y cómo diferenciarlos de las fantasías.

A veces esa diferenciación es sencilla. La persona que demuestra xenoglosia, es decir, que habla un idioma que le es ajeno, que no ha aprendido nunca, ha entrado posiblemente en contacto con una vida anterior auténtica. De no ser así, tiene una capacidad psíquica extraordinaria. Si en esos casos se trata de verdad de una vida anterior, suele verse claramente durante la regresión. Otra pista puede ser que una persona demuestre un conocimiento detallado de un período histórico concreto que no haya estudiado nunca. Si se da un síntoma extraño y anacrónico, como un miedo actual a la guillotina, con una subsiguiente regresión a una vida a finales del siglo XVIII, podría ser otra clara indicación.

Los recuerdos que parecen reales suelen tener además otras características. Acostumbran ser vívidos y frecuentemente más visuales que las fantasías. La persona se involucra más emocionalmente y se ve en la escena, que se desarrolla como una secuencia cinematográfica y suele ser familiar. El panorama de la vida anterior refleja temas y problemas presentes en la actual. Esos problemas o síntomas, que pueden ser físicos además de psicológicos, acostumbran a mejorar o resolverse tras el recuerdo. Asimismo, la escena de la regresión no se altera por las sugerencias del terapeuta. La escena tiene vida propia y los detalles se vuelven cada vez más claros con la repetición.

Otra pregunta que se me hace con frecuencia es si los recuerdos de vidas pasadas pueden explicarse como parte de la memoria genética o no. Es decir, ¿proceden esos recuerdos de nuestros genes y cromosomas, del material genético o reproductor que heredamos de nuestros padres, que a su vez lo heredaron de los suyos, etcétera, etcétera, hasta llegar a nuestros antepasados más remotos?

Aunque es cierto que algunos recuerdos generales podrían heredarse genéticamente, no creo que la mayor parte de los recuerdos de vidas anteriores tenga ese origen. Existen varias razones en tal sentido:

1. Muchos de mis pacientes han recordado existencias anteriores en las que morían siendo niños o sin hijos, sin haber transferido ningún material genético. Los recuerdos de esas vidas sin hijos son bastante detallados y vívidos.

2. La concreción de los recuerdos puede ser extraordinaria. Un paciente puede recordar una escena de una batalla de la Edad Media y descubrir exactamente qué soldado era de entre los diez mil que había en el campo. Las heridas de ese soldado concreto suelen coincidir con un mal que le aqueja en esta vida y que por lo general empieza a resolverse tras el recuerdo de la escena. No parece lógico esperar tal grado de concreción de recuerdos genéticos. Ni siquiera los conceptos de inconsciente colectivo o de memoria racial pueden explicar los recuerdos extraordinariamente detallados que suelen aportar los pacientes. Los recuerdos evocados no son de arquetipos o categorías amplias, sino de los detalles más nimios, a menudo acompañados de fuertes sentimientos o emociones.

3. Muchos recuerdos ocurren fuera del cuerpo físico, y allí no hay material genético. Por ejemplo, en el caso citado anteriormente (que es la experiencia real de un paciente), parte del recuerdo sucede tras la muerte física, cuando la persona flotaba encima de su cuerpo y observaba la escena que tenía debajo. Contempló el cuerpo que acababa de abandonar, su estado y sus heridas, así como todo el campo de batalla y lo que seguía sucediendo mientras la lucha progresaba y llegaba a su fin. Durante esos momentos en que estuvo por encima de su cuerpo también tuvo emociones y pensamientos.

RECORDAR: LA CLAVE DE LA FELICIDAD EN ESTA VIDA

Estar en un estado físico es algo anormal. Estar en estado espiritual es natural en nosotros. Cuando vuelven a enviarnos a un cuerpo, es como si nos devolvieran a algo que no conocemos. Tardaremos más. En el mundo de los espíritus tienes que esperar y lue-

go te renuevas. Hay un estado de renovación. Es una dimensión como las demás.

Todos somos espíritus... Algunos están en estado físico y otros, en un período de renovación. Y otros son guardianes. Pero todos pasamos por eso. También hemos sido guardianes.

Recordar que somos almas, que somos inmortales y que existimos siempre en un vasto mar de energía es la clave para llegar a la alegría y a la felicidad. En ese mar energético, toda una serie de espíritus que están para ayudarnos nos conduce por el sendero de nuestro destino, nuestro viaje evolutivo hacia la conciencia de Dios. No competimos con ninguna otra alma: nosotros tenemos nuestro sendero y ellos el suyo. No se trata de una carrera, sino de un viaje de grupo en cooperación hacia la luz de la conciencia. Las almas que han progresado o evolucionado más tienden una mano con amor y compasión a las que se han quedado atrás. La última alma que completa su trayecto no vale menos que la primera.

Un problema concreto en esta escuela que llamamos Tierra es que aquí es muy difícil recordar que somos almas y no simples cuerpos físicos. Constantemente nos distraen las ilusiones y las desilusiones de este planeta tridimensional. Nos enseñan que el dinero, el poder, el prestigio, las posesiones materiales y las comodidades tangibles son de suma importancia y a veces incluso el motor de nuestras vidas. Nos enseñan que para ser felices, los demás tienen que apreciarnos o respetarnos. Estar solo, se nos dice, es ser desgraciado.

En realidad somos seres inmortales que no mueren nunca y que nunca se separan energéticamente de los que aman. Tenemos almas gemelas y familias espirituales que son eternas. Los espíritus guardianes nos guían y nos aman siempre. Nunca estamos solos.

Al morir no nos llevamos las «cosas» que poseemos. Nos

llevamos nuestros actos y nuestras obras, los frutos de la sabiduría de nuestro corazón.

Cuando despertamos a la idea de que todos somos seres espirituales, cambian nuestros valores y por fin podemos ser felices y estar en paz. ¿Qué diferencia hay en esta vida entre tú y yo si tú eres rico y yo no? Sólo pueden conservarse los tesoros del espíritu. ¿Qué diferencia hay si tú eres poderoso y yo no? La felicidad no tiene sus raíces en el poder o la fama, sólo en el amor. ¿Qué diferencia hay si los demás te aprecian y te respetan más que a mí? Puede que yo tenga el coraje de decir y vivir la verdad, y la verdad pocas veces acarrea simpatías. La felicidad nace en nuestro interior, no en el exterior, no del reflejo de lo que creen los demás de nosotros. Los celos son veneno para el alma.

Así pues, nuestro objetivo es recordar, despertar. Puede que una historia o un párrafo de este libro estimule su memoria, le haga despertar al remover algo, estimule su conciencia. Para mí sería una noticia extraordinaria.

Quizás un motivo por el que no hay más gente que tenga recuerdos espontáneos de sus vidas pasadas es porque el aprendizaje en el cuerpo físico es una prueba sobre el terreno. Tenemos que asegurarnos de que nuestros beneficios y conocimientos espirituales estén arraigados en nuestra propia esencia. Si somos pacíficos sólo porque el recuerdo de una vida anterior plagada de brutalidad nos hace temer consecuencias futuras de una conducta parecida, no hemos aprendido la lección del todo. Aprendemos la lección si practicamos la no violencia porque sabemos desde el corazón que la violencia en sí está mal.

No creo, sin embargo, que no debamos tener acceso a esos recuerdos. A través de la hipnosis es mucho más fácil recordar, se recuperan las lecciones desde una perspectiva superior, se alivian los síntomas y puede acelerarse espectacularmente la comprensión espiritual. La experiencia de Nancy sirve para demostrar este proceso.

Nancy iba vestida de modo informal, con unos pantalones cortos de color beige y una camiseta blanca. Todos los participantes en mi taller de tres días de duración en el Instituto Omega, un centro de aprendizaje holístico situado en Rhineback (Nueva York), habían pasado el fin de semana en las hermosas estribaciones de las montañas Castskills y estábamos todos muy relajados. Las sesiones de regresión en grupo habían contribuido a la atmósfera de tranquilidad.

Nancy se había ofrecido voluntaria, junto con otras cuatro personas, para experimentar una regresión ante todo el grupo. La elegí porque me dio la impresión de que podía beneficiarse de una regresión individual en la que le hiciera preguntas y guiara el proceso de forma más concreta. No podía conseguir una respuesta personal en los ejercicios realizados con grupos de grandes dimensiones.

Al tratarse de una voluntaria y no de una paciente, la regresión se concibió como una demostración de la técnica, no como una sesión de terapia. Sin embargo, una vez la persona entra en ese estado de relajación profunda, y al mismo tiempo de conciencia detallada, suelen darse curaciones. Al subconsciente no le importan mis intenciones mientras esté a salvo y protegido. Para Nancy aquélla era una oportunidad de curación, una situación de aprendizaje, y no podía dejar pasar tan excelente ocasión.

Hablamos en privado durante unos instantes y le describí el sistema que íbamos a utilizar. Había decidido utilizar una técnica de inducción rápida. Con ese método podía poner a Nancy en un estado de hipnosis profunda en menos de veinte segundos.

—Bueno, Nancy, vamos a hacer lo que te he dicho hace un momento. Pon tu mano derecha sobre la mía y mírame a los ojos. Ahora sólo tienes que seguir las instrucciones. ¿Te parece bien?

Aceptó con rapidez.

—Muy bien. Dentro de un momento voy a contar hasta

tres. Al llegar a tres, aprieta la mano con fuerza. Sentirás que la mía hace fuerza hacia arriba. Tienes que mirarme fijamente a los ojos y seguir las instrucciones. Uno... dos... tres... Los párpados te pesan, se cierran, tienes sueño, se caen, te duermes. Deja que se cierren, se cierran. ¡Duérmete!

Retiré rápidamente la mano de debajo de la suya y cayó de inmediato en un trance profundo. Entonces la llevé a un estado aún más profundo con diversas técnicas y le pregunté qué estaba experimentando.

Tras unos momentos de silencio empezó a hablar.

—Mi primera comunión. Vamos en un coche, y mi abuelo nos lleva a comer helados. Hoy es mi día. Todo el mundo me presta atención y estoy muy emocionada.

Sonrió de oreja a oreja.

—¿Y más o menos qué edad tienes?

—Seis años —respondió sin dudarlo.

—¿Ves qué llevas puesto?

—Un vestido blanco. Llevo los zapatos blancos y los calcetines blancos con encaje en el borde. Todo el mundo me dice que estoy muy guapa.

—¿Y para ti es un momento de felicidad? —le pregunté, aunque la respuesta era evidente.

—Sí.

—¿Ves a las otras personas que están contigo?

Los apoyos visuales siempre son importantes.

—Sí. A mi abuelo, a mi madre, a mi hermana y a mi hermano.

—¿Qué aspecto tienen?

—Están... Vamos en coche. Están dentro del coche conmigo, claro, en el coche, mis hermanos en el asiento de detrás conmigo. Son más pequeños, tienen... No sé qué edad tienen.

—Es un recuerdo feliz. ¿Es así como te sientes? ¿Feliz?

Se lo pregunté porque vi que tenía los ojos llorosos.

—Esas lágrimas que tienes en los ojos, ¿son de felicidad o de pena?

—Estoy muy emocionada.

Como ya sabía que el recuerdo era feliz, decidí resumirlo y retroceder más en el tiempo.

—Es un recuerdo maravilloso y ya sabes todo lo que pasa después. Un buen recuerdo. Llevas un vestidito blanco y estás muy guapa; todo el mundo está por ti. Quiero que conserves, incluso después de despertarte, este recuerdo tan, tan feliz con los buenos sentimientos y también con los sentimientos de autoestima, porque no tiene que ser sólo un día, un día especial y tuyo; puedes quererte todos los días. Cada día tiene que ser especial para ti. Recuerda los sentimientos felices de aquel momento y tráelos al presente para ser feliz ahora. Trae los sentimientos de felicidad de la niñita del vestido blanco, la comunión, la familia, tu protagonismo, el cariño y el amor que te profesa tu familia. Vas a traer todo eso hasta tu vida. ¿Te parece?

Asintió mientras se empapaba de las lecciones de amor.

—¿Estás preparada para retroceder aún más?

Asintió otra vez.

—Ahora flota, flota por encima de la escena y deja que vaya desvaneciéndose. Te traerás todos los recuerdos felices y la autoestima, pero deja que la escena se desvanezca. Flota sin más, libre y tranquila, relajada. Vamos a retroceder hasta antes de que nacieras, cuando estabas en el vientre de tu madre. ¿Te parece bien?

Volvió a acceder.

—Vamos a ver qué te llega de esa época, si es que te llega algo. Voy a tocarte en la frente y a contar hacia atrás, del cinco al uno. Vuelve hasta antes de nacer, hasta el útero de tu madre, y a ver si tienes algún sentimiento, percepción, impresión, pensamiento o sensación de aquella época.

Tras unos instantes, empezó a hablar.

—Estoy flotando. Siento amor. A mi madre le duele la espalda. Me doy cuenta de que se la aprieta.

—Y eres una hija deseada. Sientes el amor que está listo para recibirte.

—Sí. Ahora pasan muchas cosas. Hay mucha, mucha, mucha actividad. Supongo que se preparan... Están preparándose.

—¿Qué hacen?

—Están pintando y buscando a alguien para que haga la mudanza.

—¿Y tú eres consciente de todo eso? —le pregunté, impresionado por la cantidad de detalles que había percibido ya.

—Sí, pero están emocionados. Es actividad positiva.

—¿A qué vienen las lágrimas? —le pregunté al ver que volvía a tener los ojos llorosos.

—No lo sé. Estoy contenta.

—Éste es otro recuerdo que puedes traerte, el de ser una hija deseada, el de la emoción, porque la preparación es normal... Están pintando, preparando la habitación, preparándose para tu llegada. Eres una hija deseada; te están esperando con ilusión. Hay mucho amor. Lo sientes mientras flotas, y eso es muy importante. Ahora vamos a pasar por el nacimiento, vamos al momento posterior. Mientras cuento hasta tres, pasa por el nacimiento. No va a haber dolor, no va a haber incomodidades. Mira cómo te reciben y cómo se siente la gente. ¿Cómo fue tu recepción? Uno, dos, tres. Muy bien. Ya has nacido y te encuentras bien. ¿De qué eres consciente ahora?

—Hace frío —respondió, y empezó a temblar—. Mi madre no está despierta, no está. No sabe que estoy ahí. Sólo hay indiferencia, otro bebé más. Los médicos y las enfermeras hacen simplemente lo que toca, su trabajo.

Pensé que su madre debía de haber estado inconsciente por la anestesia general. Los médicos y las enfermeras estaban haciendo su trabajo, pero Nancy ya era consciente de que lo hacían sin demasiada emoción.

—No es como el amor que siente tu madre por ti.

—Supongo que no.

—¿Te envuelven en algo para calentarte?

—No lo sé.

Los temblores y los escalofríos iban a más, así que decidí sacarla de la sala de partos.

—Ahora vamos a flotar por encima de esa escena y a abandonarla. Vas a entrar nuevamente en calor. Caliéntate. Flota, deja que la escena se desvanezca y desaparece. Has entrado en calor, estás cómoda y sigues flotando. ¿Estás lista para seguir retrocediendo?

—Sí.

—Muy bien. Vamos a hacer otro viaje, otra parada. Vamos a retroceder aún más. Si hay alguna vida anterior que recordar, la recordarás ahora, cuando te golpee en la frente y cuente hacia atrás del cinco al uno. Permite que una escena o una imagen de una vida anterior se vaya enfocando y presta atención a cualquier detalle. Cuando llegue al uno, todo estará totalmente enfocado. Podrás permanecer en un estado muy, muy profundo y seguir con la experiencia y contarme lo que te pasa, una escena de una vida anterior o lo que te venga, lo que consideres importante. Vas a poder recordar mientras voy contando hasta uno. Cinco, lo recuerdas todo. Cuatro, algo de una vida anterior. Tres, deja que se vaya enfocando. Dos... Uno. Muy bien. Quédate en ese momento. Puedes prestar atención a la ropa o a otros detalles, a la arquitectura, a las casa, a la topografía o a la geografía, a ti misma. ¿Hay otras personas alrededor? Te llegue lo que te llegue, está bien. Vas a poder hablar y permanecer al mismo tiempo en un estado profundo, permanecer en la experiencia. Vas a poder contarme de qué te das cuenta, qué experimentas.

—Estoy en un pueblo —respondió, mientras sus ojos se agitaban bajo los párpados—. En el centro, en una especie de mercado. Hay mucha actividad, mucha gente que grita a la vez, como en una subasta. Una subasta. Yo paso por aquí, pero no participo. Soy un hombre. Llevo barba. Huele mal, hay muchos olores, algunos malos. No está limpio; está sucio.

Siguió supervisando la escena, observando muchos detalles.

—¿Cómo es el mercado? ¿Cómo va vestida la gente? ¿Está al aire libre? ¿Qué cosas venden? —le pregunté para determinar un período aproximado.

—Es al aire libre, con tiendas. Es un sitio seco, polvoriento. Hay pollo y verdura, pero no muchas verduras. La gente... Son como campesinos, son los barrios pobres de no sé dónde.

—¿De una ciudad mayor?

—Veo un muro. Hay un muro que divide esta zona de otra. Estoy a punto de decir que es Egipto, pero no lo es. Era Egipto, sí, es Egipto.

Me dio la impresión de que debía de ser una zona de frecuentes invasiones y conquistas, con fronteras poco estables.

—Ahora vamos a avanzar en el tiempo para ver qué le pasa a ese hombre. Le ves pasar, a ese hombre de la barba... ¿Qué le pasa? Vamos al futuro, al siguiente hecho significativo de tu vida, de la vida de ese hombre... Cuando te dé un golpecito en la frente y cuente hasta tres, pasa al siguiente hecho significativo. Uno, dos, tres. Deja que suceda. También ahora vas a experimentar la situación y permanecer en un estado muy, muy profundo; vas a hablar y contarme lo que estés experimentando, las cosas de las que te des cuenta, lo que te suceda.

—Una reunión. Se reúne con alguien. Es un hombre importante. Sabe... Les cuenta cosas que han pasado en otros sitios. Cambios, cambios... No sé qué cambios son. A la gente no le gustan.

—¿Y él cómo se siente? ¿Cómo te sientes? —le pregunté, incluyendo deliberadamente la tercera persona y la segunda para reforzar la conexión con aquel hombre del pasado.

—Está nervioso. No está seguro de cómo van a reaccionar.

—Pero ¿es una información importante? ¿Son necesarios esos cambios?

—Él sabe que tiene que decírselo. Le han dicho que tiene que contárselo.

—Voy a darte un golpecito en la frente y vamos a ver si consigues más detalles sobre lo que tiene que contarles, sobre el tipo de cambios. Tres, cualquier detalle que te venga... Dos... Uno.

—Veo un papel. Creo que es un mapa. No puedo...

Se detuvo un instante.

—Creo que hay un ejército —prosiguió—. Va a venir una gran cantidad de gente. Sí, creo que van a conquistar este país. Creo que van a venir y a decirles que tienen que irse o que si no les obligarán. Y si la gente no se va, habrá guerra.

—¿Y tú qué papel tienes en todo esto? ¿De qué bando estás? ¿Qué estás logrando?

—Creo que estoy del otro lado. Les estoy avisando. Soy casi un espía. Todos creen que estoy ayudándoles, pero lo que intento es que haya paz entre ellos.

—Eso está bien, evitar la guerra. Eso es importante, pero para ti es peligroso.

—Tengo miedo.

El rostro de Nancy reflejaba preocupación.

—Vamos a avanzar otra vez y a ver qué te pasa. Es una situación muy delicada y peligrosa. Tienes miedo. Se acerca un ejército y eres una especie de avanzadilla, para intentar resolver el problema pacíficamente, para que no haya guerra, porque no sabes por dónde va a salir ahora esta gente. Vamos a avanzar y a ver qué pasa... Tres... Dos, deja que vuelva todo, lo recuerdas todo. Uno. No pasa nada, recuerdas. No pasa nada por recordar lo que sucede, lo que le pasa a la gente y al país.

—Estoy en el desierto. He salido de esa zona. He hecho lo que tenía que hacer. Han empezado a pelearse entre ellos. Algunos querían creerme, y otros no. En cuanto me he dado cuenta de que habían entendido el mensaje, me he ido. Voy a otro lado. No sé adónde, a un sitio desconocido. Voy por el desierto y estoy solo.

—¿Eres más viejo?

—No mucho más...

Se quedó en silencio y esperamos. Finalmente rompí el silencio.

—Ahora vamos a avanzar hasta el final de esa vida. Un espía, un explorador, una partida destacada. Avanza hasta el final de tu vida cuando vuelva a darte un golpecito en la frente, a los últimos momentos, y observa qué pasa. Ahora te das cuenta de todo. Cinco, lo recuerdas todo... Cuatro, el último día... Tres, se acaba la vida de este hombre... Dos... Uno. Muy bien, ya estás al final de todo. ¿De qué te das cuenta?

—Estoy en casa de un amigo. Me muero. Es todo muy tranquilo.

Su rostro reflejaba ese sosiego.

—¿Ves a tu amigo?

—Son dos. Los siento. Son muy buenos amigos. Un hombre y su mujer. Han cuidado de mí durante los últimos años. Soy muy viejo.

—Es decir, que sobreviviste al peligro y llegaste a viejo. Ahora es momento de irse, puedes salir de ese cuerpo flotando, atraviésalo, te mueres de viejo. Flotas por encima y te sientes libre, muy luminoso, tranquilo, vas flotando y repasas esa vida mentalmente. Las lecciones... ¿Qué has aprendido? ¿Cuáles han sido las lecciones de esa vida? ¿Que ha sido una existencia complicada, importante, pero difícil? Has vivido muy al límite. ¿Qué has aprendido? ¿Qué ha aprendido ese hombre?

Nancy contempló las lecciones.

—He tenido que sacrificarme. Mi felicidad no ha sido siempre importante. Tenía una tarea más trascendental. Me vi obligado a dejar a mi familia para salvar a otras personas.

—Una especie de deber.

—Sí, pero valió la pena. Estoy satisfecha.

—Con ello ayudaste a llevar la paz, o al menos a evitar la guerra en muchas circunstancias —añadí.

—Sí, creo que sí. Nunca lo sé, la verdad.

—¿Porque te vas a otro sitio?

—Sí, voy avanzando y no siempre me entero de lo que pasó en ese sitio que dejo.

—Muy bien. Ahora haz mentalmente las conexiones necesarias con tu vida actual, como Nancy. ¿Qué puedes traer de esa vida, con la disciplina, la autoridad, la compasión, el sentido del deber que tenía, a tu vida de hoy? Observa las conexiones y lo que puedes aprender de esto... Su fuerza. Ahora trasládalo a tu vida. No tienes por qué contármelo. Esto es sólo para ti, algo privado. Trae esto a la vida de Nancy, todas esas cualidades que necesitas o que puedes traerte, que has tenido antes. Observa las conexiones. Traételo a la vida de Nancy, a tu vida actual.

Esperamos hasta que me di cuenta de que había terminado la tarea que le había impuesto.

—Muy bien. ¿Ahora estás lista para volver?

—Sí.

—Muy bien. Vas a despertarte dentro de unos instantes, cuando te apriete hacia arriba en un punto de la frente situado entre las cejas. Cuando te apriete, abre los ojos. Estarás despierta, completamente despierta, aquí mismo, lo recordarás todo y controlarás por completo tu cuerpo y tu mente.

Le apreté en ese punto y abrió los ojos lentamente, con aspecto de estar confundida. Había regresado de un estado muy profundo, de un viaje muy largo.

—Muy bien. Ya estás de vuelta. ¿Cómo te has sentido? ¿Cómo ha sido la experiencia?

—Me he sentido como si estuviera viendo algo que no experimentaba, aunque en realidad sí que lo experimentaba. Ha sido muy diferente.

—Y también bastante intenso —añadí.

—Muy intenso —reconoció.

Pensé que ahí había algo importante, pero en aquel momento no me di cuenta de cuánto, hasta que pensé en lo que había pasado y vi que todo había salido como tenía que salir.

—Muy bien. Al principio has tenido un buen recuerdo de la niñez, tu primera comunión. ¿Te acuerdas del vestido blanco y de cómo te sentías especial? Tenías hermanos, así que supongo que no era algo habitual.

—La quinta de siete —explicó—. No siempre te prestaban atención.

—Ya, pero ese día era tuyo.

—Sí. Fui reina por un día —respondió con orgullo, recordando su primera comunión.

—Luego hemos vuelto al momento de tu nacimiento, cuando estabas dentro del vientre de tu madre y cuando nacías. Ahí también has notado amor, te has sentido acogida, has visto los preparativos que hacían. Es decir, que fuiste una hija muy deseada. Aunque fueras la quinta, eras deseada, y eso es importante. Tus padres estaban emocionados con tu llegada. Y has sentido la diferencia entre la energía de los médicos y las enfermeras, que hacían su trabajo y punto, y tus padres, que te querían y esperaban tu llegada haciendo un montón de cosas.

—Entonces me sentía muy distante, como si no estuvieran tan conectados conmigo o tan emocionados porque me encontrara allí.

Estaba hablando del personal médico.

—Era un nacimiento más y tenían que ocuparse de la parte técnica.

—Luego has tenido el recuerdo del hombre con barba en el desierto. Quizás en Egipto o en Asia Menor, en esa zona.

Tenía una mirada distante al seguir recordando.

—Le he visto bajar por un camino, entre colinas, un camino muy largo y muy sucio, con campos a los lados. Estaba solo.

—Allanaba el terreno para que los ejércitos no tuvieran que perder soldados innecesariamente. Intentaba que aceptaran los hechos en lugar de luchar —comenté.

Nancy sabía más.

—Tengo la sensación de que, aunque vivió su vida en solitario, no estaba solo, nunca se sintió solo. Creo que algo le conectaba con ese objetivo —explicó.

—Y quería que vieras las conexiones contigo en la actualidad, pero no para que hablaras de ello, es algo personal. ¿Te importa si la gente te hace un par de preguntas? —Aceptó. El público estaba hechizado y tardó un poco en atreverse a preguntar.

—¿Cuándo sucedió eso?

Nancy recapacitó durante un momento y luego respondió:

—Por lo que me indicaba el vestido, no sé cuándo fue, pero me da la impresión de que era antes de Cristo, aunque no sé cuándo. No me he dado cuenta del año.

Mientras Nancy iba contestando a esa pregunta, empecé a pensar en Catherine, la primera paciente mía que experimentó una regresión y en la que se basa *Muchas vidas, muchos Sabios*. Catherine también había dicho, para explicar una fecha, que tenía la impresión de que era antes de Cristo. Hace años que los críticos se han lanzado sobre esa frase para decir que era una especie de contradicción absoluta: «¿Cómo podía saber que era antes de Cristo si Cristo no había nacido aún?», preguntan con regocijo. Y de repente Nancy decía exactamente lo mismo.

Naturalmente, la respuesta es sencilla cuando se comprende el proceso de la hipnosis y la regresión de edad. En la hipnosis, la persona es una observadora, además del individuo observado. En realidad, mucha gente en estado de trance contempla el pasado como quien ve una película. La mente consciente funciona siempre y observa lo que se experimenta mientras se está hipnotizado. A pesar del profundo contacto subconsciente, la mente puede hacer observaciones y críticas y censurar. Por eso la gente que se halla en estado hipnótico y se involucra activamente en una secuencia de recuerdos de la infancia o de una vida anterior puede responder a las preguntas del terapeuta, hablar como en su vida actual, conocer los lugares geográficos que ve e incluso saber el año, que a menudo aparece en el interior de los ojos como un destello o simplemente se presenta en la mente. Así pues, la mente hipnotizada, que siempre conserva una conciencia y un conocimiento del presente, pone los recuerdos de la infancia o de una vida anterior dentro de su contexto. Por ejemplo, si aparece un destello del año 1900 y uno se ve vestido con ropas antiguas construyendo una pirámide en el antiguo Egipto, sabe que el año es anterior a la era cristiana, aunque no lo vea escrito así.

La gente puede recordar sucesos de los primeros días de su infancia, como ya hemos visto, y sin embargo hablar un inglés perfecto. ¿Por qué? Porque está recordando. No es que la persona se convierta en niño de verdad y pierda toda su capacidad física y mental.

Volví a prestar atención a Nancy y al público. Estaban haciéndole otra pregunta.

—Nancy, ¿tiene alguna sensación que le indique por qué ha elegido esa vida en concreto, y no otra cualquiera, para experimentarla ahora? ¿O es que le ha venido y ya está?

—No tengo ni idea de por qué ha salido ésa —respondió Nancy—. Creo que la última parte, lo que tengo que hacer con mi vida en la actualidad, es probablemente una lección valiosa que he de aprender y contemplar. Creo que quizá por eso tengo que escuchar y comprender de verdad lo de la soledad.

Tras algunas preguntas más sobre la técnica, di por finalizada la sesión. Unos días después Nancy me escribió:

Su trabajo está ayudando a mucha gente. Personalmente he experimentando un crecimiento fortalecedor desde que he leído [...] sus libros. Aún no he empezado a absorber la experiencia de este fin de semana, pero comprendo el mensaje que he recibido y veo su importancia en esta vida. Sé que va a tener enormes consecuencias en mi vida y en las de los que me rodean.

¡Gracias por la libertad que me ha dado de experimentar y reconocer mi alma eterna!

Nancy había captado la esencia de su viaje sagrado.

SENTIR ALEGRÍA Y FELICIDAD TODOS LOS DÍAS: LECCIONES PARA EL CORAZÓN

No pierda nunca el valor de correr riesgos. Usted es inmortal. Nunca puede sufrir daño.

A veces las lecciones que aprendemos parecen sencillas o evidentes, pero lo cierto es que tiene que aprenderlas el corazón, a los niveles más profundos, no sólo el intelecto. La experiencia directa, a menudo a través de regresiones, puede servir de camino para llegar al corazón.

Barbara estaba situada en una vida anterior, detallada y muy sentida, en el Sur de Estados Unidos durante la segunda mitad del siglo XIX.

Se acordó de una gran casa blanca en la que había vivido con su madre tras la guerra de Secesión y de las privaciones que sufrieron en ella. Se acordó de un período más feliz: vivía en otra casa con su marido y con dos hijos pequeños. Le pedí que fuera hasta el último día de esa vida.

—Soy vieja... Tengo manchas en las manos... Manchas marrones en las manos. Y la piel está muy fláccida.

—¿Hay alguien alrededor? —le pregunté.

—Mi hijo está conmigo... Mi hija también está... Está junto a la puerta, mirándome. Está triste —se lamentó Barbara en un susurro—. No quiero que esté triste.

Entonces murió y se quedó flotando por encima del cuerpo que acababa de abandonar.

—¿Cómo te sientes ahora? —pregunté.

—Mejor —contestó con más fuerza—. Les veo en la habitación. La mujer que está en la cama. Tiene el pelo blanco y está arrugada... Parezco muy tranquila... Me siento como si estuviera flotando... Flotando.

Estaba disfrutando de ese lugar tan tranquilo. Antes de despertarla, le pedí que mirara con detenimiento a sus hijos para ver si reconocía en ellos a alguien de su vida actual como Barbara.

—Tengo la impresión de que la hija es una sobrina de ahora que se llama Rebecca. Es curioso... Siento una conexión, como que esa hija es ahora ella.

Le recordé a Barbara que a menudo regresamos una y otra vez con la misma gente, aunque nuestras relaciones cambien. Es una forma de aprender aquí en el estado físico.

Tras flotar sobre su cuerpo marchito, pudo repasar esa vida, sus inicios acomodados, la devastación de la guerra de Secesión y la feliz vida familiar que le siguió. Una lección destacaba entre las demás.

—Tomarme las cosas con calma y apreciar lo que tengo alrededor —dijo Barbara con énfasis.

Una vez más, aunque sea una lección concreta para ella, puede aplicarse a todos nosotros.

Hay mucha belleza, mucha verdad y amor a nuestro alrededor, pero muy pocas veces nos tomamos las cosas con la suficiente calma como para apreciarla, como para darnos cuenta. A veces hace falta que haya una tragedia o una gran pérdida que nos lo recuerde, pero enseguida parece que volvemos a caer en la misma rutina de siempre.

Tomarse las cosas con calma. Hay que gozar de los frutos de este magnífico jardín. No basta con que el intelecto, la cabeza, lo comprenda. También ha de entenderlo el corazón, y los pensamientos y las acciones de cada día tienen que demostrar que el corazón lo sabe de verdad.

Siéntese o túmbese cómodamente y cierre los ojos. Haga varias respiraciones relajantes y deje que todas las tensiones y las incomodidades abandonen su cuerpo.

Recuerde esos momentos en los que sus ojos se empañaban de lágrimas de felicidad y alegría. Puede que ayudara a otro ser humano sin esperar nada a cambio. Quizás alguien, de improviso y sin que se lo pidiera, le tendió una mano y le ayudó. A lo mejor estaba leyendo un libro o viendo una película o era testigo de una escena en que el amor entraba en la vida de alguien.

No se dé prisa. Su corazón está abriéndose.

Cuando se le llenen los ojos de lágrimas de alegría, deténgase a observar la situación atentamente. ¿De qué está siendo testigo? ¿Cómo le afecta eso? ¿Qué falta en su vida?

Ahora ya tiene una pista importante sobre qué modificaciones son necesarias para aportar más alegría, más felicidad, más paz a su vida.

Es bien sabido que la felicidad surge de dentro. La felicidad es un estado interno. No se va a poner contento milagrosamente si otra persona cambia o si se altera el mundo exterior, sólo si cambia usted. Tiene que verlo todo con perspectiva. Tal vez otra persona le señale el camino, le enseñe técnicas, pero eso es todo lo que pueden hacer los demás. El resto depende de usted.

Ser feliz y divertirse no es malo, ni un pecado, ni algo poco espiritual. No avanzará hasta que aprenda a estar alegre.

La madre Teresa escribió: «Estoy segura de que si todos comprendemos la regla de oro (que Dios es el amor y que nos ha creado para cosas muy importantes, para amar y ser amados) nos amaremos unos a otros como él nos ha amado a todos y a cada uno de nosotros. El amor verdadero es dar hasta sentir dolor. No importa cuánto se da, sino cuánto amor se pone en el hecho de dar.

»Por consiguiente, hace falta rezar. El fruto de la oración es la profundización de la fe. El fruto de la fe es el amor. El amor en acción es servicio. Por consiguiente, los actos de amor son actos de paz. Y así se vive de acuerdo con la regla de oro.

»Amaos los unos a los otros como Dios nos ama a todos y cada uno de nosotros.»

No estoy de acuerdo en lo de que el amor verdadero es dar hasta sentir dolor, porque ese acto comporta muchísima alegría. Cualquier dolor quedaría aliviado de inmediato. Sin embargo, lo demás es una demostración de sabiduría pura. Si todo el mundo siguiera la sencilla receta de la madre Teresa, la violencia y la guerra desaparecerían y la paz reinaría en todo el mundo.

En un nivel interno, psicológico, la gente sentiría también esa paz. Los miedos disminuirían y desaparecerían, ya que el amor disuelve el miedo. Sin miedo, podríamos lograr lo que hemos venido a conseguir. También seríamos más felices. Los muros tras los que nos ocultamos se evaporarían porque no necesitaríamos aislarnos emocionalmente si no tuviéramos miedo. Nos abriríamos a la energía del amor.

Una vez traté a un golfista profesional que estaba excesivamente preocupado por sus resultados. Cuanto más nervioso se ponía, más pelotas mandaba fuera.

Durante una sesión de meditación especialmente profunda en mi despacho, dejó a un lado su ego y «se fundió» con el campo de golf. Empezó a comprender el golf como una metáfora de la vida. El campo hervía de vida; se convirtió en algo animado.

—¿Qué has aprendido? —le pregunté.

—Que al campo no le importa qué puntuación tengo o cómo juego. Sólo quiere que disfrute de él, que sienta su belleza y sus dones. Su mayor deseo es ofrecer placer y diversión.

Aquel hombre había hecho un progreso espiritual considerable. No es de sorprender que cuando da lecciones de golf también dé lecciones sobre la vida. Sus alumnos aprenden el doble y sus puntuaciones han mejorado muchísimo.

Un día, mientras meditaba, me llegó un mensaje en respuesta a una pregunta que se iba formando en mi mente pero que no acababa de formular. Estaba trabajando mucho, tratando pacientes en la consulta, dando conferencias, participando en congresos, con una montaña de correspondencia. ¿Qué pasaba con las vacaciones, con la lectura por placer, con jugar al golf sin anotar la puntuación (que es como me gusta)? ¿Debería dedicar más tiempo a mí mismo, a mi familia y a mis amigos? ¿Disfrutar más de los placeres sencillos de la vida? ¿O es el trabajo demasiado importante?

El mensaje tenía un tono enfático:

«Este mundo se te entrega como un jardín de gran hermosura. Si no gozas de sus frutos reduces su belleza.»

LA TOMA DE CONCIENCIA

Antes de llegar a este punto es conveniente que reconsidere sus vicios. En caso contrario, se los llevará consigo a otra vida. Sólo nosotros podemos desha-

cernos de los malos hábitos que acumulamos cuando estamos en un estado físico. Los Sabios no pueden hacerlo por nosotros. Si elige luchar y no quitárselos de encima, se los llevará a otra vida. Y sólo cuando decida que es lo bastante fuerte como para solucionar los problemas externos dejará de tenerlos en su próxima vida.

El jesuita y psicólogo Tony de Mello cuenta una historia sobre el despertar, sobre el darnos cuenta de que estamos dormidos en nuestras rutinas diarias.

Un padre se da cuenta de que su hijo ha vuelto a dormirse y va a llegar tarde al colegio. Llama con insistencia a la puerta de su habitación.

—¡Despierta, despierta, vas a llegar tarde al colegio! —le grita.

—No quiero ir —responde el hijo.

—¿Por qué no? —pregunta el padre.

—Por tres razones. Una, porque el colegio es un aburrimiento. Dos, porque los niños se burlan de mí todo el rato. Y tres, porque no lo soporto.

—Pues yo voy a darte tres razones por las que tienes que ir. Una, porque es tu deber. Dos, porque tienes cuarenta y cinco años. Y tres, porque eres el director.

La moraleja es que hay que despertar y salir de la rutina. Si sigue dormido, se hará viejo estando dormido y las posibilidades de su vida le pasarán de largo.

Viva en el presente, no el pasado ni el futuro. El pasado, pasado está; aprenda de él y olvídelo. El futuro no ha llegado aún. Prográmelo, pero no deje que le preocupe. Las preocupaciones sólo sirven para derrochar tiempo y energía.

El monje budista vietnamita Thich Nhat Nanh explica cómo disfrutar de una taza de té. Hay que estar en el presente, consciente y atento, para disfrutar del té, para saborear su dulce aroma, para degustar su sabor, para sentir el calor de la taza. Si está rumiando hechos pasados o preocupándose por los del futuro, bajará la vista y la taza de té habrá desaparecido. Se la habrá bebido, pero no se acordará, porque no estaba atento.

La vida es como esa taza de té.

Cuando no vive el presente, cuando está absorto en el pasado o preocupado por el futuro, se ocasiona mucho dolor y sufrimiento.

Durante la experiencia de regresión puede abrirse un portal a una conciencia más desarrollada. Si el terapeuta está preparado y es flexible, si permite que la mente superior de la otra persona guíe el proceso con calma, en lugar de perseguir sus propios objetivos como terapeuta, puede que se dé una experiencia de las que cambian toda una vida. Ése fue el caso de John.

Mientras hipnotizaba a John, un hombre culto de mediana edad, ante varios cientos de personas que asistían a un taller en Boston, me di cuenta de que el público estaba muy callado, totalmente pendiente de cada una de nuestras palabras.

De forma suave y progresiva, le hice retroceder en el tiempo. Su primera imagen fue de una fiesta navideña cuando tenía cinco años. Sonrió con orgullo infantil al recordar la escena vívidamente.

—Están mis tías. Las veo bien. Llevo mi primer traje... ¡De franela gris!

Se sentía muy adulto por llevar traje.

—Veo el abeto, lleno de luces —añadió.

Me quedé un momento en silencio y dejé que disfrutara de aquella experiencia lejana, que sintiera el orgullo y la felicidad. Después le hice retroceder aún más, hasta antes de nacer, hasta cuando estaba en el útero, en el vientre de su madre.

—¡Esto es muy estrecho! —dijo de inmediato—. Quiero estirarme.

John empezó a mover la cabeza, a estirar las piernas, a mover los brazos con cuidado. Después descubrió una «luz centelleante» que circulaba por el cordón umbilical y eso le relajó.

Le hice pasar por su nacimiento y, aunque no experimentó una incomodidad física, el ruido le molestó.

—Hay demasiada gente hablando —explicó.

Le pedí que se alejara de la escena de su nacimiento, sin salir del estado de hipnosis profunda, y que visualizara una puerta muy especial y la cruzara. Esperaba que le sirviera para recuperar un recuerdo de una vida anterior, pero no fue así. Su experiencia fue, en cambio, espiritual:

John se encontró en un hermoso jardín. Describió una luz maravillosa y difusa que inundaba el jardín, una luz que le infundía una sensación de paz profunda. Vio que había niños, muchos niños. Explicó que era mayor y que enseñaba a los niños.

Al observar un caballo blanco allí cerca, le vino a la mente la palabra «pureza». A su derecha había un árbol solitario. John habló muy despacio, con parsimonia. Las palabras no podían describir adecuadamente la escena que se desarrollaba ante sus ojos. Sólo servían para describir las cualidades de la luz y del jardín. Me di cuenta de que sabía mucho más de lo que podía compartir con nosotros.

—¿Qué les enseñas a los niños? —le pregunté.

Al principio su respuesta resultó enigmática.

—Les enseño a jugar —respondió lentamente y en voz baja.

Después su voz se volvió mucho más firme, como si los que estábamos allí hubiéramos pasado a ser los niños y él fuera nuestro profesor.

—¡Podemos estar siempre allí! —exclamó—. ¡Podemos estar siempre allí!

Su voz fue apagándose y se quedó callado. Después empezó a hablar en tono muy bajo, susurrando como si quisiera que yo le oyera, más incluso que los demás.

—Esta alegría, esta belleza... Esta conciencia, este jardín terrenal podrían existir siempre, siempre que quisiéramos. Puede existir ahora, en el presente, si queremos. Si nos acordamos.

Volvió a quedarse en silencio mientras le caían lágrimas de alegría por las mejillas. John no quería irse de allí, así que le dejé que se quedara.

Y esto es lo que John les enseñó a los niños: el paraíso terrenal es posible si lo queremos. El mensaje de John tiene mucha fuerza. Podemos ser conscientes de la «otra» realidad ahora, incluso en nuestro estado presente, incluso en la forma física. Podemos sentir esa alegría en estado puro, ese éxtasis, esa paz y esa belleza ahora mismo. Y cuando superamos el estado físico nos damos cuenta de lo mismo, pasamos por lo mismo, somos de verdad lo mismo. Nuestro olvido, nuestro estado de «inconsciencia», es reversible. Para recordar, para volver a experimentar no tenemos por qué morir o tener una experiencia cercana a la muerte. De los ojos de John seguían cayendo lágrimas de alegría.

Se dio cuenta, lo mismo que yo, de que su vida estaba cambiando, de que estaba pasando de lo excesivamente intelectual a la experiencia. Se había abierto algo que ya no iba a cerrarse, porque la experiencia era muy positiva y muy fuerte.

John me escribió dos semanas después y me contó hechos sincrónicos que aún confirmaban más su experiencia. Por todas partes estaban apareciendo símbolos de jardines. Entró en una tienda de discos e inmediatamente le atrajo un compacto titulado *El jardín secreto*. Leyó el texto de la carátula: «Catorce nuevas melodías celtas y noruegas que le ayudarán a descubrir su propio jardín secreto.»

Más tarde, al entrar en una librería para comprar un libro concreto, algo le llevó «hacia otro, *Más allá de la puerta del jardín*, que tenía preciosas ilustraciones de jardines y poemas».

Varios días después entró en un ascensor y se encontró una poesía del siglo I o II pegada con cinta adhesiva a la pared:

> *Todos los que te aman son hermosos.*
> *Rebosan de tu presencia.*
> *No pueden hacer más que el bien.*
>
> *En tu jardín hay sitio.*
> *Todos somos bien recibidos en él.*
> *Sólo tenemos que entrar.*

John añadió: «Vaya donde vaya, siguen apareciendo jardines. [...] Llego al jardín a través del corazón y entro en contacto con el jardín del alma.»

Durante la experiencia de John en Boston también empezó a cambiar mi conciencia.

«Puede existir, en el presente, si queremos», había dicho. No tenemos por qué olvidar. Podemos mantener la conciencia de ser seres divinos que pueden disfrutar directamente de la alegría, del amor, de la compasión infinita, de profundas sensaciones de seguridad y paz. Y todo eso ahora mismo.

Los cientos de personas que formaban parte del público en Boston, sólo por ser testigos, por observar y compartir, también experimentaron una apertura de sus conciencias. En toda la sala había un ambiente de alegría, de paz, de seguridad, como si un hálito de verdad superior nos estuviera llenando con el mensaje de que somos inmortales y siempre amados. Somos el amor. El amor es la energía que llena todos los átomos de nuestro ser y no hay nada que temer.

7

El amor y la compasión

El amor es la respuesta a todo. El amor no es una abstracción, sino una energía de verdad, o un espectro de energías, que puede «crear» y mantener en su ser. Sólo con expresarlo. Empiece a entrar en contacto con Dios en su interior. Sienta el amor. Exprese su amor.

El amor disuelve el miedo. Cuando se siente amor no puede temerse nada. Como todo es energía, y el amor abarca todas las energías, todo es amor.

La mayoría de nosotros no vivimos la vida como si fuéramos conscientes de nuestra naturaleza espiritual. Nos comportamos como si fuéramos simples objetos físicos, sin almas y sin espíritu. Si no fuera así, jamás haríamos las locuras que seguimos haciendo. Más del 90% de nosotros cree que Dios existe, que el cielo es real y que al morir nos vamos a otro lugar, pero nuestra conducta contradice esas creencias. Nos tratamos mutuamente con grosería y violencia. Seguimos cometiendo actos genocidas e incesantemente provocamos guerras. Matamos y violamos, torturamos y robamos. Seguimos comportándonos de formas muy brutales y egoístas.

El miedo nos impide reconocer nuestra esencia espiritual verdadera. Los seres espirituales deberíamos poner en práctica la compasión y la caridad, no el asesinato y el hurto. Tenemos demasiados miedos.

Si prefiere considerarlo en términos de recompensa y castigo, piense que se le recompensará abundantemente por los pensamientos y los actos de amor y de compasión y que, invariablemente, se le castigará por los actos de odio y violencia. Parece ser que nos cuesta entenderlo; al contrario, la expresión del amor suele parecernos más aterradora. Nos da miedo que nos rechacen, que nos pongan en ridículo, que nos humillen, que nos consideren «bichos raros», que nos etiqueten o parecer tontos.

Pero incluso esos miedos son falsos: siempre somos amados y estamos protegidos. Somos seres espirituales en un vasto mar espiritual habitado por otros muchos, muchísimos, como nosotros. Algunos tienen una forma física, pero la mayoría no.

El amor es el agua de ese mar.

El amor es una energía, la más alta y la más pura. En sus vibraciones más altas, el amor posee tanto sabiduría como conciencia. La energía es lo que une a todos los seres. El amor es absoluto y eterno.

Cuando los físicos miden en sus laboratorios las energías que emiten los curanderos (pueden dirigirla hacia pacientes, cultivos bacterianos u otros), creo que esas energías están relacionadas con la del amor (la energía espiritual). La energía curativa es un componente de la espiritual. Con el tiempo, las nuevas investigaciones y las mejoras de la tecnología nos ayudarán a comprender mejor esa conexión.

Cuando los médicos hablan de la conexión entre mente y cuerpo, creo que la energía a la que se refieren es el amor.

Cuando las religiones hablan de la naturaleza de Dios, siempre se menciona el amor. Eso se cumple en todas las religiones y nos une a todos.

Una característica de la energía es su patrón de vibraciones. Las moléculas de gas vibran más deprisa que las de los líquidos, que a su vez vibran más rápido que las de los sólidos. Las moléculas pueden ser idénticas, como en el caso del H_2O (el agua), pero la frecuencia de su vibración determina el estado, es decir, si se trata de un sólido, un líquido o un gas.

No es exagerado imaginarse que existe una única energía pura, la que llamamos amor. Al ir disminuyendo sus vibraciones, su estado cambia. Nosotros somos su forma sólida.

Dos de nuestros objetivos principales durante la vida son la redención y la consecución de la paz interior. Al decir redención me refiero a la libertad. La redención implica la superación del karma, a través de los actos y de la gracia divina. Hay muchos caminos que llevan a la redención. Al redimirnos reclamamos y conseguimos el destino de nuestra alma.

La redención no se utiliza aquí en el sentido cristiano ni religioso en general, sino para referirnos al proceso de iluminación y liberación del ciclo de la vida y la muerte físicas. La redención es un proceso gradual que nos lleva inexorablemente a nuestro hogar espiritual. Una vez liberada, el alma puede decidir regresar al plano físico para ayudar a los demás en su recorrido hacia la redención.

La redención es fruto del amor, no del sufrimiento. Cuando nuestros corazones rebosan amor y nuestro amor fluye hacia los demás, es que estamos en proceso de redención. Estamos satisfaciendo y cancelando nuestras deudas kármicas. Nos sentimos atraídos hacia el seno de Dios, del que venimos, pues Dios es el amor que está por encima de todas las cosas.

Pero no basta con alcanzar la paz interior. La experiencia monástica o ascética sirve para lograr un fin, pero no es el fin en sí. Alcanzar un estado de calma estando en una cueva en el Tíbet es algo admirable, pero no supone más que un primer paso. La vida en un mundo físico requiere actos físicos: tenderles la mano a los demás para aliviar su sufrimiento y ayudarles en su camino; practicar la empatía y la compasión; ayudar a curar el planeta, a sus habitantes y sus estructuras; enseñar además de aprender.

Si se dedica a ese proceso, alcanzará la paz interior... aunque no tenga tiempo libre para meterse en una cueva.

No espere nada a cambio

Seguimos pidiendo recompensas, recompensas y justificaciones por nuestra conducta, cuando no las hay, no existen las recompensas que queremos, la recompensa consiste en hacer las cosas, pero en hacerlas sin esperar nada, en hacerles desinteresadamente.

Mi esposa me ha enseñado muchas cosas sobre el amor. Ella me apoya desde la oscuridad, nunca busca protagonismo y se encarga de que los focos que tan a menudo me iluminan no se reflejen en ella. Trabaja en silencio y en privado y no pide nada a cambio. Observa pacientemente mientras los demás se llevan mi tiempo y mi energía, y también se los roban a ella, porque debería estar más por ella. Y lo comprende.

A veces me dice, bromeando, que me quiere más que yo a ella. Siempre le respondo que no, que la quiero igual, pero creo que tiene razón. Es verdad que me quiere más, porque, aunque yo la quiero inmensamente, ella sabe más del amor que yo. Ella sabe amar más.

Lo único que puedo decirle es que le prometo que estoy aprendiendo y que acabaré alcanzándola.

LA COMPASIÓN

Albert Einstein afirmó: «Un ser humano es parte del todo que llamamos universo, una parte limitada en el tiempo y en el espacio. Está convencido de que él mismo, sus pensamientos y sus sentimientos, son algo independiente de los demás, una especie de ilusión óptica de su conciencia. Esa ilusión es una cárcel para nosotros, los limita a nuestros deseos personales y a sentir afecto solamente por los pocos que tenemos más cerca. Nuestra tarea tiene que ser liberarnos de esa cárcel, ampliando nuestro círculo de compasión, para abarcar a todos los seres vivos y toda la naturaleza.»

En agosto de 1996 visité Brasil por primera vez. Mientras pasaba algún tiempo entre aquellas gentes increíbles y las maravillas de la naturaleza de ese país tan espiritual, conocí a Geraldo, mi editor brasileño.

En el prólogo que escribí especialmente para la edición brasileña de *A través del tiempo*, que se publicaba por aquel entonces, dije lo siguiente sobre Geraldo, ya que él es una demostración viviente del principio del amor:

«Uno de mis recuerdos más perdurables de Brasil es el del rostro de una niña. Tiene unos doce años y aún veo sus ojos brillantes y oigo su risa ronca al pasar a mi lado como una flecha, junto a una docena de niñas, de camino a sus "estaciones de trabajo".

»Mi editor, Geraldo Jordão Pereira, un hombre maravilloso, me había llevado a un sitio muy especial. Junto con su esposa, Regina, había desempeñado un papel decisivo en la fundación y el mantenimiento de un proyecto para niñas poco favorecidas en un suburbio de Rio de Janeiro. Las niñas van al centro, que está formado por unos pocos edificios de pequeño tamaño, y hacen cursillos: costura, mecanografía, peluquería y manicura, etcétera. Establecen relaciones; su autoestima aumenta y acaban aprendiendo una profesión útil y con futuro. Mientras me enseñaban lo que habían aprendido desbordaban alegría y felicidad.

»Me emocioné al ver la energía de aquel lugar y de aquellas niñas. Para mí, Geraldo, que fue quien me llevó allí aquel día, personifica el espíritu de Brasil. Es un hombre inteligente y educado que da mucho, y con mucha pasión, al país y a su gente.

»[...]

»Para eso estamos aquí, en esta Tierra, para aprender y para ayudar a nuestros semejantes con amor y con compasión, sin preocuparnos por lo que podamos conseguir a cambio. Al ver los rostros desbordantes de entusiasmo y cariño de las niñas, me di cuenta de que Geraldo, y con él su país, estaban consiguiendo sus objetivos.»

Soñé con la compasión y la cooperación en nuestras comunidades. Vi los edificios y a la gente de un pueblo idílico y sentí su dedicación a la responsabilidad social, a la ayuda al vecino. Eso es lo que sirve para construir una comunidad de verdad, lo que puede transformar nuestras comunidades en un paraíso, que es lo que debería ser este mundo. Cuando nos olvidamos o no somos conscientes de ello, buscamos el poder, la riqueza, la fama, los privilegios. En lugar de compasión y cooperación caemos en las jerarquías y en la esclavitud de las diferencias de clase.

La compasión, la cooperación, el interés por los vecinos y las responsabilidades dentro de la comunidad no son cuestiones de economía, sino actitudes del corazón que no pueden regirse ni imponerse desde fuera de nosotros. Tienen que aprenderse desde dentro.

En ese sentido, no importa el sistema económico o político que practique una comunidad o nación. Los frutos de nuestras aptitudes y de nuestras obras deben compartirse en toda la comunidad, entregarse después de haber tomado lo necesario para nuestras familias, entregarse desde la compasión y el afecto hacia los demás. La actitud compasiva de cada individuo es la que entrega los resultados de sus obras, no un sistema económico u otro.

Cuando nuestras comunidades se basan en la cooperación y la compasión, cuando son responsables y cordiales, recreamos un poco del cielo en la Tierra.

8

Cambiar el mundo

La coexistencia y la armonía... Todo tiene que equilibrarse. La naturaleza está equilibrada. Las bestias viven en armonía. Los seres humanos no han aprendido a hacerlo. Siguen destruyéndose. No hay armonía, no hay proyectos. En la naturaleza todo es muy diferente. La naturaleza está equilibrada. La naturaleza es energía y vida... Y restitución. En cambio los seres humanos sólo destruyen. Destruyen la naturaleza. Destruyen a los demás. Y acabarán por destruirse a sí mismos.

En una sesión de meditación vi que nuestro planeta cobraba la forma de un colegio de una sola aula, de ésos a la antigua en los que los niños de todos los cursos están juntos y un solo profesor les da clase a todos.

Parecía que el colegio tenía problemas. Los alumnos más pequeños estaban molestando a los más avanzados. No había armonía ni cooperación. Incluso el edificio estaba lleno de pintadas. Me di cuenta de que si el caos continuaba, el colegio acabaría cerrando.

Después vi varios colegios modernos, cada uno enclavado en su propio recinto, de gran belleza. Había un parvulario, escuela primaria y una secundaria. Las tres estaban especializadas y permitían el acceso sólo a los alumnos adecuados. Las clases eran disciplinadas, pero les faltaban la intensidad y la energía del colegio de una sola aula.

¿Puede ser que nuestro colegio de una sola aula, nuestro planeta, esté dividiéndose en componentes desconectados debido al caos de la sociedad? ¿Está llegando el momento en que los alumnos más primitivos serán separados de los más avanzados, en que los que siguen practicando la violencia, el odio, la avaricia y el miedo serán aislados de los que han llegado a dominar los rasgos del amor, el perdón, la compasión y la bondad?

El final del sueño me pareció vago. Era consciente de que el modelo podía salvarse si la cooperación, el amor y la armonía llegaban de algún modo a llenar nuestro colegio de una sola aula. En su forma ideal, el que los alumnos mayores ayudaran a enseñar a los más jóvenes parecía algo de una hermosa eficiencia, un profesor con muchos ayudantes.

Sin embargo, si se impusieran la discordia, el miedo y el egoísmo, el colegio tendría que sustituirse con el otro modelo: el de los tres recintos separados, que es más seguro, aunque en cierto modo más estéril.

Todavía podemos decidir qué preferimos.

Todos soñamos con una vida mejor en una sociedad mejor. Sin embargo, raro es el día que no nos sentimos desilusionados, decepcionados y hartos de la gente mala y egoísta que nos rodea. Hay muchísima gente que parece interesada sólo en su beneficio personal. Se han vuelto maleducados y arrogantes, críticos e insensibles. No sólo nos debilitan sus actos, sino que además casi todos creemos que no podemos hacer nada para cambiar esa situación, que sólo los que tienen el poder pueden transformar el mundo.

Si aceptamos la tarea de ser los seres iluminados de nuestro planeta, podemos empezar a cambiar el mundo. Siendo realista, creo que los cambios sucederán poco a poco, a medida que empecemos a practicar actos de bondad, haciendo cosas pequeñas que ayuden a los demás a ser más felices. Quizá la respuesta consiste en ofrecerse para ayudar a los menos favorecidos. Quizá sea algo tan sencillo como ser amable con alguien, hacer una buena acción sin pedir nada a cambio ni esperarlo.

Hace años que la presentadora de televisión y actriz Oprah Winfrey aboga por hacer cada día una pequeña buena acción. No tienen por qué ser cosas caras o complejas. Puede ser simplemente una sonrisa de simpatía, un cumplido espontáneo, ayudar a alguien que lo necesite. Puede ser una palabra amable, un gesto afectuoso, una demostración de cariño, una actitud compasiva, una alegría compartida, un favor. Poco a poco, paso a paso, podría empezar una enorme transformación de nuestra sociedad. La gente se sentiría alentada por los gestos atentos de los demás. Las actitudes de miedo y las inseguridades defensivas empezarían a desvanecerse al calor de la amabilidad.

Hay que acercarse a los desconocidos con esos actos de benevolencia. La amabilidad y el cariño no pueden reservarse a nuestras familias y a nuestros amigos, porque en ese caso la sociedad no cambiaría en absoluto. Tenemos que tenderles una mano a los demás, no sólo a los que son como nosotros.

Si pudiéramos conseguir que todo el mundo hiciera aunque sólo fuera unas pocas buenas acciones cada día, podríamos cambiar el mundo. Como mínimo sería un buen principio.

Nuestros días nos parecerían más agradables, menos desalentadores, y tendríamos más esperanza en el futuro. El modelo de conducta amable y compasiva para con los demás debería ser la gran exportación, el legado de Estados Unidos, no las prácticas empresariales basadas en la avaricia en las que el dinero es lo fundamental y la competencia despiadada, el medio que justifica el fin.

Además, seríamos un ejemplo para nuestros hijos, que aprenderían a valorar la fuerza y la importancia de la bondad. Aprenderían que no importa a cuánta gente afectan en realidad sus pequeñas buenas acciones. Lo importante es hacerlas.

Desde la noche de los tiempos, todos los grandes Sabios de la humanidad han predicado el amor y la compasión en las relaciones y en las comunidades. No han perdido el tiempo explicándonos cómo acumular una riqueza excesiva; no nos han enseñado a ser malvados, egocéntricos, maleducados o arrogantes.

Un verdadero Sabio, un verdadero gurú te ayudará a encontrar tu propio camino, te mostrará lo que es importante para tu evolución espiritual y lo que no lo es o, peor aún, lo que puede ser un estorbo o un obstáculo.

Nuestra labor en la vida diaria es hacer manifiestas esas enseñanzas, ser amables y educados, practicar actos de amor.

Para el cambio del mundo no hay calendario. Lo único importante es empezar. Si es cierto que un viaje de mil kilómetros empieza con un paso, ese primer paso es deshacernos de nuestro miedo y nuestro aislamiento y empezar a practicar actos de bondad, sean al azar o programados, sean grandes o pequeños, y hacerlo a diario.

El cambio de la naturaleza actual del mundo, violenta, competitiva y llena de odio, no se conseguirá gracias a los esfuerzos de unos pocos individuos que hayan alcanzado la iluminación, aunque sean dirigentes mundiales con mucho poder. En cambio, los actos de bondad y compasión de cada día compartidos por la gente y realizados en grupos pequeños pueden provocar el cambio a un lugar más lleno de amor y bondad. La gente tiene que comprender que todos somos iguales, todos lo mismo, todos luchamos por tener un poco de tranquilidad, felicidad y seguridad en nuestras vidas. No podemos seguir luchando y matándonos unos a otros.

Nuestros hijos nos observan de cerca. Siguen los modelos que ven: nuestra conducta, nuestros valores y nuestras actitudes. Si vivimos con odio y violencia, copiarán ese modo de vida. Una de nuestras tareas más importantes es enseñar a nuestros hijos los valores y la conducta correctos desde que nacen, porque también los bebés nos observan detenidamente y comprenden mucho más de lo que creemos.

Recuerdo haber leído hace muchos años algo sobre los hopis, una nación india de Norteamérica. En su sistema educativo, si un alumno no sabía la respuesta a una pregunta que se le hacía en el aula, ningún otro niño levantaba la mano para contestarla. Se consideraba una falta de educación avergonzar o humillar al compañero que no sabía la respuesta. No era importante causarle una buena impresión al profesor con lo brillante que era cada uno, y se consideraba bárbaro avanzar a costa de los demás.

En los colegios modernos de nuestro mundo occidental «civilizado», se levantaría un mar de manos para aprovecharse del desafortunado alumno que no sabía la respuesta. Nos enseñan a aprovecharnos de los demás para mejorar, a pasar por encima de ellos para llegar hasta arriba. Nos enseñan a ser competitivos y despiadados y a dejar totalmente de lado los sentimientos de aquellos a los que pisoteamos. Qué importa la humillación del alumno que no sabe algo: es una oportunidad para que nosotros le causemos buena impresión al profesor.

Ésas son las semillas de la violencia, y se plantan en nuestro interior cuando somos muy jóvenes. Podemos despertar y comprender la naturaleza de esas malas hierbas que llevamos dentro y arrancarlas de raíz, pero para ese proceso es necesario ser consciente de nuestra naturaleza más profunda, y eso no es sencillo.

Hace años enseñé farmacología sobre alcoholismo y drogodependencia a los estudiantes de segundo de medicina de la Universidad de Miami. Era una asignatura obligatoria. Como me interesaba más lo que aprendieran los alumnos que sus notas, decidí liberarles de la presión de un examen final de la asignatura. Creí que podrían concentrarse mejor en la materia si estaban menos nerviosos.

La universidad me exigió que les hiciera un examen final exhaustivo, que acabó constando de ciento veinte preguntas y varios temas desarrollados. Les conté a los alumnos que en la última clase, antes del examen, les diría qué preguntas y qué temas saldrían a la semana siguiente en la prueba. Dedicaríamos la clase a tratar las respuestas. Pensé que de este modo no sólo conocerían la asignatura y el examen final, sino que todos sacarían sobresaliente.

Seguí el plan según lo previsto.

Cuando me puse a corregir los exámenes, me quedé anonadado. Estaba totalmente convencido de que todo el mundo sacaría prácticamente un diez, pero me encontré con la distribución habitual de notas: unos pocos sobresalientes, un porcentaje similar de suspensos o muy deficientes y una inmensa mayoría entre ambos extremos, con aprobados y notables. ¿Cómo podía ser? Les había dado las respuestas una semana antes de la prueba.

Estaba perplejo y le pregunté a una alumna, que era hija de un amigo y había hecho un examen perfecto, qué había pasado.

—No te creyeron —respondió—. Pensaron que les estabas engañando, que ibas a darles preguntas y respuestas que no saldrían y que luego lo cambiarías todo el día del examen.

Por suerte, ella sí me creyó.

Los alumnos estaban condicionados por su cultura y se mostraron cínicos, desconfiados e increíblemente competitivos. Esos jóvenes iban a convertirse en los médicos de nuestra sociedad durante la siguiente década, en las personas encargadas de curarnos. Serían médicos cínicos, desconfiados y competitivos.

Nuestra cultura «civilizada» nos está fallando, y para cambiar las cosas tenemos que empezar con nuestros hijos, enseñarles la importancia del amor y de la bondad, de la fe y de la esperanza, de la compasión y de la no violencia, de tratarse unos a otros con respeto y dignidad, no como cadáveres que hay que pisotear para avanzar por el camino del éxito material.

Los gurús y los presidentes no pueden hacerlo por nosotros. La responsabilidad reside en el interior de cada uno de nosotros, en nuestros encuentros personales diarios, la responsabilidad de tender una mano y ayudarnos, con actos de bondad, sin que nos preocupe lo que nos reportará, si es que nos reporta algo, y hacerlo con generosidad.

De ese modo cambiamos el mundo.

Si no tiene oportunidad de hacer grandes cosas, haga cosas pequeñas a lo grande.

Rechazar la violencia y el odio

No tenemos derecho a interrumpir abruptamente las vidas de los demás antes de que hayan completado su karma. No tenemos derecho. Sufrirán un castigo mayor si les dejamos vivir. Morirán y pasarán a la siguiente dimensión, y allí sufrirán. Se quedarán en un estado de mucha agitación. No tendrán paz. Y volverán a encarnarse, pero sus vidas serán muy duras. Y tendrán que compensar a quienes hayan hecho sufrir por las injusticias que les hayan provocado. Sólo Dios puede castigarles, no nosotros. Ya recibirán su castigo.

La violencia no es únicamente provocar daños físicos a los demás. Algunas formas de violencia pueden ser más devastadoras que la física. Puede ser algo muy sutil. Distinguir entre «ellos» y «nosotros» es un acto de violencia. Centrarse en las diferencias entre la gente, en lugar de considerar lo que tenemos en común, tarde o temprano lleva inevitablemente a la violencia.

Tenemos miedo del «otro». Proyectamos nuestro odio personal, nuestros fallos y nuestros errores en él. Le culpamos de nuestros problemas en lugar de mirar en nuestro interior. Intentamos resolver nuestros problemas «arreglando» al otro, a menudo con violencia.

Así pues, los clubes de campo con condiciones de admisión restringidas son lugares violentos. No importa que los miembros no empuñen más que un palo de golf en un precioso día de verano en un *fairway* arbolado. Existe violencia. Existe un «ellos», que son todos los demás, y un «nosotros». Los otros no son como nosotros. No podemos confiar en ellos. Son peligrosos y hay que tenerles miedo.

Cuando tendemos la mano con cariño y compasión a los que parecen distintos a nosotros, conquistamos el miedo y lo sustituimos con amor. Superamos la violencia. Aceptamos nuestro destino.

He oído decir que cuando la poetisa Maya Angelou oye algún prejuicio contra cualquier grupo, exclama de inmediato y con firmeza: «¡Basta!» Su voz majestuosa se deja sentir aunque esté en la otra punta de una sala atestada en una fiesta, si escucha algún comentario, alguna historia o algún chiste que sean intolerantes.

Es una técnica maravillosa. Si todos hiciéramos lo mismo, la intolerancia y los prejuicios irían a menos y con suerte desaparecerían, pero para decir «¡Basta!» hace falta mucho valor. Tendríamos que exigirles a nuestros familiares, amigos, compañeros y jefes y a los desconocidos que detengan su conducta furiosa.

Aunque parezca difícil, recuerde que cuando separamos a los demás por ser diferentes nadamos a contracorriente por el río del amor. Todos estamos conectados, todos somos iguales, todos somos lo mismo, eso es lo que nos dice el amor.

No tenemos que creer en la reencarnación para que funcione la terapia basada en las vidas anteriores. Si quiere, puede creerse que todo es una metáfora. Las imágenes son ricas, detalladas y terapéuticas, se crea lo que se crea.

En la primavera de 1996 aparecí en el programa de Maury Povich. Antes de la grabación del espacio en directo, dirigí las regresiones de varias personas mientras las cámaras grababan sus experiencias. Una de esas personas era Jim, un músico de casi cincuenta años, veterano de la guerra de Vietnam. Le habían reclutado contra su voluntad y no soportaba la idea de matar a alguien, pero no había tenido elección y le habían forzado a ser soldado en aquella guerra.

Antes de aquella regresión no había visto nunca a Jim. Le pregunté unas pocas cosas, le conté lo que íbamos a hacer y me disculpé por la intrusión de las cámaras de televisión y los focos. Me dijo que nunca le habían hipnotizado y que no tenía experiencias personales con el tema de las vidas anteriores, pero que estaba dispuesto a intentarlo.

Al cabo de unos minutos, Jim estaba en un trance hipnótico profundo y empezó a experimentar con gran intensidad una escena de una vida anterior. Ni las cámaras ni el personal de la televisión le distraían en absoluto.

—Estoy con un destacamento de soldados que van a caballo —empezó lentamente—. Nos encontramos en algún punto de las Dakotas. Hemos... Hay muchos indios y nos están masacrando... Estoy intentando convencer a mis compañeros de que morimos con honor... Pero... No es verdad.

Se había puesto a llorar. Su dolor y su tristeza eran palpables.

—Ahí está Gary —añadió Jim, y una hermosa sonrisa atravesó temporalmente la tristeza.

Gary es uno de sus mejores amigos en esta vida.

—¿Lo reconoces?

—Sí —respondió con cierto alivio—. Es mi amigo Gary.

—¿Está con vosotros?

—Sí.

Reapareció la sonrisa, aunque las lágrimas seguían cayendo.

—No pasa nada —añadí, intentando aliviar su dolor—. Volvemos con las mismas personas... ¿Vas a sobrevivir?

—¡No!

—¿Qué te sucede?

—Me cortan la cabellera —respondió furioso.

—¿Qué ves?

La voz de Jim se entristeció aún más.

—Una carnicería increíble... De lo que somos capaces... Hice que se alejara de su muerte en aquella vida.

—Y ahora repasa, desde una perspectiva superior, lo que has aprendido de esa experiencia, de esa vida —le pedí.

Permaneció en silencio unos segundos. Me di cuenta de que movía los ojos de un lado a otro, como si estuviera ojeando imágenes bajo los párpados cerrados. Después me contó que había visto un panorama de escenas de vidas pasadas en las que se le aparecían los horrores de la guerra y de la violencia desenfrenada. Él participaba en todos esos episodios, a veces era una víctima, a veces un asesino, a veces un superviviente afligido.

Se quedó inmóvil. Repetí lo que ya le había dicho:

—Repasa, desde una perspectiva superior, lo que has aprendido.

Jim respondió con los ojos llorosos y una voz apenas perceptible, y al oír sus palabras sentí un escalofrío.

—Que la vida es sagrada y nunca hay motivo alguno para matar.

Mientras Jim repetía el mensaje de los Sabios que me había comunicado Catherine hacía quince años, me lo imaginé siendo un recluta de diecinueve años que no quería ir a la guerra del Vietnam y pensé en lo mal que debía de haberlo pasado al tener que participar en ella.

La suya no era una objeción política o ideológica. Debió de recordar, en algún nivel emocional profundo, lo que tan trágicamente había experimentado en las guerras indias de finales del siglo XIX.

La vida es sagrada y nunca hay motivo alguno para matar.

9

Encontrar la luz

Por ahora, sólo siento la paz. Es un momento de consuelo. Hay que consolar al grupo. El alma... El alma encuentra aquí la paz. Dejas atrás todos los dolores corporales. El alma está tranquila y serena. Es una sensación maravillosa... Maravillosa, como si siempre te alumbrara el sol. ¡La luz es tan brillante! ¡Todo proviene de la luz! ¡De esta luz surge energía! Nuestra alma se va hacia ella inmediatamente. Es como una fuerza magnética hacia la que nos sentimos atraídos. Es maravilloso. Es como una fuente de energía. Sabe cómo curar.

Uno de los descubrimientos más consecuentes de la investigación sobre las experiencias cercanas a la muerte es que el sujeto suele percibir una luz hermosa y reconfortante. No se trata de una reacción neuroquímica que se produce en un cerebro dañado, sino de un resquicio maravilloso que permite vislumbrar el mundo que hay más allá. Junto a la luz suele estar presente un familiar querido ya fallecido o un ser espiritual, ofreciendo consejo, información y un amor profundo. La persona suele darse cuenta de detalles y hechos que antes desconocía. A algunos, sus seres queridos les han dicho desde el más allá dónde estaban escondidas las joyas de la familia que nadie había descubierto, dónde se habían guardado testamentos o les han informado de otros hechos ocultos. Después, tras recuperarse de sus enfermedades o de sus heridas, han encontrado los artículos y han confirmado la autenticidad de la información recibida mientras estaban inconscientes o en coma. Una luz «provocada» por una herida cerebral, que es lo que sucede según han dicho en ocasiones los críticos de las experiencias cercanas a la muerte, no podría ofrecer una validación tan precisa.

Aunque determinados detalles de este tipo de experiencias pueden variar de una cultura a otra, la percepción de esa luz hermosa parece que es un fenómeno universal. En Estados Unidos, quienes pasan por una experiencia cercana a la muerte suelen hablar de que han atravesado un túnel para llegar hasta la luz, mientras que los japoneses suelen referirse a que han cruzado un río o una masa de agua. Sin embargo, sea tras pasar un túnel, cruzar un río o viajar de cualquier otra forma, la luz es un descubrimiento constante. También lo es la sensación que la acompaña: la fuente de luz infunde paz y reconforta.

Tras dirigir un intenso taller de dos días en el que habían participado muchos profesionales de la sanidad, recibí una carta de una de los asistentes. Me daba las gracias por ayudarla, así como a otras personas, a experimentar la hermosa luz, la misma luz, creo, que ve y siente la gente durante las experiencias cercanas a la muerte y *post mortem*. Por descontado, la gente puede llegar a esa luz cuando se encuentra en estados de meditación o hipnosis, en un sueño, en experiencias místicas espontáneas o de muchas otras formas.

Actualmente tiene treinta y seis años, pero su primer contacto con la luz, que sigue muy grabado en su memoria, sucedió cuando sólo tenía catorce años. Quiso contármelo, y yo también quiero que ustedes lean sus palabras, porque su descripción es representativa, precisa y directa.

Estudió en un colegio católico de América Latina y su lengua materna es el español, aunque la carta estaba escrita en inglés:

No sabía nada de las experiencias cercanas a la muerte y *post mortem*, de la vida antes de la vida y menos de las vidas pasadas. Nunca me imaginé que estando todavía en el colegio tendría algo que contar sobre el tema.

Durante un retiro espiritual al que asistió todo el centro, un sacerdote les enseñó varias técnicas de meditación y visualización. Primero hizo que todos los miembros del grupo, tumbados en el suelo, ralentizaran la respiración. Después les pidió que se imaginaran en un campo muy hermoso, lleno de flores. Llegado ese punto, la experiencia de la joven empezó a ser diferente, a independizarse de las instrucciones que poco a poco iba dando el sacerdote.

Los pájaros cantaban y estábamos disfrutando del entorno. La voz suave del cura nos indicó que siguiéramos andando por el campo, pero yo me di cuenta de que fruncía el ceño: no podía seguir las indicaciones del cura. Lo intenté tres veces, pero en lugar de seguir adelante siempre me encontraba con un pozo. Oía la voz cada vez más y más lejos, y seguía describiendo un campo, sin pozo.

[...]

Sentí el cuerpo suelto y me dejé ir. Al mismo tiempo me vi con el tronco inclinado para ver qué había dentro del pozo, pero me caí dentro. Luego ya no era un pozo, sino un túnel. Llevaba una lamparilla en la mano derecha. Eché a andar por el túnel: todo estaba a oscuras, la única luz era la poca que daba mi lámpara. Un poco más adelante me di cuenta de que el túnel se curvaba ligeramente hacia la izquierda y entonces empezaron a aparecer unos rayitos de luz a medida que avanzaba. A cada paso que daba iban creciendo cada vez más. Tenía unas ganas tremendas de descubrir qué había allí.

Llegué a la esquina y lo vi: ¡Dios mío, por poco me desmayo! ¡Allí estaba! La luz más preciosa, más brillante y más grande del mundo. ¡La he visto! Es redonda y gigantesca, incandescente, como el Sol, pero de un blanco puro. ¡Parece sólida, pero al mismo tiempo es translúcida! ¿Cómo puede ser? (He escrito estas últimas líneas en presente porque mi alma sabe que esa luz preciosa existe y ha existido siempre, para todos nosotros.)

Durante un rato tuve miedo, pero también sentía una atracción irresistible hacia la luz. Sin soltar mi lamparita, intenté penetrar en la luz gigantesca, que estaba delante de mí, agitando sus rayos seductores. ¡Tenía que entrar en ella y saber qué había detrás! ¡Quería formar parte de ella! Distinguía una polaridad masculina en el entorno de la luz.

[...]

Cuando estaba a punto de entrar, de repente oí una voz dentro de la cabeza que me decía: «¡No, no puedes cruzar la luz!» Recuerdo todavía la firmeza de la voz. Era una voz masculina, joven, pero no se veía a nadie.

[...]

Había una barrera invisible que me cerraba el paso. Justo después de la voz, sentí un empujón fuerte en el pecho que me hizo retroceder y salí disparada por el túnel, dando vueltas. [...] De repente el túnel volvió a convertirse en el pozo y me caí, ¡pero hacia arriba! Cuando salí volando a toda prisa del pozo volví a ver el campo y el cielo, y en ese momento sentí un golpe en mi interior, muy brusco, como si mi alma acabara de llegar de repente. Había vuelto porque no le habían permitido entrar en la luz.

Entonces abrió los ojos.

Me sorprendí al ver que el cura seguía describiendo el campo de flores y los demás alumnos seguían tranquilos, con los ojos cerrados. Nadie se dio cuenta de mi llegada.

La experiencia la puso tan nerviosa y la emocionó tanto que no se lo contó a nadie. Durante muchos años mantuvo en secreto toda la experiencia con la luz.

Doce años después leyó en un periódico un artículo sobre la experiencia cercana a la muerte de una niña de cuatro años. Me contó que había leído el artículo y le había entrado una «alegría sobrecogedora». Se dio cuenta de que la niña había podido entrar en la luz porque, durante un momento, había estado muerta.

Lloré mucho. Ya no estaba sola. La luz no era una fantasía.

[...]

Jamás he vuelto a sentir el amor, la paz y la divinidad de mi luz. No hay nada comparable en el mundo físico. La echo de menos.

Actualmente esa mujer trabaja con enfermos moribundos en un hospital y les ayuda a dar el paso al mundo espiritual, reconfortándoles y proporcionándoles seguridad gracias a las experiencias espirituales que ha vivido. Es interesante comprobar que ha observado muchos de los mismos fenómenos que mi hermano pequeño, Peter, y su mujer, Barbra, que son oncólogos, han observado también, y cuyas experiencias con sus pacientes moribundos se cuentan en *A través del tiempo*.

La carta prosigue:

Tengo la oportunidad de estar con pacientes moribundos, que «ven» a sus padres ya fallecidos o a otros familiares que les reciben en su dimensión o que vienen a buscarlos. Esos pacientes me han contado sus visiones y experiencias antes de dejarnos. Son felices cuando «ven» a su madre o a su padre o a un ser hermoso sonriéndoles. [...] Sé que disfrutarán de su luz. Necesito (y la gente también lo necesita) saber más sobre cómo tratar y ayudar a la gente en el proceso de la muerte, porque existe una luz: venimos de la luz y a ella vamos. Gracias al amor y a la felicidad que sentí procedentes de mi luz y que he percibido en mis pacientes, sé que el amor no termina con la muerte.

Y tiene razón. La luz y el amor no terminan nunca. Están entrelazados íntima y eternamente.

Según lo que me han contado los Sabios, la experiencia *post mortem* es muy parecida. También en ese caso vamos hasta la luz y nos sentimos igualmente reconfortados, recibimos el mismo amor, la paz tranquilizadora, sólo que en este caso lo que sucede a continuación es distinto. En las experiencias cercanas a la muerte, la persona regresa a su cuerpo físico, mientras que en las *post mortem* el alma sigue avanzando, sigue aprendiendo en el otro lado, en el cielo, hasta que regresa a donde estamos nosotros en el cuerpo de un bebé, se encarna otra vez en un estado físico, si es necesario o si así lo decide.

Últimamente ha habido varios relatos de personas que han vivido experiencias cercanas a la muerte negativas. Al investigarlos he descubierto que a veces las experiencias cercanas a la muerte que se consideran negativas, en el fondo no lo son. En realidad, la persona herida ha experimentado un nivel fluctuante de conciencia durante el trauma. Puede ser vagamente consciente de hechos reales que suceden en un nivel de conciencia parcial. No afirmo que no existan en absoluto las experiencias cercanas a la muerte negativas, pero sí que constan muy pocos casos y que algunos de ellos no son válidos.

Por ejemplo, induje una regresión a un policía que había sido herido en un accidente de coche cuando estaba de servicio. Había hablado de una «terrible» experiencia cercana a la muerte en la que unos seres malvados habían empujado, explorado y perforado su cuerpo. En realidad, como demostró la regresión, se había despertado parcialmente mientras le trasladaban en ambulancia. Durante el viaje le habían administrado un tratamiento médico de urgencia, le habían insertado una cánula para suministrarle líquidos, le habían inyectado los medicamentos necesarios, le habían controlado la presión, le habían abierto una vía respiratoria, etcétera. Así pues, los «seres malvados» habían sido los enfermeros que le habían salvado la vida.

Cuando se encuentra la luz se encuentra la paz, el consuelo y el amor. No hay nada negativo en una experiencia tan hermosa. Nunca me he encontrado con algo horrible, sólo con distintos niveles de ignorancia. Cuanta más ignorancia hay, menos luz se ve. El mal es una ignorancia profunda y una ausencia de luz casi total.

Durante las regresiones a vidas anteriores es poco habitual encontrarse a personas famosas o de una estatura muy prominente. Henry fue una excepción. En su vida actual es profesor de ingeniería en una gran universidad del Medio Oeste. Había ido a mi taller con cierta reticencia pues es una persona muy lógica y racional en su forma de pensar. En realidad había acudido más para hacerle compañía a su mujer que para participar activamente, pero el destino quiso que se encontrara delante de doscientas personas como voluntario ambivalente para una regresión individual.

En algunos de los ejercicios de grupo anteriores había

vivido varios recuerdos de infancia repletos de detalles y emociones. Tenía ganas de explorar más allá aún.

Henry alcanzó una profundidad de hipnosis a la que no llega la mayoría. Recordé lo de que las apariencias engañan. Hasta los ingenieros podían entregarse plenamente.

Su regresión fue tan profunda que después toda la sesión quedó ocultada por la amnesia. Con estimulación, los recuerdos que había experimentado regresaron, hasta cierto punto. Afortunadamente se grabó toda la regresión para que pudiera revivirlo todo con posterioridad.

Sus recuerdos de infancia estuvieron otra vez llenos de detalles. Los recuerdos de Henry en estado hipnótico fueron especialmente vívidos y profundos.

Al principio le hice retroceder hasta la edad de tres años, cuando su madre le regañó por salir disparado a la calle tras una pelota. Estuvo a punto de ser atropellado por un coche. Henry sintió con mucha intensidad la rabia y el alivio de su madre, y recordó sus emociones encontradas.

Después pasamos a una vida anterior y los recuerdos le inundaron, mientras seguía allí sentado, completamente concentrado y en un trance profundo, sin percatarse de que se encontraba ante un numeroso público, cautivado por su regresión. Era un general del ejército romano.

—¿Te viene algo? —le pregunté, tras llevarle a un estado en el que pueden emerger recuerdos de vidas anteriores.

—Sí —respondió rápidamente—. Estoy... Estoy en una guerra, peleando. Ehhh... Creo que parezco un centurión romano. Llevo... Llevo la vestimenta de general... Y estoy con mis hombres en la batalla y tengo a alguien que lleva una cuadriga. Nos encontramos en plena batalla y estoy tirando lanzas y matando gente. Y estamos, estamos... Yo dirijo la batalla. Llevamos a un grupo de gente... Es otro ejército... Parece un ejército germánico, como de un país del norte... Los llevamos hasta un río, y luego hay un muro alto al otro lado del río...

Henry no necesitaba ninguna estimulación ni preguntas por mi parte. Seguía hablando, como un oficial, de la estrategia de la batalla.

—Parece que vamos a ganar sobradamente.

Volvió a la descripción de su persona.

—Llevo una especie de armadura... El sombrero es de bronce y tiene una pluma... El casco tiene visera... Llevo un peto de metal... Y una armadura corta, como un vestido, que va de la cintura hasta media rodilla...

»Mientras arrojo las lanzas me doy cuenta de que alguien me ha tirado una a mí y no... ¡no tengo miedo! —añadió con cierta sorpresa.

»Y me alcanza, me da justo aquí. —Se señaló la parte inferior derecha del abdomen—. Tengo un metal nuevo en la armadura... No me dan miedo las puntas de lanza hechas de piedra. Mi armadura es mucho más fuerte...

»Después de eso fui con la cuadriga... La entregué... Nos fuimos a la parte de atrás porque ya no teníamos que estar en la batalla... Y dejamos que continuara. La observamos desde la colina... A salvo. Augusto quiere que los generales participen en la batalla, pero no que se queden... Sobre todo cuando ganamos sobradamente.

Entonces se quedó en silencio. Estaba claro que ganaban la batalla. Decidí pedirle que avanzara en el tiempo. Le dije que fuera hasta el final de esa vida. Siguió en silencio unos instantes, y de repente se puso a hablar de nuevo.

—Soy... Soy rico, aunque empecé siendo pobre, soy rico, y tengo tierras... Y veo muchas columnas. Y estoy en el senado. Llevo una túnica con una tira morada. Soy senador.

—¿Tienes poder? —le pregunté.

—Sí, sí. Tengo cierto poder —añadió—, pero no tanto como César... Ahora estoy jubilado, ya no lucho. Ahora me quedo casi todo el tiempo en mis tierras en Sicilia y sólo... llevo la granja y las ovejas. Y veo a César de vez en cuando, si va a Siracusa.

—¿Estás preparado para abandonar esa época, o hay más? —quise saber.

—Me veo morir —respondió—. Estoy muy viejo y... Estoy en una superficie dura que es como una cama. Veo gente a mi alrededor, todos con mucha prisa... Prisa... Prisa. Levanto la vista, pero la cabeza se queda en la cama. Veo a mi mujer... Y entonces me muero.

Se quedó en silencio.

—¿Qué te viene a continuación? —pregunté.

—Me veo... Vuelvo a ser joven. Estoy mirando la habitación. Estoy contento... Estoy contento, satisfecho, y me veo.

»Y alguien me llama... Hay una llamada... Y veo una luz amarilla brillante... Una luz amarilla, muy potente. No puedo mirarla fijamente, pero hay una voz dentro de ella que me llama, así que entro en la luz.

»Estar dentro de la luz es muy agradable, como si tuviera una energía cálida alrededor del cuerpo. Es como... Es como el clima ideal. Sigo llevando la túnica de senador, pero soy joven... Vuelvo a ser joven.

Volvió a detenerse.

—¿Hay algo más de ese estado que puedas decirnos?

—Lo que pasa a continuación... No lo sé... No lo sé... Ahora mismo, eso es lo último que recuerdo —respondió lentamente.

Le saqué de aquel trance profundo.

—¿Cómo te encuentras? —le pregunté.

—Me encuentro bien —respondió—. ¿Cuándo empezamos?

El último recuerdo consciente de Henry era el momento en que había empezado a hipnotizarle, unos cuarenta y cinco minutos antes.

Una semana después de esa experiencia, un amigo íntimo de Henry me contó que estaba de maravilla, que su regresión le había hecho sentirse más tranquilo y feliz que nunca, al menos en esta vida.

Me hizo sonreír. Al recordar tan directa y profundamente nuestra divinidad, nuestra inmortalidad, desaparecen muchos miedos. A Henry no le cabía duda de que había vivido en Roma hacía muchos siglos. Sin embargo, aún más que los recuerdos de existencias pasadas, la visión de la hermosa luz que nos encontramos tras abandonar nuestro cuerpo físico no sólo hace que desaparezcan los miedos, sino que casi nos abrume una sensación de alegría y consuelo trascendentes.

Es una luz que contiene mucho amor, que nutre nuestras almas. Henry había sentido la luz. La suya era amarilla. A veces me la describen como dorada. Otras es indescriptible, como si fuera de todos los colores al mismo tiempo, pero siempre proyecta amor y consuelo.

La muerte no es lo que creemos normalmente. La muerte es deshacerse del cuerpo físico mientras el alma inmortal avanza y pasa al otro lado. En ese sentido no hay muerte, sólo vida y amor. La luz es una manifestación más de ese amor universal, eterno, que todo lo abarca.

Los investigadores dedicados a las experiencias cercanas a la muerte, como el doctor Raymond Moody o la doctora Elisabeth Kübler-Ross, suelen hablar de sesiones de «repaso de la vida». Uno o varios seres llenos de sabiduría y amor ayudan al sujeto a repasar lo que ha sucedido en su vida. Se presta especial atención a las relaciones, a cómo se ha tratado a los demás.

Mis investigaciones con pacientes que han recordado sus muertes en vidas anteriores indican que la experiencia del fallecimiento es prácticamente la misma para todos. Repasan su vida desde el amor, sin juzgar ni criticar. Sin embargo, sienten las emociones profundamente, tanto las suyas como las de los demás, y así aprenden a un nivel profundo. Por ejemplo, si una persona ha ayudado de todo corazón a otra que lo necesitaba sentirá que le hace llegar su gratitud y su amor, pero si ha hecho daño o herido a los demás, sea emocional o físicamente, experimentará su rabia, además de su dolor.

Qué oportunidad tan maravillosa de aprender.

Más adelante, la persona y su comitiva, formada por los guías, los Sabios, los ángeles y otros seres que le han ayudado con amor a lo largo de muchos años, preparan su próxima vida, para que pueda rectificar lo que haya hecho mal.

Siempre estamos desarrollándonos y aprendiendo.

Cuando ya no nos hace falta reencarnarnos, cuando hemos aprendido todas nuestras lecciones y pagado nuestras deudas, se nos da a elegir. Podemos regresar de forma voluntaria para ayudar a la humanidad con un servicio de amor, o quedarnos en el otro lado y ayudar desde ese estado. En ambos casos, seguimos progresando por las dimensiones divinas.

OTRAS DIMENSIONES

«Los seres humanos siempre creen que son los únicos. No es cierto. Existen muchos mundos y muchas dimensiones... Muchas, muchas más almas.

»En esta dimensión hay muchas almas. No soy la única. Tenemos que tener paciencia. Eso es algo que tampoco llegué a aprender nunca... Hay muchas dimensiones.»

Le pregunté si había estado aquí antes, si se había reencarnado muchas veces.

«He estado en distintos planos en diversas épocas. Cada uno de ellos es un nivel de conciencia superior. El plano al que vamos depende de lo mucho o lo poco que hayamos progresado.»

En este planeta hay mucha más gente que nunca, pero hay muchas más almas que personas. Éste no es el único mundo. Las almas existen en muchas dimensiones. Cada vez se sienten más atraídas hacia este planeta porque la Tierra, que es una de las muchas escuelas que hay, tiene mucho éxito. Aquí hay mucho que aprender.

Cuando hablo de otras dimensiones me refiero a otros estados energéticos e incluso a distintos niveles de conciencia, no necesariamente a otros sistemas planetarios o a otras galaxias. El cielo puede considerarse otra dimensión, ya que tiene relación sin duda alguna con la transformación de energía más allá de la conciencia tridimensional.

Creo que la energía del amor tiene propiedades físicas y extrafísicas y puede existir en todas las diversas dimensiones. El amor es la sustancia que conecta todas las dimensiones y los distintos planos que no son el físico.

Dentro de una dimensión o plano existen muchos subniveles o, lo que es lo mismo, en el cielo hay muchos niveles. A medida que nos iluminamos cada vez más, vamos progresando peldaño a peldaño por esos niveles.

En cierto modo, todos somos extraterrestres. Ninguno de nosotros ha empezado en este planeta. La Tierra es más bien una especie de colegio. No es el nivel más bajo, pero tampoco el último. Aun así, es un colegio con mucho éxito. Cuando acaba el curso nos vamos a otro lugar.

Las almas son iguales en todos los universos.

Robert, un joven camarero que había pasado por muchas dificultades en su vida actual, vivía con una especie de melancolía crónica. Muy pocas cosas le alegraban. Tenía problemas económicos y tendía a mantenerse alejado de las relaciones sociales, porque de niño le habían hecho daño muy a menudo. Era muy estoico, y su rostro casi nunca traslucía sus emociones.

Un día que se hallaba en un trance profundo, entró en un jardín o en una selva tropical. Al instante empezó a derramar lágrimas de alegría y felicidad. Apenas podía articular palabra. Una demostración de emociones como ésa era poco habitual en él.

—¿Cómo te encuentras? —le pregunté.

—Es como, no sé, una selva. Es mi casa... Mi hogar —respondió muy lentamente.

Su voz estaba cargada de emoción.

—Parece que sientes algo profundo. ¿Qué es?

—Júbilo.

Seguían cayéndole las lágrimas por las mejillas. Casi no podía hablar, así que pasados unos minutos le desperté. Esperaba que pudiera contar más cosas desde el estado consciente, donde el nivel de emociones no sería tan profundo ni tan abrumador. Unos minutos después recuperó parte de su compostura.

—¿Qué has experimentado? —le pregunté.

—Sólo he visto una escena paradisíaca, muy exuberante y con mucho brillo... No había nadie más...

—¿Por qué crees que te has emocionado tanto?

Le costaba responder. Aún se sentía muy emocionado por la experiencia. Finalmente empezó a hablar, aunque no dijo mucho.

—Creo que es inevitable acabar volviendo allí algún día. Tengo la sensación de que ya he estado en ese lugar y de que voy a volver... No quiero ir demasiado rápido, prefiero darme cuenta de qué pasos doy.

Aquella misma semana me explicó la sensación de familiaridad, de paz y seguridad increíbles que había experimentado durante la regresión. Aún le costaba encontrar las palabras adecuadas para describir su visita a la selva paradisíaca. En ese momento su dificultad no se debía sólo al obstáculo abrumador de la emoción profunda, sino también a que era imposible expresar con palabras la belleza, la alegría y la majestuosidad de la experiencia.

Creo que Robert tuvo una experiencia espiritual, no un recuerdo de una vida anterior.

La intensidad de su alegría concuerda con las características de la escena evocada y la relativa escasez de detalles y progresión por una existencia. A pequeña escala, experimentó la alegría de regresar al hogar. La Tierra, el mundo tridimensional, no es nuestro verdadero hogar. Somos seres espirituales y nuestro verdadero hogar es espiritual, un lugar eterno al que muchos llaman cielo.

10

Las personas que curan

Tenemos que compartir con los demás lo que sabemos. [...] Todos poseemos muchas más aptitudes de las que utilizamos.

Las relaciones nos sirven para desarrollarnos. Hay seres con más poderes que han regresado con más conocimientos. Van a buscar a los que necesitan el desarrollo y a ayudarles.

En este colegio de una sola aula que llamamos Tierra no todos aprendemos las lecciones al mismo tiempo. Por ejemplo, puede que ya hayamos superado la asignatura de compasión y caridad, pero que estemos en primero de paciencia y perdón. Podemos ser alumnos de posgrado en fe y esperanza, pero párvulos en no violencia.

Del mismo modo, podemos llevar con nosotros aptitudes aprendidas en encarnaciones anteriores, aptitudes que dominamos, aunque seamos principiantes en otros campos. Entre nosotros hay muchos que han superado determinadas asignaturas y dominan ciertas aptitudes, y están aquí para compartir ese saber con nosotros, los alumnos. En otros campos, los papeles pueden intercambiarse.

Así pues, todos somos maestros y alumnos, y ese conocimiento tenemos que compartirlo unos con otros. Muchos médicos han elegido esa profesión para poder manifestar sus aptitudes curativas, para ayudar y enseñar a los demás. Y a la inversa: un buen médico siempre está abierto a aprender de sus pacientes. El enfermo puede enseñarle al médico amor, valor, paz interior u otra cualquiera de las lecciones que hemos venido a aprender. Tanto el paciente como el médico sacan provecho.

Una tarde llegó a la consulta una paciente que tenía sesión, quejándose de que una inyección contra el tétanos le había causado una infección. Tenía el brazo hinchado, caliente, dolorido y duro en la zona del pinchazo. Acababa de encontrarse en el pasillo del hospital con el especialista en medicina interna que la llevaba y que le había dicho que fuera a su consulta a la mañana siguiente para iniciar un tratamiento con antibióticos.

—Con esas cosas hay que tomar antibióticos —le había dicho— o se ponen peor.

Decidí ayudarla con la hipnosis. Enseguida entró en un estado hipnótico profundo y le pedí que llevara una luz curativa a la zona del brazo afectada. Le dije que visualizara un aumento del flujo sanguíneo en la infección, que limpiase la zona, que se llevara las células dañadas y eliminara las bacterias que provocaban la infección. Se imaginó vívidamente células sanas nuevas y una ausencia total de enfermedad.

Al terminar la sesión había desaparecido el dolor, y la zona infectada ya no estaba tan caliente. No me sorprendió, porque desde hace mucho tiempo la hipnosis se utiliza como técnica de disminución del dolor. Al irse a la cama, la zona inflamada sólo tenía la mitad de tamaño. A la mañana siguiente el brazo estaba completamente normal y no había indicios de infección.

No obstante, fue a ver al médico.

—¿Qué le ha pasado en el brazo? —exclamó éste—. ¡Esas cosas nunca se van solas!

—Habrá sido una remisión espontánea —respondió ella, sin revelar su secreto.

Sabía que el médico aceptaría esa explicación. Tenía muchos prejuicios contra la medicina alternativa o complementaria. Si le hubiera dicho que se había curado gracias a imágenes guiadas cuando se hallaba en estado hipnótico, se habría burlado de ella.

Ninguna remisión de una enfermedad es realmente espontánea. Es posible que no seamos conscientes de los mecanismos subyacentes, pero se han puesto en funcionamiento potentes fuerzas curativas que «en secreto» se han encargado de acabar con los daños.

Conozco al doctor Bernie Siegel desde mucho antes de que se hiciera famoso por escribir varios libros maravillosos sobre la conexión entre el cuerpo y la mente. *Amor, medicina milagrosa* y *Paz, amor y autocuración* son dos de sus grandes éxitos internacionales de ventas.

A finales de los años sesenta, Bernie era cirujano auxiliar en el hospital de Yale-New Haven, con consulta privada en New Haven (Connecticut), cuando yo estudiaba medicina en Yale y estaba haciendo la rotación de cirugía. Decidí observar y ayudar a los cirujanos privados porque por lo general eran más rápidos y divertidos que los que sólo eran académicos, que solían ser más autoritarios, didácticos y rígidos. Bernie y su compañero de consulta, el doctor Richard Selzer, que también ha escrito varios libros de divulgación, eran especialmente divertidos. En su consulta todo el mundo se moría, pero de risa. Los cirujanos contaban chistes, recitaban poesías picantes, contaban historias y anécdotas: eran muy divertidos. Además, los dos eran excelentes cirujanos técnicos y aprendí mucho con ellos.

Por aquel entonces ninguno de nosotros era consciente de que algunos pacientes, aunque estuvieran con anestesia general, oían también las conversaciones, los chistes y las bromas. Ahora ya lo sabemos. Hace poco hablé con Bernie después de que realizara un taller en Miami. Llegamos a la conclusión de que no había nada malo en contar chistes y hacer bromas en esos momentos. Lo peor que habría podido pasar es que algún paciente hubiera pensado: «¿Por qué se ríe, doctor Siegel? Préstele más atención a mi cuerpo. Esto es lo importante.»

Para el paciente, es mejor oír contar chistes al cirujano que percatarse de que hace predicciones funestas y desastrosas sobre las posibilidades del enfermo, o que especula sobre las minusvalías permanentes que puede producir la operación. Eso podría hacer que el paciente abandonara, en lugar de hacer frente a enormes obstáculos e impedimentos.

Los médicos tienen una química que experimentar, una química que es más profunda que la de los análisis de sangre y los laboratorios.

Muchos médicos están tan ocupados, estresados, ensimismados, asustados o ávidos de algo que no se permiten escuchar a sus pacientes: entablar una relación con ellos. Es algo trágico tanto para el médico como para el enfermo. El primero se niega a sí mismo la satisfacción de conocer al paciente personalmente y se pierde la oportunidad de aprender del encuentro terapéutico. Sin la auténtica gratificación que produce una relación individual, la práctica de la medicina se convierte en algo estéril y mecánico. El médico empieza a sentir que siempre tiene que hacerlo todo con prisas y que siempre se retrasa. Es habitual que se deprima o se sienta quemado. El paciente también tiene la impresión de que le tratan con prisas, de que no se preocupan por él, de que se interesan sólo por su enfermedad o su órgano (o, peor aún, por su dinero), más que por toda la persona o incluso por un amigo. La dignidad y la humanidad del paciente se resienten.

Todos los médicos pueden conmoverse profundamente si dedican tiempo a escuchar a sus pacientes y a aprender de ellos. Muchos me han hablado de sus casos «menos habituales», de los que les han provocado reacciones en zonas que las facultades de medicina no enseñan todavía. Un eminente cirujano plástico de la zona de Miami me contó un caso extraordinario. Aunque habían transcurrido varios meses, su rostro seguía reflejando su asombro.

Había tratado a una mujer que había sufrido un grave accidente automovilístico. Tenía un traumatismo craneal masivo, fracturas faciales y otras heridas internas. Iban a operarla de urgencia, pero no esperaban que sobreviviera.

Mientras el cirujano preparaba a la familia para el desenlace que creía inevitable, la paciente abandonó su cuerpo y quedó flotando encima de él. Aunque la reunión entre el médico y la familia tenía lugar en una parte del hospital alejada de la zona en la que el equipo médico trabajaba en sus heridas, los encontró y escuchó la conversación; veía con impotencia el dolor y la desesperación de su familia desde arriba, desde su cuerpo etéreo.

—¡No estoy muerta! —gritaba.

Frustrada al comprobar que no oían sus gritos, y furiosa al ver que le estaban diciendo a su familia que iba a morir, volvió flotando hasta su cuerpo físico. Gracias a los excelentes cuidados médicos y a sus enormes ganas de sobrevivir, experimentó lo que el médico calificó de recuperación «milagrosa».

—Nadie se recupera de heridas como las que tenía ella —insistía el cirujano.

Más adelante, la mujer fue capaz de repetir la conversación que había mantenido el médico con su familia. No sólo había evitado la muerte física, sino que además había acelerado sensiblemente el proceso de curación. Sus huesos y tejidos se recuperaron a una velocidad muy superior a la normal.

Una anciana, ciega por culpa de la diabetes, sufrió un fallo cardíaco mientras estaba en el hospital en el que yo dirigía el Departamento de Psiquiatría. Se quedó inconsciente y el equipo de resucitación intentó reanimarla. Según contó después, salió flotando de su cuerpo y se quedó junto a la ventana, observando, mientras los médicos le administraban medicamentos a través de tubos intravenosos insertados a toda prisa. Los observó, sin dolor alguno, mientras le daban golpes en el pecho y le metían aire en los pulmones. Durante la resucitación, al médico se le cayó un bolígrafo del bolsillo que fue rodando hasta cerca de la misma ventana desde la que su espíritu extracorporal contemplaba la escena. Un poco después el médico se acercó a recoger el bolígrafo, se lo metió en el bolsillo y volvió con el grupo que intentaba salvarla frenéticamente. Lo consiguieron.

Unos días después le contó al médico que había observado cómo trabajaba el equipo de resucitación durante su fallo cardíaco.

—No —la tranquilizó él con delicadeza—. Seguramente sufrió una alucinación por anoxia [falta de oxígeno]. A veces sucede cuando deja de latir el corazón.

—Pero si vi cómo su bolígrafo iba rodando hasta la ventana —contestó la anciana. Después describió el bolígrafo y otros detalles de la resucitación.

El médico se quedó sorprendido: la paciente no sólo se hallaba en estado comatoso durante la resucitación sino que además llevaba muchos años ciega.

Tenemos más formas de ver, además de los ojos.

Uno de los médicos del hospital me llamó para que visitara a una de sus pacientes, que se había despertado gritando y muy excitada en la sala de recuperación tras una delicada operación quirúrgica. Le habían administrado anestesia general, por lo que había permanecido todo el rato inconsciente, mientras el anestesista controlaba su respiración. Durante la operación, los médicos habían tenido problemas con su presión sanguínea y su ritmo cardíaco.

Mientras la operaban, había flotado por encima de los médicos que estaban trabajando en su cuerpo. Al ver que la presión sanguínea y el ritmo cardíaco eran anormales, se había asustado. Se percató de la preocupación que delataba la voz del anestesista y fue flotando hasta él para leer las anotaciones que había hecho en su ficha.

Tras despertarse en la sala de recuperación, tremendamente asustada por esos problemas, fue capaz de decirme lo que habían escrito en su ficha durante la operación. Había estado dormida en todo momento, pero aunque se hubiera despertado no habría tenido la oportunidad de ver su ficha; el anestesista escribía detrás de ella, aproximadamente a un metro de su cabeza.

Un médico de urgencias de un hospital cercano hizo más de media hora de cola un día que estaba firmando libros para contarme su historia.

Una paciente suya había sufrido un proceso anafiláctico tras la picadura de una abeja. Se trata de una reacción alérgica que puede ser mortal y que provoca un descenso muy marcado de la presión sanguínea. Aunque habían hecho todo lo indecible para salvarla desde el momento en que entró en urgencias, el médico estaba convencido de que la paciente se estaba muriendo.

Más tarde la mujer contó que había ido flotando junto a su cuerpo mientras la entraban en camilla en el hospital. Había oído (y después fue capaz de repetirlo) todo lo que se había dicho, las órdenes que se habían gritado, las maldiciones, las expectativas y los comentarios nerviosos del personal de urgencias. Había «visto» sus caras, su ropa y lo que hacía cada uno, aunque se hallaba en estado comatoso. Experimentó una recuperación milagrosa, y después el médico corroboró la veracidad de sus observaciones y los hechos y conversaciones que recordaba, algunos de los cuales sucedieron en distintas salas.

No logro encontrar una explicación convincente desde el punto de vista médico o psicológico a las numerosas historias como ésta, sobre pacientes que han pasado por experiencias cercanas a la muerte, que he oído de labios de personas dignas de crédito. Se trata de médicos muy cultos, lógicos y escépticos, formados con rigor en facultades de medicina. Todos me han contado que, sin duda alguna, sus pacientes, aun estando inconscientes, habían abandonado sus cuerpos y «escuchado» y «observado» hechos a distancia.

Yo no creo que sucesos como ésos sean algo extraño. La mayoría de los pacientes se resiste a contárselo a sus médicos por miedo a que éstos crean que han sufrido alucinaciones o que son bichos raros o están locos. ¿Para qué arriesgarse?

¿Y para qué iban arriesgarse los médicos a contar esas experiencias? Muchos psiquiatras han tenido miedo de hablar en público de sus experiencias con regresiones. Me han llamado y escrito cientos de psiquiatras (y otros miles de psicólogos, asistentes sociales, hipnoterapeutas, médicos y otros terapeutas) para contarme que conducen regresiones a vidas anteriores «en la intimidad de mi consulta», o «en secreto, sin contárselo a ninguno de mis colegas», desde hace cinco, diez o incluso veinte años. Son miles de casos, auténticas minas de detalles, datos y hechos de gran valor. Son historiales clínicos, muchos de los cuales pueden corroborarse. ¡Más pruebas! Las cartas refieren recuerdos de vidas pasadas, de pacientes que se acuerdan de nombres y detalles de sus existencias en otras ciudades, en otros países, en otros continentes. Algunos han encontrado sus nombres «antiguos» en los registros oficiales de lugares de los que no habían oído hablar jamás en esta vida. Algunos han encontrado sus propias tumbas.

El riesgo de contarlo es potencialmente muy grande. Los médicos tienen miedo de tirar por la ventana su reputación, ganada a pulso, su consulta, la seguridad de sus familias, incluso sus relaciones sociales. Comprendo esa inquietud. Yo tardé años en reunir el valor suficiente para publicar mis descubrimientos.

Sin embargo, precisamente porque son creíbles, los médicos tienen la oportunidad de respaldar estas verdades si dan a conocer sus descubrimientos. Al hacerlo pueden ayudar a millones de personas y beneficiarse ellos mismos. Compartir las verdades sobre experiencias extracorporales y cercanas a la muerte, casos de curaciones extrañas o «milagrosas» o ejemplos de recuerdos y terapias de vidas pasadas es tan importante como compartir información sobre investigaciones médicas «tradicionales». Cuanto más sepamos, a más gente podremos ayudar. Además, al conocer esas verdades sobre sus pacientes y sus experiencias, los médicos se sentirán más contentos, más satisfechos y más realizados en sus vidas privadas y profesionales.

¡Yo lo sé muy bien! Me he encontrado en esa situación.

La mayoría de las historias de los médicos son de experiencias cercanas a la muerte y extracorporales. Es menos probable que se encuentren con experiencias de vidas pasadas, pues suelen tratar a pacientes muy enfermos.

En casos de experiencias extracorporales, cercanas a la muerte o de vidas anteriores, la curación que se da es parecida. Las pacientes suelen encontrarse con que sus vidas han cambiado para mejor. La curación física y emocional puede acelerarse sensiblemente.

El elemento común a todas esas experiencias es la existencia de la conciencia fuera del cuerpo físico o del cerebro. Esa conciencia se expande al abandonar el cuerpo físico. Los colores y los sonidos son más vívidos. El objetivo de nuestro viaje espiritual queda más claro. Se manifiesta nuestra naturaleza espiritual y en esos momentos comprendemos que somos seres inmortales de sabiduría, amor infinito y compasión. Paradójicamente, durante esa separación aparente la conexión entre mente y cuerpo parece fortalecerse, o al menos da la impresión de que la controlamos un poco más. La curación se da cuando la mente, a través de su conciencia y su voluntad, envía energía a esas partes del cuerpo que necesitan reparaciones.

Hace siglos que muchas culturas asiáticas, como la china, la japonesa o la coreana, reconocen las energías y corrientes curativas que fluyen por nuestros cuerpos. Han trabajado con esas energías e incluso estudiado las características del flujo de energía y de su intensidad. Los chinos llaman a esa energía *chi* o *qi*; los japoneses, *ki*. En esas culturas han surgido expertos en las conexiones mente-cuerpo, y he tenido la suerte de poder trabajar con algunos de ellos.

En dos ocasiones he tenido la oportunidad de provocar regresiones a médicos de la China continental. Los dos eran, además, maestros del trabajo y la curación con energía.

El primer médico fue objeto de un estudio en el Departamento de Física de la Universidad de Nueva York. La universidad me pidió que actuara de enlace, pues era médico y muy conocido en China, donde mis libros han sido éxitos de ventas.

El médico chino no hablaba inglés, así que trabajamos con un intérprete. Tenía curiosidad por saber si mis técnicas se parecían a las del maestro con el que había estudiado de joven y me pidió que intentáramos una regresión. Entró en un estado hipnótico profundo y experimentó un interesante recuerdo de una vida anterior.

Posteriormente anunció que nuestras técnicas eran en realidad muy parecidas, y me preguntó si yo había visto y experimentado sus escenas de otra vida, como si estuviéramos viendo la misma película juntos.

—No —le respondí—. A veces tengo premoniciones sobre lo que va a pasar, pero no puedo ver realmente lo que pasa en la mente del paciente.

—Es una pena —respondió a través del intérprete—. Mi maestro podía.

En otra ocasión, una famosa médica china fue a verme a Miami y me mostró una potente curación Qi Gong. A cambio solicitó una regresión a una vida anterior y accedí. Tampoco hablaba inglés, pero viajaba con un intérprete.

Entró en un estado muy profundo. A los pocos minutos ya estaba recordando una escena de una vida anterior en San Francisco hacía más de cien años. Durante el recuerdo, se puso a hablar en inglés con soltura.

El intérprete, todo un profesional, siguió trabajando como si tal cosa y empezó a traducir al chino. Le miré fijamente durante un instante y después le dije que no era necesario. La cara de sorpresa que puso daba idea de lo que acababa de deducir.

Sabía que la doctora no sabía una palabra de inglés.

El psicoanálisis y las psicoterapias de orientación psicoanalítica agonizan. Sus técnicas están anticuadas, son lentas y poco eficaces. Su lenguaje se ha quedado fosilizado. Ya no hay alma en el psicoanálisis, sólo estructuras áridas y monolíticas, sólo polvo. No puede llegar a suficiente gente, y en el caso de los pocos a los que llega, el enfoque gastado, exasperadamente lento, frío y distante de esas terapias no basta. En la terapia tradicional, una neurosis sustituye a otra. Los buenos resultados se miden según el «funcionamiento» externo, no según la paz y la alegría interiores. No se da transformación alguna del individuo o de la sociedad.

El coste económico es evidente. La gente no puede permitirse las sesiones de cincuenta minutos entre cuatro y seis veces a la semana durante períodos que pueden ir de tres a quince años. La mayoría no puede permitirse ni ir una vez a la semana. Los seguros médicos tampoco son la solución en este caso, por sus limitaciones.

Freud y sus discípulos hicieron importantes contribuciones para ayudarnos a comprender el funcionamiento de la mente, la existencia del inconsciente, la sexualidad infantil y el análisis de los sueños, pero el psicoanálisis no tiene raíces espirituales y no sirve para liberar la naturaleza espiritual de los seres humanos. Puede que Freud no considerase sus teorías definitivas, pero para sus discípulos son dogmas de fe.

Jung era un inconformista que se anticipó a su tiempo. Comprendía lo misterioso, lo espiritual, lo sobrenatural, pero le rodeaban personas ávidas de dogmas.

Uno de los grandes errores del psicoanálisis y de la psicoterapia tradicional relacionada con él es el concepto de reparación del ego. El ego es el «yo», la función ejecutiva, la parte de nosotros que tiene que integrar y manejar la realidad del día a día. La mente es algo lógico, racional, que tiene que tomar decisiones, se sirve del pensamiento y de la memoria, prepara el futuro y se preocupa por él, y le da vueltas al pasado. Siempre está juzgando, transmitiéndonos pensamientos, repasando los datos del pasado, diciéndonos cosas como «Pero imagínate que...» o «¿Y si...?». Por desgracia, la mayoría de los psicoterapeutas intenta constantemente reparar los egos lastimados. Para ellos, el ego queda dañado por unos padres críticos y que no funcionan correctamente, por los traumas infantiles, por las limitaciones físicas ineludibles que tenemos de niños, etcétera. Esos terapeutas están siempre calmando, reparando o incluso hipertrofiando nuestro ego. Sin embargo, lo cierto es que tenemos que aprender a ir más allá del ego.

¡Pero seguro que nos desmoronamos! ¿Cómo podemos funcionar y sobrevivir sin que el ego, la mente diaria, lo controle todo? La respuesta es muy sencilla. Los terapeutas tradicionales se han quedado atascados en la ilusión de que el funcionamiento es el objetivo último, pero en realidad la paz y la alegría interiores son mucho más importantes. Si podemos ir reduciendo gradualmente esa preocupación por el funcionamiento y la adaptación a nuestra sociedad enferma, por adquirir cosas y preocuparnos por lo que pueden pensar los demás de nosotros, nuestra alegría interior empezará a crecer. La mente nos atrapa en el pasado y en el futuro. El ego, que se preocupa, analiza y piensa constantemente, nos impide estar de verdad en el presente, salir de la rutina asfixiante de los condicionamientos. ¿Cómo podemos ver las cosas como existen de verdad en el presente cuando los condicionamientos y las concepciones del pasado, las ideas preconcebidas, las ofuscaciones y los prejuicios se nos meten siempre de por medio? Tenemos que controlar ese ego para poder salvarnos, y salvar después nuestro mundo.

El psicoanálisis es, en esencia, algo no espiritual. Es una disciplina estéril. No enseña nada sobre la inmortalidad, la supervivencia del alma tras la muerte física, los auténticos valores de la vida. No llega hasta las preguntas y los temas que de verdad importan. Cuando funciona, es porque el terapeuta conecta con el paciente a un nivel de verdadero afecto, compasivo. Lo que cura es la relación.

La psiquiatría biológica tampoco llega hasta lo importante. Los nuevos medicamentos para el tratamiento de la depresión, de los cambios de humor y de los estados psicóticos son un medio para lograr un fin, pero no el fin en sí. Hay demasiados psiquiatras que recetan medicamentos y luego se cruzan de brazos. Eso supone una pérdida tremenda. Los medicamentos pueden ayudar a hacer accesible al paciente la terapia psicoespiritual que tiene que darse a continuación, pero prescindir de ella es pasar por alto toda la esencia del tratamiento.

Además, la mayoría de los cientos de libros de autoayuda que hay publicados comporta problemas. Ojalá la terapia fuera tan sencilla, como ponerse una inyección, pero no lo es. Alcanzar un estado de dicha, satisfacción y alegría es difícil. Mantenerlo, una vez alcanzado, es aún más complicado.

Quedarse fuera de la rutina asfixiante no es nada fácil. Buscar en el interior de uno, comprenderse de verdad, fomentar la objetividad y la perspectiva son tareas difíciles que requieren paciencia y mucha práctica. El viaje es arduo y largo, pero vale la pena de principio a fin. Para ser feliz de verdad hay que comprender la vida y la muerte, y tener una naturaleza afectuosa, indulgente, espiritual. La introspección, la meditación, la práctica del amor, la bondad y la caridad son algunos de los pasos que hay que dar en ese camino. Perdonarse a uno mismo y perdonar a los demás, practicar la no violencia y hacer buenas acciones, trabajar para eliminar la rabia, el miedo, la codicia, el egocentrismo y el falso orgullo son otros.

Muchos terapeutas se niegan a considerar la utilización de las técnicas de regresión, sobre todo la regresión a vidas pasadas. Como han documentado repetidamente muchos médicos, suelen darse mejorías, remisiones y curas psicológicas y físicas con una rapidez espectacular. Da igual que se haga una sesión o diez, los resultados de la terapia de regresión son duraderos y cambian la vida del paciente. El crecimiento espiritual, la sabiduría y la paz interior suelen acompañar a la mejoría clínica.

Creo que hay dos motivos principales por los que quienes mandan en la medicina y en la psicoterapéutica son reacios a evaluar, y mucho menos a aceptar, estos enfoques relativamente rápidos, económicos y seguros. El primer motivo es el miedo. El segundo es económico.

Todos sabemos que el miedo a lo desconocido cierra la mente de la gente, que no está dispuesta a correr riesgos razonables, a intentar algo nuevo. Los terapeutas que tienen miedo a aprender nuevas técnicas, a pesar de su mayor eficacia, economía y velocidad, les hacen un flaco favor a sus pacientes y también se lo hacen a sí mismos. Por culpa del miedo, su instinto de ayudar a los demás queda distorsionado. Cabe preguntarse por qué tienen miedo.

Los motivos económicos se deben a la rapidez de los resultados y a la naturaleza duradera de las curas. Por muy espeluznante que resulte reducir la salud mental a un negocio, es cierto que si hay menos sesiones y un menor porcentaje de recaídas, los ingresos serán menores.

La alegría y la felicidad que la práctica de la psicoterapia espiritual puede aportar a los terapeutas y a sus pacientes compensa con creces esas preocupaciones y esos miedos.

Como ya he dicho, las técnicas curativas holísticas y complementarias están extendiéndose por el *establishment* médico, dando un nuevo estímulo al mundo de la sanidad. Las técnicas quiroprácticas, la hipnoterapia, la acupuntura, la medicina naturista, la bioenergética, la meditación, el yoga, el masaje y muchas otras modalidades curativas tienen un alcance cada vez mayor. Con el tiempo, una combinación equilibrada de modelos médicos tradicionales y de un enfoque complementario permitirá a los profesionales de la sanidad curar a la persona como un todo, su cuerpo, su mente y su espíritu.

Esta brisa estimulante no es un huracán que se lleva consigo lo viejo, simplemente. Hay que establecer una armonía entre las técnicas tradicionales y holísticas para formular un programa personalizado que se base en los síntomas y las necesidades de cada paciente.

Si las personas que se dedican a curarnos, sea con la medicinal tradicional o no, están abiertas a las «otras» técnicas, si practican las artes curativas con compasión, habilidad y conciencia y, lo que es más importante, si saben tratar el espíritu además del cuerpo, disfrutaremos realmente de una óptima salud.

11

Los profesores

También tenemos que aprender a no acercarnos sólo a aquellas personas que tengan las mismas vibraciones que nosotros. Es normal sentirse atraído hacia alguien que está en el mismo nivel que uno, pero eso es un error. Hay que acercarse también a las personas con malas vibraciones... y aportarles las nuestras. Eso es lo importante... para ayudarles.

Nuestro camino va hacia el interior. Es el más difícil, el más doloroso. Tenemos la responsabilidad de nuestro propio aprendizaje.

Entre nosotros hay profesores sabios que nos enseñan por dónde tenemos que ir, que allanan nuestro camino espiritual. Por desgracia, también hay muchos falsos profesores. Les guían el orgullo, el ego, la avaricia, la inseguridad u otras fuerzas egoístas, y se hacen pasar por profesores o gurús. Nos dicen qué tenemos que hacer cuando ellos mismos no tienen ni idea. Evidentemente, es peligroso seguir a esas personas, pero ¿cómo podemos nosotros, como individuos de actitud abierta movidos por el amor, separar el grano de la paja?

La clave para distinguir a un profesor de verdad de uno falso es nuestra sabiduría instintiva propia. ¿Nos causan buena impresión esos profesores? ¿Demuestran amor y compasión, practican la no violencia, reducen nuestros miedos? ¿Incluyen a todos los demás grupos, a todos los demás seres humanos como iguales, como almas divinas en el mismo camino del destino? ¿Enseñan que no hay nadie mejor que otro, que todos remamos en la misma galera? ¿Reconocen que, aunque pueden indicar el camino, no pueden «llevar» a nadie a la plenitud espiritual? Sólo usted puede alcanzar su objetivo, porque en el fondo nuestro viaje de regreso a casa es un viaje interior, un regreso personal.

Los gurús pueden enseñarnos técnicas. Pueden ayudarnos a comprender mejor la vida, la muerte y los planos espirituales. Pueden ayudarnos a eliminar miedos y obstáculos. Pueden señalar el umbral, pero los que tenemos que cruzarlo somos nosotros.

En realidad el reino de los cielos existe en nuestro interior, y por eso toda alegría y toda felicidad sale de nuestro interior. No va a rescatarnos nadie. Al experimentar el amor verdadero y alcanzar la iluminación, nos «salvaremos» nosotros mismos.

Hace años había un cómico maravilloso, Flip Wilson, que interpretaba un personaje llamado Geraldine, que hacía cosas «pecaminosas» o egoístas y después se ponía en pie, colocaba los brazos en jarras y declaraba: «El demonio me ha obligado.» Qué proyección tan fuerte. La idea de que no somos responsables de nuestros actos es atractiva. Nos viene de perlas tener a una fuerza externa a la que echarle las culpas.

Hay quien le echa la culpa al destino. Aunque nuestras vidas discurren por cauces predeterminados, el destino no es responsable de nuestros actos. Y al igual que tenemos que hacernos completamente responsables de nuestras conductas negativas y dañinas, también debemos responsabilizarnos de las positivas, las que se basan en el amor. Nadie más puede hacerlo en nuestro lugar.

Ningún demonio puede hacernos daño y, en última instancia, ningún gurú puede salvarnos.

En un congreso que tuvo lugar en Seattle en el que enseñábamos los dos, la brillante académica y mística Jean Houston advirtió a los presentes del peligro de seguir a ciegas a un gurú.

—Recuerde —dijo Jean— que el gurú es una persona y que usted es otra, independiente y autónoma.

Para mi sorpresa y regocijo, al día siguiente la revista *Vanity Fair* me nombraba gurú de Miami.

Un día, al final de la jornada, cuando ya se había ido todo el mundo y la consulta estaba tranquila mientras se iba apagando la luz con el atardecer, entré en un estado de meditación profunda. La jornada había terminado con una nota de frustración y con los años me he dado cuenta de que me relaja meditar en un lugar tranquilo hacia la hora en que se pone el sol.

Mi última paciente del día había vuelto a fracasar en sus intentos de recuperar recuerdos de vidas anteriores. Le costaba muchísimo incluso relajarse y alcanzar estados de conciencia profundos. Siempre se inquietaba al llegar un momento determinado del ejercicio de relajación. Se despertaba espontáneamente y me imploraba que la llevara a un nivel más profundo.

Se trata de una lectora ávida que ha leído muchos libros y artículos de metafísica. Había asistido a numerosos seminarios y talleres de *new age*. Había leído sobre las experiencias de otras personas y había sido testigo de ellas, pero no las había experimentado personalmente. Y estaba ansiosa por conseguirlo.

Recientemente había leído libros sobre Sai Baba, el famoso profesor espiritual de la India, y estaba pensando en viajar hasta allí para visitarle. Creía que quizás él la ayudaría a superar ese punto muerto.

Inmediatamente me di cuenta de que los mensajes y las imágenes que fluían hacia mi conciencia mientras meditaba aquella tranquila tarde le pertenecían a ella, a mi paciente frustrada.

«Nuestra labor no es seguir a Sai Baba —empezó el mensaje—, sino ser Sai Baba.»

Me quedé esperando más pacientemente.

«Él es amor en acción, y tú tienes que ser también amor en acción. Ella tiene una labor en esta vida: manifestar un servicio de amor.»

En aquel momento empecé a ver imágenes de las vidas anteriores de mi paciente, un caleidoscopio de imágenes que pasaban fugazmente ante mí. Vi muchas vidas monásticas y tuve clara la respuesta a su frustración. Había vivido muchas vidas en soledad, en monasterios y en conventos. Había dominado el arte de la introspección, de la meditación en niveles interiores profundos, pero en su vida de ahora tenía que vivir en el mundo real, entre gente real con problemas reales, para ayudarles. Tenía que expresar su amor y su compasión en público.

Y por eso su meditación estaba bloqueada. Si no, habría vuelto a las pautas ya conocidas de ir sólo a estados interiores y habría dejado a un lado el objetivo de su alma en esta vida. No habría vivido en el mundo, entre la gente.

En su próxima sesión le conté esa experiencia de meditación. Al instante se sintió aliviada, como si le hubieran quitado un enorme peso de encima. No era una fracasada; lo que sucedía era que la estaban guiando en el camino que había elegido en esta vida.

Se dio cuenta de que las meditaciones diarias profundas eran, en cierto modo, una asignatura aprobada. Se hizo voluntaria de programas de ayuda a los pobres y a las personas sin hogar y recaudó dinero para muchas instituciones benéficas. Se sentía más feliz que nunca.

Curiosamente, a medida que siguió con todo eso y fue

haciendo más cosas por los demás, fue recuperando la capacidad de meditar. Se sentía tan equilibrada y bien que dimos por terminadas nuestras sesiones.

«Nuestra labor no es seguir a Sai Baba, sino ser Sai Baba.»

Con el tiempo le quedará todo claro, pero tiene que tener oportunidad de digerir el conocimiento que ya le hemos dado.

Hace años intervine en una reunión *new age* de gran envergadura celebrada en Los Ángeles. Casi cuarenta mil personas se inscribieron y pagaron para escuchar a toda una serie de ponentes muy diversos, desde profesores de universidad y científicos serios hasta oportunistas advenedizos que soltaban sus sermones. Había médicos junto a dirigentes de sectas. Yo no lo entendía muy bien. ¿Cómo saber quién era quién entre aquella gente? ¿Puede saberse algo a través de sus referencias? Me entraron ganas de proteger a los cuarenta mil asistentes.

En primer lugar, era fácil descartar a los ponentes originarios de otras galaxias. Después, el 95% de los canalizadores estaban comunicándose con su subconsciente o bien creando conscientemente sus «mensajes del más allá». En tercer lugar, decidí que era fácil descartar las toneladas de cristales que se vendían en cientos de puestos en la zona de la convención. Sin embargo, la música era muy bonita y la gente sumamente agradable.

Asistí a muchas conferencias y talleres. Algunos de los ponentes eran muy buenos, sobre todo los científicos; estaba claro que tenían muchas cosas que enseñar. Otros eran malísimos. Mientras escuchaba afirmaciones de algunos ponentes, a cual más descabellada, sin ningún dato o estudio que las corroborase, me fijé en la reacción del público. Me quedé consternado al ver que muchos asistentes iban asintiendo, aceptándolo todo sin reflexionar ni rebatir nada.

La mayoría de los cuarenta mil había ido porque quería algo más en su vida. Muchos buscaban confirmación de sus propias experiencias psíquicas e intuitivas. Querían nuevas experiencias y perspectivas. Querían desarrollarse. Querían que los estimularan. Querían lo que queremos todos: una forma de encontrar y vivir la alegría y la paz.

Sin embargo, en su mayoría se habían dejado en casa el espíritu crítico.

Me habría gustado dirigirme a los cuarenta mil en pleno para decirles que dejaran de buscar respuestas externas, remedios instantáneos, curaciones rápidas, para decirles que miraran en su interior. Ahora voy a dar unos consejos que no pude proporcionar a aquellas cuarenta mil personas que tantas ganas tenían de cambiar sus vidas.

Sea más espiritual. Dedique más tiempo a rezar, a dar, a ayudar a los demás, a amar. Hágase voluntario y exprese generosidad y amor. Despréndase del orgullo, del ego, del egoísmo, de la rabia, de la culpa, de la vanidad y de la ambición. Pase menos tiempo acumulando cosas, preocupándose, estancado en el pasado o en el futuro, haciendo daño a los demás o demostrando cualquier tipo de violencia.

No acepte nunca ninguna idea antes de contrastarla con su sabiduría intuitiva. ¿Es algo que fomenta el desarrollo del amor, de la bondad, de la paz y de la unidad? ¿O algo que promueve la separación, la división, el odio, el egocentrismo y la violencia?

Usted es inmortal. Está aquí para aprender, para saber más, para ser divino. Lo que aprenda aquí seguirá con usted cuando muera. No podrá llevarse nada más. Es así de sencillo. El reino de los cielos está en nuestro interior. Deje de buscar gurús. En vez de eso, búsquese a sí mismo. No tardará en encontrar su verdadero hogar.

12

Los videntes y los médiums

En el estado espiritual se aprende mucho más deprisa, mucho más rápido que en el físico, pero elegimos lo que tenemos que aprender. Si tenemos que regresar para trabajar mediante una relación, regresamos. Si ya hemos terminado ese tema, seguimos. Quienes están en forma espiritual siempre pueden ponerse en contacto con los que están en estado físico si quieren, pero sólo para cosas importantes... Si hay que contarles algo que tienen que saber.

A veces se puede aparecer ante esa persona y tener el mismo aspecto que cuando se estaba en estado físico. O se puede establecer simplemente un contacto mental. A veces los mensajes son crípticos, pero la mayoría de las veces la persona sabe a qué se refieren. Comprenden que es contacto mental.

Según mis investigaciones y experiencias con miles de pacientes y mis averiguaciones sobre los poderes de algunos de los médiums psíquicos con más poderes del mundo, al parecer no estamos solos en el universo. Más allá de nuestra dimensión física, el mundo «oculto» parece que se encuentra habitado por toda una serie de espíritus de distintos desarrollos y capacidades. Algunos han evolucionado mucho y otros poco. Algunos han vivido vidas físicas en la Tierra y están entre existencias. Otros ya han «terminado» y no tienen que regresar, a no ser que quieran hacerlo para ayudar a la humanidad. Y aún hay otro grupo que no se ha encarnado en nuestro mundo físico y nos ayuda desde el otro lado.

Da igual que les llamemos espíritus, ángeles o guías. Existen numerosas pruebas de su existencia, que han ido recogiendo muchas culturas y religiones diversas a lo largo de los siglos.

Los bebés y los niños pequeños suelen ser conscientes de los espíritus y las energías de amor que hay a nuestro alrededor, pero su capacidad de comunicación es limitada. Los adultos tendemos a no creerles y relegamos sus observaciones y percepciones al campo de la imaginación y la fantasía. Y sin embargo, las cosas que ven u oyen suelen ser muy reales.

Cuando morimos y abandonamos el cuerpo físico, pasamos al nivel de conciencia en el que nos sentimos más cómodos. Cuanto más amor y sabiduría experimentemos, más avanzados estaremos en el otro lado.

Sigue sorprendiéndome la similitud de los conocimientos que me transmiten mis pacientes cuando están en estados meditativos o hipnóticos profundos. Gente que no ha acabado los estudios, físicos nucleares, abogados y atletas profesionales me cuentan prácticamente las mismas cosas sobre el estado espiritual y nuestro objetivo en la Tierra, lo que da bastante credibilidad a sus experiencias.

Quiero subrayar una vez más que esos descubrimientos son médicos y que los he ido acumulando a partir de muchos cientos de pacientes. Encontrar tanta similitud y tantas correlaciones es algo sumamente significativo desde el punto de vista estadístico.

A algunos individuos se les da mejor comunicar conocimientos de fuentes espirituales. El vidente estadounidense Edgar Cayce fue un ejemplo de ello, y su obra se ha estudiado y analizado detenidamente. Todos hemos oído hablar de los poderes de algunos videntes y clarividentes de Oriente, como Paramahansa Yogananda, pero en Occidente también hay personas con dotes parecidas. He tenido la suerte de conocer a algunas y he sido aún más afortunado al poder comprobar que su trabajo da validez a las experiencias y las historias de mis pacientes.

Yo evalúo mis experiencias con la mente preparada de un psiquiatra. Ser analítico es completamente compatible con ser abierto de miras. He conocido a personas con poderes increíbles y también a otras con dotes limitadas o inexistentes.

Los espíritus, lo mismo que la gente, tienen muchos niveles. Los de los niveles inferiores pueden transmitir mensajes equívocos o incluso perjudiciales, normalmente a personas con poderes de médium limitados o faltos de un desarrollo espiritual adecuado. Los espíritus de niveles superiores parecen accesibles sólo a personas con un desarrollo espiritual superior y a quienes tienen una intención genuina, a los que no poseen motivaciones ulteriores para enriquecerse a costa de los demás.

Cuando una persona conoce a un vidente o a un Sabio cuya motivación es ayudar a los demás a comprender, curar los corazones y ayudarles en su trayecto espiritual, puede sufrir un cambio profundo de su conciencia. El mundo le parecerá diferente, lleno de seres ocultos que están aquí para ayudarnos e inundado de una energía de amor que refresca y renueva su alma.

Puede que usted mismo experimente espontáneamente otros hechos que transformen su vida. Los sueños, las experiencias de *déjà vu*, los episodios de clarividencia y otros sucesos paranormales (incluidas las experiencias cercanas a la muerte) pueden provocar un despertar permanente a la verdadera naturaleza de la realidad. La meditación puede aumentar la posibilidad de que sucedan una o más de esas experiencias.

Sin embargo los seres humanos tendemos a olvidar, o al menos a racionalizar y minimizar, cualquier experiencia que consideramos «improbable» o «extraordinaria». Es más, dejamos que la mente «lógica» reste el significado espiritual a la experiencia. Alguien dijo una vez que lo que llamamos coincidencias, en realidad son las huellas dactilares de Dios.

No puedo inducir regresiones a un número suficiente de ustedes, ni formar a bastantes terapeutas para que traten a todo el mundo (y me refiero a todo el planeta). Pero lo que sí puedo es compartir estas historias y experiencias verdaderas con ustedes, recordándoles una vez más su naturaleza espiritual y que en todo momento les llena y les rodea una energía de amor y ayuda.

Como decían los místicos cristianos, no se trata de seres humanos que tienen una experiencia espiritual, sino de seres espirituales que tienen una experiencia humana.

A medida que he ido explorando más y más en la mente humana y en los límites de la conciencia, me he topado con gente con poderes extraordinarios. Algunos acceden a información que normalmente no puede conseguirse a través de los cinco sentidos. Parece como si tuvieran un sexto sentido, un conocimiento o una intuición interiores, y a veces la información recibida de ese modo puede ser bastante precisa.

Otros tienen poderes de médium, la capacidad de recibir y transmitir mensajes y conocimientos de seres «del otro lado», sean guías espirituales, seres queridos ya fallecidos u otras fuentes de conciencia situadas fuera de los límites habituales del cuerpo y del cerebro.

A la gente que de verdad tiene aptitudes no le hace falta engañar, utilizar trucos o magia. Saben cosas que no «pueden» saber según nuestra concepción actual del funcionamiento de la mente humana. Sus dotes son auténticas.

Por otro lado, el campo de los videntes y los médiums

está repleto de oportunistas, farsantes y manipuladores. Es muy importante ser capaz de separar a los auténticos de los falsos.

He aquí algunas reglas generales:

1. Todos tenemos poderes psíquicos y muchas más aptitudes intuitivas de las que conocemos o utilizamos. Sopese detenidamente cualquier dato o material que reciba de un vidente, de acuerdo con su propia sabiduría intuitiva. Si la información que le ha dado no le parece correcta o no encaja, es probable que sea incorrecta. También usted tiene poderes psíquicos.

2. Es inevitable que el vidente o el médium procese toda la información que recibe antes de transmitírsela a usted, por lo que puede quedar sensiblemente distorsionada por los procesos mentales de esa persona. El alcance de la distorsión depende de los intereses individuales del médium. Los videntes son seres humanos, e incluso uno con poderes puede transmitir información distorsionada si se entrometen sus problemas, estados de ánimo, preocupaciones o deseos personales.

3. Los oportunistas suelen cobrar mucho dinero, intentan que la persona dependa de sus consejos y les considere «especiales», con poderes que nadie más posee, o gurús a los que hay que seguir. Cuando se percate de estas tácticas, salga con la mayor rapidez que le sea posible.

Me sorprendió mucho descubrir que en Suramérica, los médiums y los curanderos con poderes de verdad —muchos de los cuales se ganan la vida con otras profesiones—, se desplazan a menudo hasta la casa de personas con problemas financieros que necesitan su ayuda o sus cuidados. Piden permiso en el trabajo, se pagan ellos mismos el transporte y no les cobran nada a sus pacientes.

4. El crecimiento verdadero es un proceso interior. Aunque un vidente puede ayudarle a descubrir cómo acceder a

su sabiduría interior, con la suficiente meditación usted se convertirá en su propio vidente y superará la necesidad de indicaciones externas. Sin embargo, al principio la validez que dé un vidente o un médium que trabaje con una distorsión mínima puede ser de mucha ayuda.

5. Los poderes de videntes o de médiums no se corresponden necesariamente con la evolución espiritual. Algunos médiums con muchas aptitudes se han comportado de forma muy egoísta, incluso vilmente. No le confiera una categoría espiritual injustificada a alguien simplemente porque tenga poderes paranormales extraordinarios. Se presta a que le manipulen y abusen de usted si cree que porque un médium tiene poderes es necesariamente una persona íntegra.

6. También es conveniente recordar que, en su mayoría, los médiums y los videntes no son terapeutas ni especialistas en salud mental con formación en técnicas terapéuticas. No espere que sus miedos, sus síntomas o sus problemas desaparezcan milagrosamente tras una sesión de videncia. No se haga ilusiones de que vaya a producirse una interpretación terapéutica que de repente haga que encajen todos sus problemas y le permita comprender algo que le cure. Lo que hacen no es eso. Les faltan años de formación, en su mayoría, y no están preparados para analizar e interpretar el material que pueda surgir. Lo perciben y se lo presentan. Puede que consigan vislumbrar algo de otro mundo y que eso sea de sumo valor para curarle, pero eso no es psicoterapia.

Si un médium le cuenta algo inexacto o incluso perjudicial, recuerde que no se trata necesariamente de un terapeuta preparado y compasivo. Juzgue al médium, en caso necesario, como juzgaría a otra persona. No renuncie a su autoridad o a su integridad ante nadie.

7. Aunque a menudo admiramos e incluso envidiamos a personas que tienen grandes poderes como vidente o médium, no debemos perder de vista cuáles son nuestros auténticos objetivos. Estamos aquí para aprender y para desarro-

llarnos como seres espirituales, para sentir más amor y más compasión, para alcanzar un equilibrio y una armonía en nuestras vidas, para sentir y mantener una paz interior. No estamos aquí, aunque también en este caso hay algunas excepciones, para convertirnos en videntes famosos. Los poderes de videncia pueden aumentar a medida que avanzamos por nuestro camino espiritual, pero no son el objetivo. Señalan el camino, arrojan cierta luz sobre el recorrido, pero no son un fin en sí mismos.

Hace años oí una historia sobre Buda y sus discípulos. Un día que estaban meditando en un jardín tranquilo, uno de los discípulos, que se encontraba en un estado meditativo profundo, se puso a levitar. Al darse cuenta de que su cuerpo se levantaba del suelo, se sintió muy emocionado y orgulloso de su logro. Abandonó la meditación y observó que tocaba el suelo de nuevo. Se levantó y fue hacia donde estaba Buda.

—He dominado la levitación —anunció el discípulo.

—Está bien —respondió Buda—, pero que eso no te distraiga de tu meditación.

8. Algunas personas con poderes parecen capaces de comunicarse con espíritus del otro lado. No importa cómo interpretemos los posibles métodos y mecanismos: está sucediendo algo muy real y de mucha fuerza. El que alguien haya muerto y regresado a su forma espiritual no le confiere inmediatamente una gran sabiduría. Lo mismo puede decirse de los guardianes y los guías espirituales. Existe una jerarquía con distintos niveles, desde los espíritus ignorantes y estúpidos hasta los que son maestros muy avanzados. Evidentemente, es importante distinguir las diferencias. Si alguien transmite un mensaje de un espíritu estúpido e ignorante, ¿por qué motivo va a escuchar usted lo que dice? Entonces, ¿cómo saber de quién procede el mensaje? También en este caso hay que utilizar la sabiduría intuitiva. Puede reconocer a los espíritus de nivel avanzado por su exactitud y por el contenido de amor

de sus mensajes. Suelen tener acceso a detalles privados que dan validez a la experiencia.

9. El médium puede recibir mensajes del otro lado en forma de símbolos, metáforas o visiones. Esa parte de la comunicación puede ser muy precisa. Sin embargo, si el médium intenta interpretar o comprender el símbolo, introduce con frecuencia distorsión en el mensaje. La interpretación del médium puede ser engañosa o inexacta. Por ejemplo, puede que el médium vea una rosa y le pregunte al cliente si tiene un jardín o si las flores son importantes para él. Eso puede confundirle. En realidad, la imagen puede ser una referencia a la abuela del cliente, que se llamaba Rosa. Lo ideal es que el médium describa sólo lo que vea: «¿"Rosa" significa algo para usted?»

En ocasiones, en especial cuando los mensajes recibidos llegan en forma de palabras, el médium puede creer que la comunicación es poco clara, como si estuviera escuchando una radio con muchas interferencias. En esas condiciones, las palabras pueden malinterpretarse. Esa «interferencia» explica por qué los médiums suelen pedirles a los espíritus con los que están en contacto un «sí» o un «no» por respuesta. Eso les indica si están interpretando o leyendo con precisión las señales recibidas.

10. Los videntes y médiums con poderes pueden ayudarnos muchísimo, sobre todo cuando vislumbran el otro lado y nos transmiten mensajes de nuestros seres queridos fallecidos. A través de ellos experimentamos la realidad de la vida después de la muerte, la naturaleza de nuestras almas inmortales, las oportunidades de reencontrarnos con nuestros familiares y amigos. Pueden aconsejarnos sobre el modo de vida que llevamos, sobre valores, sobre lo que es importante y lo que no lo es. Sin embargo, en última instancia tenemos que experimentar todas esas cosas directamente, en nuestro interior. Cuando experimentamos es cuando sabemos de verdad. Cuando oímos o vemos o sentimos directamente a nuestros seres queridos fallecidos es cuando sabe-

mos que sólo estamos separados temporalmente. Cuando podemos experimentar directamente lo divino, con éxtasis y asombro, es cuando despertamos como los sabios y los místicos despertaron antes que nosotros.

Hay muchas formas de aumentar la sensibilidad de la propia videncia. Escuche sus intuiciones y confíe en ellas. Observe si a menudo son correctas. Por ejemplo, cuando suena el teléfono intente adivinar quién llama. El primer nombre o la primera idea que le venga a la mente será el más acertado. Practique juegos de intuición parecidos siempre que tenga oportunidad (por ejemplo, de qué color va a ir vestido un amigo con el que se tiene que ver). Muchos de los ejercicios que figuran al final de este libro, como la psicometría, «Las caras», el rastreo de energía y las visualizaciones, también le permitirán practicar más y perfeccionar sus dotes de videncia e intuitivas. También pueden manifestarse esos poderes cuando realice esos ejercicios. Las dos meditaciones más largas del Apéndice B supondrán también una práctica muy útil.

El arte de la meditación se trata también en detalle más adelante. La práctica habitual de la meditación o una técnica introspectiva relacionada abren asimismo los canales psíquicos y permiten experimentar directamente el mundo psicoespiritual. Querer abrirse a experiencias de videncia también es importante. Antes de irse a la cama, dígase que tiene que ser receptivo ante sueños y mensajes psíquicos. Intente que se presenten y acuérdese de anotar sus experiencias al despertar.

Incluso la conciencia creciente de que su naturaleza verdadera es espiritual servirá para aumentar las posibilidades de tener experiencias místicas y psíquicas. Su mente se sentirá más cómoda y a gusto con fenómenos de ese tipo y dará pie a que se den más. Como ha dicho el escritor Wayne Dyer, «lo verá cuando lo crea».

Una de mis pacientes estaba sufriendo mucho por la muerte de su hijo, que había fallecido en 1994 a los trece años. Fue algo repentino, inesperado, debido a una hipertrofia del corazón que no le habían diagnosticado. Su hermana estaba con él cuando murió.

La familia empezó a visitarme para intentar superar la tragedia. Dos años después, la madre entró en mi consulta con su marido y sus hijas, una de doce años y la otra un bebé que tenía hambre y estaba inquieto. Se fue con la pequeña para darle el pecho mientras los otros dos se quedaban conmigo en la consulta.

Empezamos a hablar de coches, y de repente el hombre se puso muy triste.

—¿Qué pasa? —le pregunté.

—Mi hijo tendría ahora quince años y yo estaría enseñándole a conducir, si estuviera vivo... Siempre me había hecho ilusión conducir con él, y ahora nunca tendré oportunidad de hacerlo —dijo en voz baja.

Hablamos de su tristeza durante un momento y después pasamos a otros temas.

Cuando regresaron la madre y el bebé, empecé un ejercicio de imágenes guiadas con ella y con la otra hija. El padre iba paseando con el bebé en brazos por la parte de atrás de la consulta para que se durmiera. Les pedí a las dos que se imaginaran un cofre muy hermoso y que lo llenaran con las cosas que de verdad necesitaban en sus vidas. La madre se puso a llorar en silencio.

Después le pregunté qué había experimentado.

—He visto a mi hijo —contestó— y para mí era muy vívido y real. Me he puesto a meterlo en el cofre y entonces me ha hablado. «No tienes que meterme en el cofre», ha dicho. Le he contestado que quería que estuviera siempre conmigo, y entonces me ha respondido: «Estoy contigo en todo momento. Os quiero a todos. Dile a papá que tiene razón. Me encanta conducir con él, sobre todo cuando está solo.»

Ella no sabía nada de la tristeza ni de los lamentos de su marido, ni de nuestra conversación de un rato antes. La visión de su hijo y la conversación la ayudaron mucho a empezar a superar su dolor. Era una experiencia propia, y de inmediato le dieron validez su marido y su hija. Había establecido contacto con su hijo. Tenía la sensación de que había hablado con él de verdad. Su familia se sintió unida gracias a esa experiencia directa con él. Seguían sufriendo, pero había empezado su recuperación.

Todos somos seres espirituales. Todos somos capaces de tener experiencias de videncia directas, como aquella madre con su hijo muerto.

Sin embargo, para la mayoría de nosotros es más fácil recibir esos mensajes del otro lado de un modo algo más indirecto, a través de un médium que tenga poderes de verdad y buen corazón. Las consecuencias de esos mensajes de nuestros seres queridos muertos pueden tener también mucha fuerza y cambiar nuestra vida.

13

Mensajes extraordinarios

En este planeta se permite que algunas almas se manifiesten a las personas que siguen estando en forma física. Se les autoriza a regresar... En este plano se acepta la intercomunicación. Aquí es donde se deja utilizar los poderes psíquicos para comunicarse con personas que están en forma física. Hay muchas formas de hacerlo. Algunos reciben el poder de la vista y pueden mostrarse a las personas físicas. Otros tienen el poder del movimiento y son capaces de mover objetos telepáticamente. Muchas personas eligen venir porque se les permite ver a seres muy queridos que todavía están en forma física.

Char, excelente vidente y médium, le hizo una lectura a Amy, mi hija adolescente. El día antes, Carole y yo habíamos asistido al entierro del abuelo de David, un gran amigo de Amy. Mi hija le conocía como Buzzy, que era su apodo.

—Tengo un mensaje para alguien que se llama David —le dijo Char—. Es de su abuelo, de Howard... o Harold.

Continuó con una precisión pasmosa. Amy ni siquiera sabía que el verdadero nombre de Buzzy era Howard.

—Diles que les quiere y que se encuentra bien. Está con Max y Sam.

Ninguno de nosotros conocía a Max ni a Sam. Al día siguiente nos enteramos de que Sam era el padre de Buzzy, y Max un gran amigo suyo que había sido su socio durante veinticinco años.

No morimos cuando muere nuestro cuerpo físico. Una parte de nosotros sigue existiendo. Espíritu, alma, conciencia. Es como atravesar un umbral para entrar en otra habitación mayor, con más luz, maravillosa.

Por eso no tenemos que temer. Siempre nos rodea el amor. Nuestros seres queridos no nos abandonan nunca. Todos somos almas hermosas e inmortales. Estamos en un cuerpo durante un tiempo, pero nuestra esencia no es ese cuerpo.

Cuando mis pacientes u otras personas reciben mensajes de seres queridos que han muerto, los recados tienen un parecido increíble. Pueden recibirlos en regresiones, en sueños, a través de médiums o por cualquier otro sistema, pero siempre hay un tema común.

«Te quiero. Me encuentro bien. Cuídate y no sufras tanto por mí.»

Siempre nos dicen que no lloremos por ellos, saben algo que nosotros hemos olvidado.

Son inmortales, lo mismo que nosotros.

Una de las experiencias más importantes de mi vida sucedió cuando recibí un mensaje extraordinario durante una regresión con Catherine. Se los cuento para que conozcan un momento que cambió mi vida para siempre. La tragedia más terrible de mi existencia había sido la muerte repentina de nuestro primer hijo, Adam, cuando sólo tenía tres semanas, en 1971. Unos diez días después de llevárnoslo del hospital a casa había empezado a tener problemas respiratorios y vómitos explosivos. El diagnóstico fue muy difícil. «Drenaje venoso pulmonar anómalo total con efecto septal atrial —nos dijeron—. Se da aproximadamente en uno de cada diez millones de nacimientos.» Las venas pulmonares, que en teoría tienen que llevar sangre oxigenada hasta el corazón, estaban mal encaminadas y entraban en el corazón por el otro lado. Era como si tuviera el corazón girado, del revés, algo muy, muy poco habitual.

Ni una operación heroica a corazón abierto pudo salvar a Adam, que murió pocos días después. Lo lloramos durante meses, con nuestras esperanzas y nuestros sueños destrozados. Un año después nació nuestro hijo Jordan, que fue un bálsamo para nuestras heridas.

En el momento de la muerte de Adam empecé a dudar de la elección profesional que había hecho al decantarme por la psiquiatría. Estaba contento con el internado que hacía y me habían ofrecido un puesto de residente en medicina general.

Tras la muerte de Adam decidí firmemente hacer de la psiquiatría mi profesión. Me enfurecía comprobar que la medicina moderna, con todos sus conocimientos y sus técnicas tan avanzadas, no hubiera podido salvar a mi hijo, a aquel bebé.

Por otro lado, mi padre había disfrutado de una salud excelente hasta que tuvo un infarto grave a principios de 1979, a los sesenta y un años. Sobrevivió al primer ataque, pero le quedó la pared cardíaca dañada irreparablemente y murió tres días después. Eso sucedió unos nueve meses antes de mi primera sesión con Catherine.

Mi padre era un hombre religioso, más ritualista que espiritual. Su nombre hebreo, Avrom, le quedaba mejor que el inglés, Alvin. Cuatro meses después de su muerte nació nuestra hija, a la que pusimos Amy en memoria de su abuelo.

Y entonces, en 1982, estando en mi consulta, tranquila y oscura, empezó a caerme encima una cascada ensordecedora de verdades oscuras, secretas. Nadaba en un mar espiritual y el agua me encantaba. Sentía la piel de gallina en los brazos. Catherine no podía en modo alguno conocer esa información. Ni siquiera había dónde buscarla. El nombre hebreo de mi padre, el hecho de que mi hijo hubiera muerto al poco de nacer a consecuencia de un defecto cardíaco que se da en un bebé de cada diez millones, mis cavilaciones sobre la medicina, la muerte de mi padre y el porqué del nombre de mi hija... Eran demasiadas cosas, demasiado concretas, demasiado ciertas. Aquella sencilla técnica de laboratorio servía de conducto para un conocimiento trascendental. Y si podía revelar esas verdades, ¿qué más había por descubrir? Decidí que tenía que saber más cosas.

—¿Quién? —farfullé—. ¿Quién hay ahí? ¿Quién te dice esas cosas?

—Los Sabios —susurró—. Me lo dicen los espíritus sabios. Me dicen que he vivido ochenta y seis veces en estado físico.

La respiración de Catherine se hizo más lenta y dejó de girar la cabeza de un lado a otro. Estaba descansando. Yo quería seguir, pero pensar en las consecuencias de lo que había dicho me distraía. ¿De verdad había vivido ochenta y seis vidas anteriormente? ¿Y qué había de esos «Sabios»? ¿Era posible que unos espíritus guiaran nuestras vidas?

El mensaje sobre mi padre y mi hijo me abrió la mente a la posibilidad de la eternidad y de los fenómenos paranormales. Tras esas y las subsiguientes experiencias con otros pacientes, mis valores se acercaron más a lo espiritual y se alejaron de lo material, se acercaron a la gente y las relaciones y se alejaron de la acumulación de cosas. Me volví más consciente de qué nos llevamos con nosotros y qué no. En realidad, antes de aquellas experiencias ni siquiera creía que una parte de nosotros sobreviviera a la muerte física.

En mis viajes por Brasil, un país avanzado espiritualmente, he conocido a muchas personas con aptitudes e iluminadas. En concreto, una médium llamada Celia me impresionó mucho.

Un amigo me llevó de forma espontánea a una sesión de grupo que dirigía Celia en una zona de gente trabajadora de Rio de Janeiro. Ella no sabía nada ni de mí ni de mis libros y sólo hablaba portugués, por lo que mi amigo actuó de intérprete.

Me senté en las primeras filas del auditorio. La gente había escrito nombres en trocitos de papel y luego los había ido poniendo en una cesta. Celia tomó esos papeles, los revolvió y, sin mirar, dijo en voz alta algunos nombres. La gente, al reconocer los de sus seres queridos ya fallecidos, se acercaba al pequeño podio en el que se había sentado Celia. A veces subían individuos o parejas, a veces familias enteras.

La emoción de sus rostros, reflejada en su lenguaje corporal, era genuina y espontánea. Entre el público había más de ochocientas personas de todas clases sociales. Nadie sabía si le iban a llamar.

Pocas veces he visto a alguien trabajar tan rápido como Celia. De su boca fue manando un torrente de nombres exactos, descripciones de características físicas y rasgos de personalidad, una especie de cascada de datos. No sólo sabía cómo había muerto la gente, sino que además estaba al tanto de detalles privados y confidenciales de la vida de la persona fallecida, detalles que para las familias fueron sumamente reconfortantes. Sus palabras surgían con una fuerza que contrastaba con su cuerpo, pequeño y frágil, de una mujer de sesenta y cinco o setenta años. Medía menos de metro y medio y necesitaba un inhalador para mantener a raya el asma.

Hubo dos historias extraordinariamente conmovedoras. Celia dijo el nombre de un hombre, y su madre, su padre y su hermana subieron al podio. Me di cuenta de que la familia temblaba mientras Celia iba describiendo con detalle el terrible accidente automovilístico en el que había muerto el joven. Les dijo que se encontraba bien y que les quería, pero que no estaba solo. Otros dos jóvenes habían muerto con él en el accidente. Celia dijo dos nombres más y, en una escena surrealista, las familias de las otras dos víctimas se acercaron al podio. El padre de uno de esos chicos se quedó en pie detrás de los demás, muy rígido y algo distante; se notaba que estaba luchando por controlar sus emociones. Los demás lloraban y se abrazaban.

Celia se dirigió a la mujer del hombre distante.

—No te sientas tan culpable. Ahora los tres se encuentran bien —le dijo.

Su hijo era el que conducía el coche y, al parecer, el responsable del accidente, lo que hacía sufrir aún más a la madre.

—Os quieren mucho —prosiguió Celia, y a continuación añadió otros muchos detalles personales.

Entonces miró con detenimiento al hombre que se había situado rígidamente detrás de los demás. Se levantó y, aunque estaba encima de un podio, tras una mesita, y ellos seguían en el suelo, temblando, su cabeza no se levantaba mucho por encima de las demás. Quería verle con más claridad aún.

—Tu hijo me dice que a ti aún te cuesta más aceptar todo esto, que para ti es más difícil porque eres ingeniero.

El hombre asintió para corroborar la exactitud de esas observaciones.

—Dice que puedes dejar de discutir por lo de la alfombra. Ya no tiene importancia.

Al oír ese comentario, el padre se derrumbó. Abrazó a su mujer y rompió a llorar. Los demás no lo sabían, pero al parecer llevaba un tiempo discutiendo con su mujer por una alfombra de la casa. El padre insistía en que el polvo de aquella alfombra era el responsable de las alergias y de los ataques de asma de su hijo. Sin embargo, la mujer estaba convencida de que aquella alfombra que tanto le gustaba no tenía nada que ver en las alergias y el asma de su hijo, y se negaba a deshacerse de ella.

La naturaleza sumamente personal de aquella observación traspasó el intelecto del hombre y le llegó al corazón. Ya no podía seguir negando lo que experimentaba. Abrazó a su mujer con fuerza y sollozaron juntos; sabían que su hijo seguía vivo en espíritu, sabían que no somos nuestros cuerpos, que nunca morimos de verdad.

Después de otras comunicaciones emotivas y precisas con el otro lado, Celia pronunció el nombre de un hombre que había muerto asesinado a tiros tres semanas antes. Su mujer y sus dos hijos, los dos médicos, avanzaron hasta el podio.

Los mensajes que entregó Celia estaban llenos de detalles. Después describió el tiroteo y el tratamiento médico posterior. Utilizó términos médicos muy precisos e incluso se adentró en las complejidades de la física cuántica. Me pareció poco probable que Celia tuviera preparación específica en medicina o en física, y mi traductor me confirmó que no.

Mientras el muerto transmitía su amor por su familia, los tres se abrazaban con fuerza. El proceso curativo por el que estaban pasando era palpable en toda la sala, pero Celia no había terminado. Todavía tenía que entregar un hermoso mensaje espiritual.

—Aprecia vuestra comprensión y vuestro amor, pero también quiere que comprendáis al hombre que le disparó. No os aferréis a la rabia. Ese hombre está en un nivel inferior y todavía no comprende las leyes espirituales. Va a pagar un precio muy caro por sus actos y, sin embargo, necesita ayuda porque es ignorante. Necesita vuestras oraciones. No comprendía lo que hacía, y por tanto no hay que juzgarle.

Tras sesenta o setenta sesiones, Celia se tomó un descanso. Me llevaron a una sala pequeña con unas doce personas más. Celia ya estaba descansando en una silla y me presentaron como un médico famoso de Estados Unidos que escribía y daba conferencias sobre la reencarnación y otros temas espirituales. A juzgar por las preguntas que hacía sobre mi trabajo, era evidente que Celia no los conocía ni me conocía a mí. Entonces me deseó todo lo mejor en mi tarea y yo elogié su capacidad. Coincidimos en que lo único que de verdad importa es el amor incondicional.

De repente, y sin que se notara ningún cambio en su voz ni en su tono, empezó a transmitirme mensajes.

—Tu hijo Adam está aquí, y quiere que sepas que ya tiene el corazón bien colocado. Os vigila y protege a su hermano, Jordan, y a su hermana, que lleva el nombre del padre. Quiere mucho a su madre, Carole. [Dijo «Caroli».] Su muerte fue importante para que tuvieras paz y serenidad más adelante, a través de tu trabajo.

El padre y el tío de Carole, ambos muertos desde hacía muchos años, eran los únicos que pronunciaban así su nombre. Era una especie de apelativo cariñoso.

La voz de Celia cambió ligeramente de tono y se hizo más seria.

—Tu labor espiritual es buena; es correcta y adecuada. No te desanimes... Prosigue. Tu trabajo está ayudando en todas partes, incluso al otro lado, y seguirá aumentando todavía más.

Mientras las palabras de Celia me llegaban a la mente y al corazón, recordé los mensajes de Catherine, diecisiete años antes, mensajes emocionantes de mi padre y de mi hijo Adam que cambiaron mi vida. Me estremecí, pasados diecisiete años.

Era consciente de que Celia no sabía nada de mí ni de mi familia y que no había leído mis libros. Su precisión me puso la piel de gallina.

Después de tantos años, los «milagros» siguen sorprendiéndome.

Celia no sabía que de vez en cuando me desanimo al darme cuenta de que las exigencias del trabajo me mantienen alejado de la familia y los amigos, ya que no hay forma humana de rehusar a las muchas solicitudes de ayuda que recibo, y también por los continuos ataques de los escépticos y de los críticos. Las palabras de Celia dieron nueva vida a mi corazón y refrescaron mi alma.

Aquellas ochocientas personas y yo estábamos compartiendo una experiencia extraordinaria. Al regresar a la sala grande, sentía la energía de paz y amor que llenaba el edificio. Hablé brevemente con las cuatro familias cuyos mensajes he descrito. Ninguno de ellos conocía a Celia ni a sus colaboradores ni había hablado con ellos antes de su intervención aquel día.

A la mañana siguiente llamé a mi amigo para agradecerle que me hubiera llevado a ver a Celia. Me dijo que, después de que yo me hubiera ido, había hablado con ella, que le había dicho que cuando estuve en la salita con ella había muchos más espíritus esperándome. Muchos intentaban comunicarse conmigo para transmitirme mensajes, pero ella no quiso abrumarme, así que se detuvo tras el de Adam. Me sentía algo desilusionado. Quería oír y experimentar mucho más, pero lo cierto es que estaba satisfecho con lo que había observado y escuchado durante todo el día, y mi desilusión se desvaneció rápidamente.

Unos años antes, James van Praagh, el médium estadounidense que escribió el éxito internacional *Talking to Heaven* (*Hablando al cielo*) y que ahora ha publicado *Reaching to Heaven* (*Tendiendo las manos al cielo*) había predicho que mi trabajo llegaría a públicos cada vez más amplios. Me dijo que estaba en un período de transición a un nivel de influencia mundial aún más alto, porque el planeta necesitaba desesperadamente una guía espiritual y una fusión de ciencia y espiritualidad.

Mi mente escuchó aquellas predicciones, pero en el fondo no me las creí. Tenía la impresión de que había demasiada oposición y demasiado escepticismo por medio. Llevaba nueve años dejándome la piel con mis enseñanzas sobre la verdad y la realidad de la vida después de la muerte, la reencarnación y el amor divino. Durante nueve años me habían ridiculizado y se habían burlado de mí por enseñar que el amor nunca se termina, que ni nosotros ni nuestros seres queridos morimos al morir nuestros cuerpos, que seguimos existiendo y amando como espíritus, y que en caso necesario regresamos al estado físico. Sabía que estaba enseñando la verdad, pero hay muchísima gente que tiene la mente cerrada. ¿Cómo podía llegar mi trabajo a un nivel superior? ¿Y por qué entonces?

Durante la estancia en Brasil y poco después sucedieron tres cosas que empezaron a avisarme de la posibilidad de que Celia y James tuvieran razón.

Lo primero fue la cantidad de gente que reunieron mis charlas y talleres en Brasil, además de la gran reacción en los medios de comunicación. En cada ciudad, miles de personas abarrotaban los auditorios. Todas las entradas se agotaban. La televisión, los periódicos y las revistas informaban de todos los actos. Las firmas de libros duraban horas debido a la cantidad de gente que hacía cola pacientemente.

Sin embargo, mi mente consiguió restar importancia a aquella enorme reacción. «Esto es Brasil», me dije. Brasil es un país de inmensa conciencia espiritual y de una gran iluminación, una tierra de una hermosura física espectacular, pero sobre todo de gente de gran belleza. Los brasileños son abiertos de miras y cariñosos, y ya han vivido su despertar espiritual. Espiritistas como Allan Kardec ya han allanado el camino.

«Brasil es una excepción —pensé— como muchos otros países de América Latina, donde la gente habla de sus experiencias espirituales y las comparte con absoluta libertad.»

Entonces sucedió el segundo hecho. En todos estos años he tratado en mi consulta a líderes políticos, deportistas reconocidos y a otra gente famosa. Muchos de ellos han tenido experiencias dramáticas, algunos con vidas anteriores, otros con fenómenos espirituales de otro tipo. No puedo hablar ni escribir sobre ellos porque sus visitas son confidenciales y debo respetar su intimidad. Por descontado, ellos no tienen las mismas restricciones, pero debido a su preocupación por la reacción del público, es muy poco habitual que hablen de mí, de mis libros o de nuestro trabajo en común.

Una excepción ha sido Gloria Estefan. Esta cantante y actriz de tanto talento es también una persona de un valor físico y moral inmenso, y está muy avanzada espiritualmente. Gloria es una excelente persona y ha ayudado a la comunidad de Miami con sus buenas acciones, así que cuando habló de nuestra relación en público me emocioné, aunque no me sorprendí.

En un artículo aparecido en una revista en junio de 1996, Gloria declaró: «Llevo toda la vida meditando, casi como una forma de autohipnosis, pero no sabía de verdad qué era hasta que, después del accidente que tuve con el autobús de la gira, un amigo me envió el libro *Muchas vidas, muchos Sabios*, de Brian Weiss. Me impresionó mucho y me dio mucha fuerza durante la recuperación. A menudo me apoyé en él. Siempre había sentido curiosidad por la hipnosis sin darme cuenta de que, en cierto modo, yo misma la practicaba desde hacía años. Con el tiempo conocí a Brian Weiss, que me hipnotizó utilizando el mismo método que he aplicado yo desde niña para hacer una especie de meditación interior. También rezo así.»

Sin embargo, lo de Gloria no fue el segundo hecho al que me refería sino lo de Sylvester Stallone. Cuando yo estaba en Brasil en 1997, le contó a la prensa de Estados Unidos cómo le había ayudado a preparar el papel que había interpretado en *Cop Land*, su nueva película.

Los críticos habían alabado el trabajo de Stallone en *Cop Land*, en la que no interpretaba un papel de héroe musculoso, sino otro que exigía mucho más desde el punto de vista dramático: un sheriff con problemas físicos que lucha contra la corrupción en una pequeña ciudad.

Los periódicos escribieron: «Stallone también realizó una preparación interior, en gran parte porque sabía que iba a enfrentarse a [Robert] De Niro, [Harvey] Keitel y Ray Liotta.

»"Nunca había trabajado con actores tan buenos —confiesa con cierto temor— y de repente me meten en esta tesitura y fue como pasar dos cursos del colegio de golpe."

»Una de las cosas que hizo fue ir a ver al doctor Brian Weiss, autor de *Muchas vidas, muchos Sabios*, todo un éxito de ventas. Weiss, psiquiatra de Miami que combina en su trabajo hipnosis, psicoterapia espiritual y regresión a vidas anteriores, ayudó a Stallone a conectar con algo de lo que se había olvidado.

»[Weiss] pensó en el valor no físico, que es el más valiente que existe: un hombre que se mete en una situación sabiendo que no hay forma de sobrevivir físicamente, pero que está dispuesto a hacerlo por un ideal", afirma Stallone.

»Weiss asegura que en su reunión con Stallone no se dedicó a desenterrar vidas anteriores: "No tuvimos una relación de médico y paciente. Su personaje era un héroe con una moral y un valor espiritual muy profundos, y le preocupaba no ser capaz de expresar algo así. La impresión que tuve fue que Stallone poseía esas cualidades de forma innata; yo sólo le ayudé a eliminar cualquier posible obstáculo que le impidiera expresarlas."

»Hacía mucho tiempo que Stallone no se preparaba tan a fondo para una película, no porque no quisiera sino porque los papeles que estaba interpretando no le exigían mucho más que hacer acto de presencia, esquivar balas y colgarse de una montaña de vez en cuando.»

El que Sylvester Stallone tuviera el valor de mencionarme públicamente supuso que millones de personas más conocieran mi trabajo.

El tercer hecho se produjo apenas unos días después de la publicación de la entrevista con Stallone y de los mensajes de Celia. Aunque tuvo un efecto muy importante en mí, fue mucho más privado.

El 19 de agosto de 1997 había vuelto a Miami desde Brasil. El 22 de ese mes recibí una llamada telefónica en la consulta desde el palacio de Kensington, en Londres, donde vivía la princesa Diana de Gales. La que hablaba era su ayudante personal, Jacqueline Allen.

—A la princesa le ha encantado su libro *Lazos de amor* —me dijo Jacqueline—. Le ha servido de consuelo y de alivio. Le gustaría hablar con usted. ¿Tiene previsto un viaje a Inglaterra en un futuro próximo?

—No —respondí—. No hay nada programado, pero estoy seguro de que podríamos arreglarlo.

—Bueno, ahora está de vacaciones, pero le gustaría ponerse en contacto con usted cuando regrese a Inglaterra.

—Será un placer —le contesté—. Voy a enviarle mis otros libros y unas cintas.

Aquella misma tarde le mandamos un paquete de libros y cintas y quedé a la espera de su llamada. Admiraba su valor, su compasión y sus obras de caridad, así como la forma en que mostraba su gran amor por los enfermos de sida y otros males.

Naturalmente, la princesa Diana no me llamó jamás. El 31 de agosto, justo antes de su regreso a Inglaterra, murió junto con Dodi al Fayed en aquel terrible accidente de tráfico en un túnel de París.

No creo en las casualidades y estoy escribiendo estas líneas sobre la princesa Diana apenas unos días después de su muerte. Me siento muy triste, aunque sé que se encuentra bien, que su alma, llena de amor y resplandeciente, está viva, está bien, está bañada de luz y de amor al otro lado. Sin embargo, cuando la gente nos deja físicamente nos sentimos apenados.

Creo que hay dos motivos por los que me llamaron del palacio de Kensington la semana antes de la muerte de la princesa Diana.

Lazos de amor trata sobre las almas gemelas y sobre el amor. Habla de las personas que tienen una conexión especial que va más allá del tiempo y del espacio. Habla de personas que han estado juntas antes, en vidas anteriores o en dimensiones espirituales y que vuelven a encontrarse con sus seres queridos en esta vida. Descubren que el amor es eterno y absoluto. El amor no acaba nunca, ni siquiera con la muerte. Siempre nos sentimos amados. Nunca estamos solos. Siempre nos reencontramos con nuestros seres queridos.

Creo que la princesa Diana sentía una conexión de alma gemela con Dodi al Fayed, y probablemente también con sus hijos y con otros seres queridos. Quizá *Lazos de amor* le ayudó a comprender esas fuertes conexiones.

El otro motivo es que la gente suele tener premoniciones o intensas sensaciones intuitivas relacionadas con los hechos importantes de su vida. Esas sensaciones suelen ser sobre muertes inminentes, bien sobre la suya o sobre la de personas cercanas. Hay muchas historias de personas que se han despedido de una u otra forma justo antes de una muerte inesperada.

Una de mis pacientes, la joven esposa de un empresario que murió en un accidente aéreo en Colombia, que estaba embarazada, soñó repetidamente, durante todo un mes antes del suceso, que él moría al estrellarse un avión. ¿Cómo podía haber sido avisada por adelantado si se trataba realmente de un accidente casual?

Otra de mis pacientes, una mujer de Miami cuyo hermano murió en un accidente de coche en Michigan, había empezado semanas antes de su muerte a visitar funerarias para buscar información. Quizá Diana lo sabía, a cierto nivel.

Lazos de amor, lo mismo que *Muchas vidas, muchos Sabios* y *A través del tiempo*, no habla sólo de almas gemelas y de vidas anteriores. Trata de la verdad y del amor divino. Explica que en realidad la muerte no existe, que sólo existe la vida; que nuestras almas son eternas y nunca pueden recibir daños; que siempre volvemos a encontrarnos con nuestros seres queridos, en espíritu y en forma corporal. Son libros sobre la esperanza, no sólo porque sirven de consuelo, sino porque son ciertos. Quizás el libro consoló a la princesa Diana por la muerte de su padre. ¿Todavía sufría por eso? ¿Ese «consuelo» y ese «alivio» estaban relacionados con él?

La princesa Diana leyó mi libro justo antes de su muerte. El momento no es una coincidencia. Descubrió más cosas sobre las almas gemelas, y también sobre las almas en general. Estoy seguro de que su recepción al otro lado fue resplandeciente, con una luz brillante, una recepción desde el amor, una alegría increíble.

Voy a echarla de menos. Confío en que mi libro la ayudara, aunque sólo fuera un poquito.

La pequeña sala de reuniones estaba atestada. Había en ella cien personas pendientes de cada palabra que pronunciaba el médium espiritual James van Praagh mientras transmitía información de los muertos. Incluso los escépticos que había entre nosotros se maravillaron ante los detalles concretos que iba haciendo llegar a todos aquellos que tantas ganas tenían de que les demostrara que sus seres queridos seguían existiendo. Las personas a las que se dirigió corroboraron su exactitud. Cuanto más íntimo era el detalle, más se sorprendían y más nos conmovíamos todos.

Carole y yo estábamos sentados hacia la mitad de la sala. A mí me costaba comprender desde un punto de vista intelectual cómo podía saber James todos aquellos detalles concretos. «Me los dicen», es siempre su sencilla respuesta. A mi izquierda se sentaba una mujer que aparentaba unos treinta y cinco años. James dijo un nombre de hombre, y una mujer

mayor sentada al otro lado de mi vecina se puso en pie, temblorosa.

—Es mi madre —me susurró la mujer sentada a mi izquierda.

James le dio toda una serie de detalles a modo de confirmación a aquella señora, que debía de tener poco más de sesenta años.

—Sí... ¡Sí, sí! —repetía una y otra vez. Tenía las manos
tensas, cerradas. Y le faltaba fuerza en las piernas.

—Te agradece que le hayas cuidado las rosas —prosiguió
James—. Sabe que lo haces porque le quieres y te devuelve
ese amor.

La señora asintió. Le caían lágrimas de los ojos.

—Y no te preocupes por los perros —anunció James
enigmáticamente, con un toque de humor.

Su hija me aclaró:

—Es verdad que se ocupa de las rosas del jardín de mi
padre; hay algo que la empuja a hacerlo. Y le preocupa muchísimo que nuestros perros pasen por allí corriendo y lo
destrocen todo. ¡Esto es totalmente increíble!

También ella tenía los ojos llorosos. Me emocionó tanto
lo que estaba pasando que tuve que hacer esfuerzos para
mantener cierta objetividad y distancia.

En poco tiempo, James consiguió que todo el mundo se
pusiera a llorar.

—Te agradece que hoy hayas traído algo suyo... —James
se detuvo un instante—. Es un anillo, me dice. Es su anillo, y
lo has traído para tener más oportunidades de que se comunicara contigo.

Cuando James hubo terminado, la mujer estiró el brazo
izquierdo lentamente ante ella y abrió la mano que había tenido firmemente cerrada durante toda la sesión. Dentro llevaba el anillo de su esposo, del que ni siquiera yo, que estaba
a dos asientos de distancia, me había percatado. Todos los
presentes nos emocionamos profundamente. En el rostro de

aquella mujer se dibujó una sonrisa. Sabía que su marido estaba allí, comunicándose con ella.

—Nunca lleva ese anillo —me susurró su hija en respuesta a mi mirada de interrogación—. Lo ha traído a esta reunión pensando en que le serviría de algo... Y me parece que ha acertado.

Las lágrimas le resbalaban por las mejillas.

Los médiums no son telépatas. Proceda de donde proceda su inspiración y sus conocimientos, no es desde luego de las mentes de sus clientes o del público. Otra escena propiciada por James van Praagh ilustra este punto.

Un día, en el salón de baile de un hotel de Fort Lauderdale, en Florida, ante casi seiscientos asistentes, James fue «dirigido» otra vez a personas concretas del público. Acababa de ayudar a una pareja cuya hija de siete años había muerto recientemente de leucemia.

—Os quiere y os agradece mucho que la tengáis con los juguetes, las muñecas y los unicornios.

Aunque en aquel momento aquello no me dijo nada, la pareja reaccionó de inmediato. Con gran emoción, explicaron que su hija había sido incinerada y que conservaban la caja de las cenizas entre sus muñecas y sus juguetes. El juego de cama era el preferido de la niña y estaba estampado con unicornios.

James no conocía a aquella pareja ni había hablado con ellos hasta aquel momento. Tampoco se dio cuenta de que la siguiente persona a la que le dirigieron era una joven que yo conocía. James acababa de llegar de California, donde vive, y no la había visto hasta entonces.

—Tengo a David aquí... David... Es el hijo de alguien, ha muerto y está en espíritu —empezó James.

Se levantaron varias mujeres, ya que David es un nombre bastante común, pero la chica que yo conozco se quedó sentada. No ha tenido hijos y, aunque el hermano de su marido, que se llamaba David, había muerto repentinamente dos años antes, en aquel momento la información no le pareció lo bastante concreta como para responder.

James no parecía encontrar una conexión con ninguna de las mujeres que se habían levantado.

—¿Quién es el piloto? —preguntó entonces—. Me está hablando de un piloto. Hay alguien con David que es piloto.

Entonces las mujeres que estaban de pie se sentaron, pero la joven se levantó temblorosa.

—Yo tengo a un David —anunció—. Es mi cuñado, el hermano de mi marido. Y murió hace dos años. Su madre es piloto.

James parecía contento con aquella conexión.

—Quiere hacerle llegar su cariño a ella —añadió James.

Entonces miró hacia arriba y a los lados, como si estuviera oyendo a alguien. Al volver a mirar a la joven, alzó la vista por encima de la cabeza de ella.

—Veo un cuchillo rojo encima de tu cabeza —le dijo—. Me están mostrando que alguien... ha estado mirando ese cuchillo y ha pensado en limpiarlo.

La joven no sabía nada de ningún cuchillo rojo. Ni ella ni su marido tenían ninguno. No pudo corroborar esa información.

—Consérvalo —añadió James, que quiso decir que lo recordara de cara al futuro. Entonces pasó al siguiente «desconocido», ya que para él todos los asistentes lo eran.

Unos días después hablé con la joven.

—No te lo vas a creer —me dijo.

Al volver a casa, una vez terminado el taller, había llamado a su suegra, la madre de David, que vive en el campo, en Pensilvania. No le contó nada del taller ni de James, sólo le hizo una pregunta: «¿Te dice algo un cuchillo rojo?» «Tiene gracia que me lo preguntes —respondió su suegra—, porque precisamente ayer [el día antes del taller] bajé al sótano a hacer limpieza, y al mover unas cosas de pesca vi la vieja navaja suiza de David y la tomé en mi mano. Me acuerdo de que pensé que tenía que limpiarla.»

James había sido consciente de un pensamiento de la madre de David, que el día antes del taller había recogido la navaja roja y había pensado en limpiarla. La joven que se encontraba entre el público no sabía nada de esa navaja ni de esa idea, que había surgido en el sótano de una casa situada a más de mil quinientos kilómetros de distancia. Los detalles de navajas suizas, pilotos, unicornios, etcétera, son demasiado concretos para relegarlos a la categoría de coincidencias o generalidades.

Todos podemos aprender a hacer lo mismo que James, como comprobará a lo largo de este libro, pero nos faltan la confianza y la práctica necesarias para darnos cuenta. Me gusta utilizar la analogía del piano cuando hablo de aprender a usar nuestras aptitudes psíquicas. No todo el mundo nace con el talento de un virtuoso del piano pero, con lecciones, con práctica y con mucho esfuerzo todos podemos aprender a tocar alguna cancioncilla. Lo mismo sucede con el desarrollo de los procesos intuitivos.

Todos llegaremos a comprender que la sabiduría está en nuestro interior y, al ir recordando, practicando y teniendo acceso a esa sabiduría, nos convertiremos en los mejores maestros que podamos tener nosotros mismos. Llegado ese punto, encontraremos paz y alegría en el presente, porque de lo que se trata es de cómo vivimos la vida ahora, siendo espirituales, sin fijarnos en lo que nos han enseñado que tenemos que creer.

Al ir despertando, los espíritus nos cantarán sus canciones de amor directamente al oído.

Sentado más o menos anónimamente entre el público del programa de Maury Povich a finales de agosto de 1997, observé cómo la famosa curandera y médium británica Rosemary Altea daba detalles íntimos y concretos a toda una serie de personas que estaban sufriendo mucho por la trágica pérdida de sus seres queridos. Carole y yo estábamos de visita en Nueva York y habíamos pasado a saludar a Joni Evans, mi agente literaria, el día anterior a la grabación. Joni, que también es la agente de Rosemary, nos invitó de repente a asistir como público al programa. Rosemary no sabía que estábamos allí.

Al igual que Celia y que James van Praagh, Rosemary, que ha escrito *El águila y la rosa* y *El orgullo del espíritu*, es sumamente dada a transmitir mensajes del otro lado. Al objeto de utilizar sus dotes para conseguir un mundo mejor, ha fundado la Asociación de Curanderos Rosemary Altea (RAAH), una organización sin ánimo de lucro con sede en Inglaterra. Aunque ya había disfrutado de sus libros y la había visto antes por televisión, era la primera vez que la veía trabajar en persona. Hay tan pocos videntes y médiums realmente buenos y precisos en su trabajo que me aferré a aquella oportunidad.

Por desgracia, en la televisión estadounidense todo tiene que ser una prueba. Rosemary tenía que ofrecer detalles concretos sobre los seres queridos muertos de gente que ella conocía en aquel momento y de cuyas vidas no sabía nada. Todo eso en un estudio de televisión con público.

«Menuda presión», pensé. Me pareció que debía verles en privado, sin todas aquellas distracciones. Sin embargo, me dio la impresión de que a Rosemary las condiciones le parecían bien. Y yo sabía que a la televisión le encanta captar las reacciones espontáneas de la gente. Mentalmente le deseé lo mejor, a pesar de los obstáculos, sabiendo que aquello no era una evaluación científica justa de sus aptitudes.

Rosemary superó todos aquellos obstáculos y, con una precisión sorprendente, les ofreció un dato tras otro a aquellas familias. Era palpable el consuelo, la esperanza y el alivio que recibieron. El público en pleno compartió aquella experiencia emotiva y excepcional.

Sin que nadie lo supiera, yo conocía a dos de las personas que estaban en el escenario con Rosemary. Ralph y Kate Robinson habían asistido a uno de mis talleres un año antes, y habíamos pasado bastante tiempo hablando de la trágica muerte de su hijo, Ryan. Un amigo del chico le había matado accidentalmente de un tiro.

Ryan y su amigo estaban en una fiesta con otros adolescentes y sin ningún adulto, cuando encontraron una pistola rusa. Creían que no estaba cargada, ya que el seguro de ese tipo de arma en concreto permite llevar el gatillo hacia atrás y clavarlo. Habían apretado el gatillo muchas veces sin que se disparase ninguna bala, pero por algún motivo aquel día el seguro no estaba puesto. Había una única bala en la recámara y, en una fría noche de octubre, poco después de haber cumplido los dieciséis años, Ryan murió de un disparo en la cabeza.

Los Robinson se derrumbaron. Se morían de dolor.

Yo conocía los detalles de la muerte de Ryan y muchos otros de los de su corta vida. Rosemary, que no tenía ni idea, se acercó a ellos.

—«¡Bang!» —les gritó—. No hace más que decir «¡Bang!».

Incluso describió el olor que hubo en el momento de aquel terrible accidente y añadió muchos detalles más.

Los padres de Ryan, los dos personas educadas, estaban claramente emocionados. Me di cuenta de que la sesión con Rosemary les ayudaría a cerrar sus heridas, más que lo que yo podía hacer por ellos.

Unos días después, Ralph me escribió una carta:

Bueno, o el equipo del programa le iba dando información a Rosemary sobre nuestra tragedia, o esta mujer es realmente fantástica. Se comportó de maravilla con todos nosotros. Entró en la sala de espera antes del programa para conectar con cada uno de nosotros y explicarnos cómo trabajaba. Después del programa volvió a pasar un rato con nuestro grupo para asegurarse de que todo el mundo se sentía bien. [...] Resumiendo, fue una experiencia muy gratificante y los dos nos alegramos mucho de haber participado.

La muerte de Ryan y sus experiencias posteriores han aportado un tremendo crecimiento espiritual a los Robinson, que han trabajado en proyectos destinados a ayudar a Compassionate Friends, una organización que apoya en todo Estados Unidos a familias que han perdido a alguien.

Para mí, las casualidades no existen. Los Robinson se han dedicado a dar mucho a los demás, y aquel día Rosemary pudo devolverles algo. Y yo, una especie de común denominador, pude ser testigo de todo el proceso.

En su carta Ralph incluía un poema escrito por su hijo. «No sabía que escribía poesía hasta que descubrimos sus diarios, después de su muerte», me contó.

> *Sigue el viento,*
> *sigue el viento*
> *hasta otros lados*
> *que te reclaman.*
>
> *¿Puedes captar*
> *la vida que aún*
> *está por vivir?*
>
> *Esa alma manchada*
> *puede limpiarse*
> *con tiempo y con fe.*

RYAN J. ROBINSON

En otra carta, Ralph me escribió: «He aprendido lo importante que es decirle a la gente que la quieres, porque el mañana no es más que un concepto mental.»

Durante aquel mismo programa, Rosemary hizo una observación profunda sobre la importancia de escuchar. Nos dijo que nos dedicamos a pedir, pedir y pedir mensajes, signos, comunicación, y sin embargo muy pocas veces destinamos tiempo a escuchar. ¿Cómo podemos oír si no escuchamos? Y lo cierto es que escuchar lleva su tiempo. Hay que tener paciencia, y un cuidado especial para escuchar los mensajes de las «coincidencias».

Es muy humano querer signos ya mismo, desear mensajes de inmediato. Sin embargo, para escuchar hay que saber hacerlo, y para hacerlo hay que dedicar tiempo a aprender cómo se hace.

Si practica el silencio, el viaje interior, si se da tiempo para escuchar y crea el espacio para escuchar, será capaz de oír. Será capaz de ver los signos y de recibir los mensajes. Al mismo tiempo, desarrollará el arte de la paciencia.

14

Salir de nosotros mismos

La meditación y la visualización le ayudarán a dejar de pensar tanto y a viajar al pasado. Se producirá una curación. Empezará a utilizar la mente que no usa. Verá. Comprenderá. Y será más sabio. Entonces habrá paz.

Nuestros corazones conocen el camino de la felicidad y de la paz interior. Prácticas espirituales como la meditación y la oración nos recuerdan lo que ya sabemos. Cuando nos olvidamos del mensaje de nuestro corazón y caemos en la rutina y en los baches de la vida, nos sentimos insatisfechos y desdichados. Nos deprimimos y nos ponemos nerviosos. Nuestra perspectiva está borrosa, hemos olvidado nuestro plan de vida, nos hemos perdido.

El remedio es sencillo. Dedique tiempo a recordar su divinidad, su naturaleza espiritual. Recuerde por qué está aquí. La meditación es una forma de despertar la memoria.

La meditación es el arte o la técnica de poner la mente en blanco para acallar la cháchara perpetua que normalmente llena nuestra conciencia. En la tranquilidad de la mente silenciosa, la persona que medita empieza a ser observadora, a alcanzar un nivel de alejamiento y, con el tiempo, a darse cuenta de que existe un nivel de conciencia superior.

Al sacarnos de la rutina de nuestra conciencia diaria, la meditación nos sirve de recordatorio de lo que hemos aprendido sobre valores más elevados, más espirituales. Meditar con regularidad es recordar con regularidad. Vamos recordando nuestro plan de vida, lo que es importante para nosotros y lo que no es.

Sacar de la mente los miles de pensamientos que la llenan cada día requiere práctica y disciplina. Yo tuve que meditar a diario durante tres meses antes de conseguir alcanzar una conciencia más profunda. Es importante tener paciencia y no sentirse frustrado al practicar. El éxito de la meditación no llega de un día para otro.

No hace falta sentarse en posición de loto para meditar. Puede hacerse estando tumbado, sentado en una silla o andando. El objetivo es dejar de pensar, observar y distanciarse, ser consciente de lo que sucede.

Mientras se enseña a sí mismo a meditar, tal vez le sea de ayuda probar también la visualización y la hipnosis. En ambas técnicas se oye la voz de una persona que puede ayudar a la concentración.

La meditación, la visualización o la hipnosis nunca suponen ponerse bajo el control de otra persona. Ninguna «fuerza» se apodera de la mente o del cuerpo. No se entra en una máquina del tiempo. Uno se concentra mucho, simplemente, y no existe peligro de ningún tipo. En esos estados, puede recibirse inspiración, pueden alcanzarse niveles de conciencia superiores, puede despertarse a la naturaleza divina. Son caminos que llevan a la iluminación.

Ésa es la esencia de la meditación. Cada paso es sagrado; cada respiración es divina. Si comprende y practica estos preceptos, será consciente y alcanzará esa «otra» perspectiva distinta de la de cada día. Pasará a ser observador, objetivo, a liberarse de los juicios.

He enseñado a meditar a una de mis pacientes, una ejecutiva. Al principio de una sesión, observó:

—¡Acabo de ver un árbol precioso!

—¿Dónde lo has visto? —quise saber.

—Delante de casa —contestó.

El árbol siempre había estado allí. Cuando aprendemos a vaciar la mente vemos cosas preciosas.

En mis talleres enseño una técnica de meditación sencilla a la que sólo hay que dedicar dos minutos.

A los miembros del grupo les pido que durante el primer minuto cierren los ojos, respiren hondo varias veces y se relajen. Los cuarenta y cinco segundos siguientes tienen que vaciar la mente del todo, intentar no pensar. Naturalmente, eso es muy difícil para la mayoría de la gente. Nuestra mente aborrece el vacío, por lo que la llenamos de pensamientos vulgares, como «me duele la espalda», «oigo a esa persona toser» o «no debería haberme comido eso para desayunar».

No son inspiraciones cósmicas. No necesitamos esos pensamientos cuando queremos tener la mente en silencio, distanciada, observando.

Durante el segundo minuto les pido a los asistentes que se imaginen que están sentados en el fondo de un estanque muy bonito. Pueden respirar con absoluta normalidad.

—Cada vez que os venga un pensamiento —les digo—, ponedlo en una burbuja y observad cómo esa burbuja flota hasta la superficie del estanque y desaparece. Entonces volved a poner la mente en blanco. Si tenéis otro pensamiento, metedlo en otra burbuja y dejad que flote y desaparezca. Id repitiendo este proceso.

A las personas que tienen miedo al agua les digo que se imaginen sentadas en un campo muy bonito y que utilicen un globo de helio en lugar de una burbuja.

Durante el siguiente minuto utilizan las burbujas o los globos.

Han empezado a meditar.

Es lo que se llama meditación de burbujas, pero también puede utilizarse una palabra, en la que hay que concentrarse. Si la mente se dispersa, hay que volver a llevar la atención hacia esa palabra, con tranquilidad y sin juzgar.

La palabra elegida puede ser neutra, por ejemplo el número uno. O una palabra en sánscrito, un mantra. O una palabra con carga emocional, como por ejemplo «amor». Observe qué sentimientos evoca.

También puede utilizar un objeto visual, como una vela o una flor. O una técnica antigua que consiste en concentrarse en la respiración, contando todas las inspiraciones y espiraciones.

Pruebe la meditación de burbujas. Le sorprenderán sus beneficios.

LOS EJERCICIOS DE GRUPO

Suelo hacer un ejercicio llamado «Caras» en mis talleres. En una habitación con poca luz, apenas la suficiente para que no esté en total oscuridad, siento a la gente por parejas. Les llevo a un estado muy relajado, de meditación, y entonces les pido que observen con calma el rostro y los rasgos de sus compañeros durante un rato (entre cinco y diez minutos). Parece como si los rasgos cambiaran; la gente ve cómo varían la edad, la raza y el sexo. A veces se ven animales y otras metáforas. Los que realizan este ejercicio suelen recibir información psíquica o intuitiva de la otra persona. Suceden cosas impresionantes. Los resultados son mucho más que una distorsión de la percepción. Se recibe información de verdad.

Pruébelo, a ver qué pasa.

En Boston dirigí a un grupo de participantes en el ejercicio de las caras. Formaron pareja una mujer de esa ciudad y otra de Milwaukee. No se conocían, y habían quedado emparejadas al azar entre un grupo de setecientas personas.

Se sentaron bastante delante, así que les vi las caras una vez me acostumbré a la semioscuridad. La mujer de Boston derramó algunas lágrimas.

Terminado el ejercicio, y después de que los grupitos de dos o tres personas hubieran tenido suficiente tiempo para procesar la experiencia y compartir sus observaciones y sus sentimientos, le pregunté a la mujer si quería contarnos qué había experimentado durante el ejercicio. Aceptó.

—Las lágrimas eran de felicidad —explicó—. Vi la cara de mi hermano, y ya hace mucho que no lo veo.

Su hermano mayor había sido soldado en la Segunda Guerra Mundial y había muerto en Francia a los diecinueve años y medio.

Entonces su compañera tomó el micrófono.

—Ayer, durante la regresión con todo el grupo, cuando nos llevaste a todos a vidas anteriores, tuve la experiencia de que era un soldado de diecinueve años y medio que murió en Francia durante la Segunda Guerra Mundial.

Entonces ofreció detalles de esa muerte y empezó a describir detalladamente al hermano de su compañera.

En aquel momento, a mucha gente se le puso la piel de gallina.

Después me enteré de que la mujer de Milwaukee había nacido el mismo día en que murió el soldado en Francia.

Lo cierto es que no existen las casualidades.

Durante un ejercicio de caras que dirigí en Nueva York, un hombre indio, mayor, empezó a llorar de alegría. Había visto el rostro de un buda femenino en su pareja, una joven de Nueva Inglaterra a la que acababa de conocer, cuando se habían emparejado.

—¡Los budas femeninos son algo muy poco habitual! —exclamó.

Entonces su compañera nos contó que desde hacía varios años formaba parte de una pequeña secta budista que veneraba a un buda femenino.

Esas «casualidades» significativas pueden ayudarnos a reorientarnos en el camino de nuestra vida, que elegimos antes incluso de nacer.

No sé por qué los talleres que he realizado en Puerto Rico han sido siempre tan mágicos y han estado tan llenos de experiencias místicas. Tal vez se deba al entusiasmo, la apertura de miras y la espiritualidad de los participantes. En un auditorio repleto del hotel Condado Plaza de San Juan, en marzo de 1998, volvieron a suceder milagros.

Antes del inicio del taller de dos días, y sin saberlo yo, una mujer de mediana edad que siempre llevaba una preciosa mariposa colgada al cuello de una cadena de oro le había rezado a su hijo, que había muerto unos meses antes:

—Dame una señal, un mensaje. Si me das el signo de la mariposa sabré que eres tú.

Justo antes de empezar el ejercicio de las caras, les había contado a los asistentes varias historias sobre mariposas, como metáforas del espíritu, como símbolos que tan a menudo dibujan los niños moribundos o que saben que van a morir (por ejemplo, en los campos de concentración nazis) y sobre mariposas que sobrevuelan los entierros. No tenía pensado contar esas historias. La idea había entrado de repente en mi conciencia, y había empezado a hacerlo.

La mujer que había perdido a su hijo empezó a sonreír abiertamente. Su hijo le había trasladado el mensaje, pero lo mejor estaba aún por llegar.

Con la sala semioscura empezamos el ejercicio de las caras. Les había pedido a los asistentes que eligieran como pareja a personas que no conocieran. La compañera de aquella mujer, otra mujer de mediana edad que no creía poseer poderes psíquicos, sintió el espíritu de un joven detrás de su madre. Se lo describió y le dio detalles de su vida, de su personalidad y de sus relaciones.

La madre estaba sorprendida, emocionada y extasiada.

—¡Todo lo que ha dicho es absolutamente exacto! ¡Le ha descrito tal como era! —exclamó.

Tenía el rostro radiante. Se notaba que su respiración había cambiado y que había relajado los hombros, pues el enorme peso de su dolor se estaba retirando de su espalda.

Mientras le enseñaba al grupo este y otros métodos de abrir vías hacia sus poderes psíquicos e intuitivos, en la sala ocurrían muchas más experiencias sorprendentes. Los componentes de un pequeño grupo situado en un extremo empezaron a conectar con las experiencias de un grupo situado en el otro lado de la habitación, y a compartirlas. Se dieron «coincidencias» increíbles y hechos sincrónicos simultáneamente en varios grupos de zonas distintas de la sala. Personas que no habían experimentado jamás procesos de videncia estaban describiendo detalladamente los historiales médicos de absolutos desconocidos. Personas que no se conocían de nada sabían unas de otras mucho más de lo que era posible en su estado de conciencia habitual.

Al ir observando esas interacciones increíbles me maravillé en silencio de cómo nuestra mente es mucho más potente, sensible y despierta de lo que creemos o sabemos. Somos sorprendentes.

Los videntes, los médiums y los gurús pueden ser importantes para nosotros, pero sólo durante un tiempo. Pueden ayudarnos a ver y a comprender que en nuestras vidas hay mucho más de lo que solemos ver. Tal y como yo comprobé una vez más en Puerto Rico, todos somos videntes, médiums y gurús. Al ir aprendiendo, nos abrimos y fortalecemos nuestros poderes intuitivos personales. Y así ganamos sabiduría.

LA PSICOMETRÍA

En este ejercicio experimental, que suelo realizar por parejas, los participantes intercambian pequeños objetos de su propiedad. Puede ser un anillo, un reloj, una pulsera, unas llaves, un relicario u otra cosa. Tiene que ser un objeto que toque y lleve principalmente su propietario.

Empiezo la experiencia haciendo un breve ejercicio de relajación que ayuda a los participantes a concentrarse y a poner la mente en blanco. Mientras permanecen en un estado de relajación y con los ojos cerrados, cada uno toma en sus manos el objeto de su compañero. Les pido que sean conscientes de cualquier pensamiento, sensación, impresión o sentimiento que les llegue.

Las impresiones pueden ser psicológicas (sentimientos, estados de ánimo o emociones), físicas (sensaciones corporales), psíquicas (visiones, mensajes, pensamientos, escenas de la infancia o de vidas anteriores) o espirituales (mensajes o imágenes de otras dimensiones).

Tras unos cinco minutos, les pido que intercambien con su pareja todos los aspectos de la experiencia. Es muy importante compartir todas las sensaciones, los pensamientos y las impresiones, aunque parezcan tontos o raros, porque ésos suelen ser los «éxitos» más precisos y con más fuerza. Es frecuente que la verificación de una de esas impresiones extrañas sea inmediata y muy significativa.

No sé si es la energía del objeto que se toma lo que facilita la transferencia intuitiva de información o la concentración mental relajada, pero lo cierto es que se produce un despertar y una confirmación del poder intuitivo que todos poseemos. El ejercicio no implica riesgos, es sencillo, instructivo y muy entretenido.

EL RASTREO DE ENERGÍA

Cualquier sensación o impresión que le llegue es válida. En este ejercicio se deja que la imaginación vuele libre. El objetivo es aprender y madurar.

Antes de trabajar por parejas, los participantes practican la conexión con sus campos de energía. Les pido que cierren los ojos, que se relajen y que junten las manos lentamente, con las palmas mirándose, empezando desde una distancia de medio metro aproximadamente. Al ir acercando las manos, la gente suele notar un cosquilleo, un aumento del calor o cambios térmicos y una sutil resistencia, una especie de barrera maleable que se siente antes de que las manos lleguen a tocarse. Este ejercicio de iniciación se repite varias veces.

En grupos de dos, el «receptor» o escáner rastrea lentamente el cuerpo de su pareja, que se queda de pie o sentada en silencio durante el ejercicio. El rastreo se hace con las manos, a una distancia de unos centímetros del cuerpo del otro. El rastreador no llega a tocar a su compañero.

Hay que rastrear todo el cuerpo desde todos los lados, y el rastreador debe percatarse de cualquier cambio de temperatura, por ejemplo hay zonas de frío o de calor. Cualquier pensamiento, sensación o impresión se observa y se recuerda. También hay que observar cualquier variación del campo de energía.

Tras varios minutos, se invierten los papeles. El receptor o escáner se convierte en el «sujeto» pasivo, y el que hacía de sujeto pasivo pasa a ser el escáner o receptor. Tras repetir el proceso, ambos dedican varios minutos a compartir toda la experiencia, con todas sus observaciones.

Muchas veces se realizan diagnósticos médicos de una exactitud sorprendente durante este ejercicio. De algún modo puede transmitirse información confidencial al escáner. Nuestra mente intuitiva puede activarse una vez más durante este breve ejercicio experimental.

BREVES EJERCICIOS DE VISUALIZACIÓN

La hipnosis no es más que un estado de gran concentración. No tiene nada de misterioso ni de siniestro. Cierre los ojos e imagínese que muerde un limón grande y jugoso. Utilice todos sus sentidos. Saboree el limón. Huélalo. Véalo. Muerda más adentro.

La gente suele poner «cara de limón», arrugando los labios, cuando les pido que hagan esto. Saborean el limón. No les he metido un limón en la boca, pero saben conectar con sus bancos de memoria.

Si ha sentido el sabor del limón, es que estaba hipnotizado.

Estire los brazos delante de usted con las palmas hacia arriba. No doble ni los brazos ni los codos.

Después de cerrar los ojos, imagínese que le pongo un libro grande y pesado en la mano izquierda. Y luego otro, igual de pesado, encima del primero. Y figúrese después que le ato un enorme globo de helio a la mano derecha. Entonces le coloco un tercer libro pesado en la izquierda y le ato otro globo de helio a la derecha. Deje los brazos exactamente como los tiene ahora y abra los ojos.

El cuerpo, al igual que la mente, participa en el proceso hipnótico.

A lo largo de los últimos doscientos años, más o menos, con la expansión del Siglo de las Luces, la gente ha subrayado en exceso el papel de la lógica y la ciencia en las relaciones humanas, la cultura, la salud y la filosofía. Nos hemos creído que la ciencia será capaz de curar todos nuestros males, de resolver todos nuestros problemas.

De hecho, esta forma de pensar nos ha desequilibrado. Hemos dejado de lado la sabiduría intuitiva, el corazón, el impulso creativo e inspirado. Hemos glorificado la tecnología, pero nuestra ética, nuestra moralidad y nuestro crecimiento espiritual no han avanzado al mismo ritmo. Ahora resulta que estamos en una posición en la que nuestra tecnología ha avanzado lo suficiente como para destruir el planeta, y los que tienen el dedo encima del botón no son sabios ni están iluminados.

La tecnología y la ciencia son neutrales. Lo que la gente hace con ellas, cómo y cuándo las aplica, es lo que determina su valor. Hemos descubierto que la ciencia no puede curar todos los males de la humanidad. Sólo los líderes que poseen sabiduría, amor, compasión y responsabilidad pueden alcanzar ese objetivo.

Así pues, el péndulo tiene que oscilar hacia el otro lado, no del todo, sin llegar a la superstición y al miedo, pero sí hasta alcanzar un término medio, el lugar de la armonía y del equilibrio. Tiene que volver a la posición en la que la ciencia y la intuición se combinan perfectamente, en la que el corazón y la mente son uno y trabajan en armonía para traernos paz y salud.

Es importante saber cómo funciona la intuición.

Antes incluso de verle transmitir mensajes curativos a la mujer del jardín de rosas que llevaba el anillo de su marido, había tenido la oportunidad de observar a James van Praagh en un taller realizado en Nueva Orleans. Ofreció detalles precisos sobre personas muertas a sus familiares y amigos. Cuatrocientas personas abarrotaban la sala. James recibía una imagen o un mensaje, se lo hacía llegar al grupo y, tras uno o dos detalles, alguien se levantaba y confirmaba la exactitud de lo dicho.

Yo me senté atrás, intentando hacer en silencio lo mismo que él. Traté de anticipar sus preguntas, observaciones y mensajes, pero mi exactitud fue mínima. ¿Estaba dirigiéndoles de algún modo? ¿Estaba hablando en términos tan generales como para que alguna persona de un grupo tan grande encajara en sus observaciones? ¿Se le daba excepcionalmente bien leer el lenguaje corporal?

Estaba extrayendo aquella información, aquel conocimiento de algún lugar que no era el público, y estaba ayudando a la gente a superar su dolor. Me di cuenta de que en el mundo hay unas pocas personas con poderes que de algún modo pueden conectar con todo eso. Y tenía claro que yo no estaba entre ellas.

Dos semanas después, mientras conducía un taller experimental sobre espiritualidad y terapia de regresión a vidas anteriores, ante una audiencia de setecientas personas, en West Palm Beach (Florida), intenté, en respuesta a una pregunta de alguien del público, explicar mediante un ejemplo cómo trabaja un médium.

—El médium puede decir —empecé, imaginándome una escena—: «Veo a un joven que se llama Robert. Tiene diecinueve o veinte años y murió en un accidente de coche. Quiere que sepáis que se encuentra bien, que os quiere mucho y que no deberíais sufrir tanto por él. Está bien y sigue entre vosotros. Además, quiere que le deis a Gary la chaqueta de cuero negro que tenía colgada en el armario.»

Me había inventado toda la escena. A continuación pasé a hablar de otros pero, sin saberlo yo, Carole, sentada hacia el final de la sala, pensó: «Espero que haya oído a James van Praagh contar esa historia, porque tiene algo que ver con un asistente.»

Una vez terminado el taller, mientras firmaba libros, fueron a verme dos mujeres, una con los ojos llorosos.

—¿De dónde ha sacado esa historia sobre Robert y el accidente de coche? —me preguntó la que tenía lágrimas en los ojos.

Le contesté que me lo había inventado todo.

—No, no es verdad —respondió con firmeza—. Mi hermano Robert murió en un accidente de coche a los veinte años. Le echamos mucho de menos. Hace muy poco le he dado a Gary, nuestro hermano pequeño, su chaqueta de cuero, que aún estaba colgada en su armario. Tenía la sensación de que era lo que le habría gustado.

Somos seres espirituales dentro de estas formas humanas. Nuestra parte espiritual nunca muere. Jamás perdemos a nuestros seres queridos. Así pues, todos podemos hacer lo que hice yo, porque todos estamos conectados.

En los estados meditativos y en los sueños sigo experimentando vívidas imágenes metafóricas e intuyendo cosas que me hacen reflexionar. Recibo frecuentemente respuestas a preguntas o dilemas que, como perlas que se van formando en las ostras; irritan las profundidades de mi subconsciente.

En una de esas imágenes, de gran fuerza pero simplistas en apariencia, me di cuenta de cómo las personas se ven como entidades independientes, y sin embargo todos estamos conectados eternamente unos con otros. Vislumbré un vasto mar lleno de cubitos de hielo. Todos eran distintos, con límites fijos y definidos, pero todos flotaban en la misma agua helada. El líquido se calentó enseguida y los cubitos se derritieron. Todo estaba en el agua. Todos y cada uno de los cubitos estaban conectados entre sí. Entonces aumentó el calor, y el agua empezó a hervir y se transformó en vapor. Al poco rato todo era vapor, silencioso e invisible. Sin embargo, estaba formado por lo que habían sido el agua y los cubitos. La única diferencia entre los estados del hielo, el agua y el vapor era la energía vibratoria de las moléculas.

Los seres humanos se consideran entidades separadas, como los cubitos de hielo, pero en realidad todos somos la misma sustancia interconectada.

No sólo pueden tenerse experiencias de vidas anteriores a través de la hipnosis, sino por otros medios. Mis dos primeros viajes a vidas anteriores sucedieron a través del trabajo corporal y en un sueño.

Mi primera experiencia tuvo lugar de forma espontánea durante un tratamiento de *shiatsu* o acupresión. En aquel retablo visual vívido, me vi como un sacerdote de la antigüedad, más alto y más delgado que ahora. Estaba de pie en un edificio geométrico de una forma extraña, con la parte superior plana y los lados inclinados. Repetidamente oí en la mente la palabra «zigurat», pero por aquel entonces no conocía su significado.

Aquel sacerdote tenía mucho poder, pero en lugar de utilizar su posición para enseñar verdades espirituales se dedicaba a obtener aún más poder y riquezas. Miré su futuro con añoranza y vi que sus valores nunca se acercaron a lo espiritual, aunque los sacerdotes tenían libertad para enseñar verdades espirituales siempre que también se satisficieran las necesidades de la familia real.

Fui recuperando de forma gradual la conciencia. Aquel mismo día, ya en casa, localicé en la enciclopedia la palabra «zigurat». En la época babilónica, mil años antes de Cristo, se llamaban zigurats los templos de la misma forma geométrica que el de mi visión.

Algunos años después tuve una segunda experiencia de una vida anterior, esta vez en un sueño. Sucedió en la segunda noche de un cursillo de formación profesional que estaba impartiendo. Todos los participantes se alojaban en el mismo hotel, y la intensidad de las sesiones resultaba agotadora.

En el sueño, uno de ésos en los que se recuerdan todos los detalles, volvía a ser un sacerdote, esta vez un cura católico europeo de hace varios siglos. Estaba en una mazmorra. Tenía un brazo encadenado a la pared, a mi espalda. Me estaban torturando y después me mataban por enseñar herejías, cosas prohibidas.

Me desperté, pero en un estado hipnagógico, y el sueño siguió durante un rato. Veía y sentía todavía las imágenes, tumbado en la cama en una habitación totalmente a oscuras. Luego capté una voz o un mensaje interiores.

«Cuando tuviste oportunidad de enseñar la verdad, no la aprovechaste.»

Sabía que hacía referencia al sacerdote babilónico, que no enseñó cosas espirituales.

«Cuando no la tenías, sí las enseñaste... Lo hiciste contra viento y marea.»

Me di cuenta de que el cura católico podía haber enseñado con amor y compasión sin correr riesgos, no tenía por qué haberse enfrentado a las duras autoridades de aquella época para que lo mataran.

«Esta vez, hazlo bien», concluyó la voz con tranquilidad.

No pude volver a dormir. Cuando finalmente bajé a desayunar, una de mis alumnas, una reputada catedrática de psiquiatría de una universidad de renombre, me comentó al verme:

—Tienes muy mala cara.

—No he dormido nada bien —contesté.

—Sí, lo sé. He visto tu sueño.

Yo no creía que eso fuera posible, pero ella, al darse cuenta de mi escepticismo, añadió:

—En la familia de mi madre hay poderes de médium desde hace muchas generaciones. Yo también los tengo.

Aquello me intrigó y le pregunté qué había visto.

—Te he visto como un cura católico escocés hace siglos. Te encarcelaron. Te encadenaron el brazo derecho a una pared, a tus espaldas, y te torturaron y te mataron por hablar de la reencarnación.

Tenía más detalles que yo. Había más.

—Tienes que tener cuidado. ¡Algunas de esas personas también han vuelto! —añadió.

Así que tengo los ojos bien abiertos.

15

Dios y la religión

Me dicen que hay muchos dioses, porque Dios está en el interior de cada uno de nosotros.

Sólo hay una religión, la del amor.

También tenemos que recordar que el ser trascendente es la única causa, el padre y creador del universo, que es él quien lo llena todo no sólo con su pensamiento, sino también con su esencia.

Su esencia no se agota en el universo. Está por encima de eso y más allá.

Podemos decir que sólo sus poderes están en el universo pero, aunque está por encima de sus poderes, los incluye. Lo que hacen lo hace él a través de ellos.

De vez en cuando, en cartas, en conferencias o en programas de radio con participación de los oyentes, la gente me ha preguntado dónde está Dios en mis escritos. Esa pregunta siempre me sorprende, porque para mí Dios está en todas partes en mis escritos, no sólo identificado por ese nombre, sino también de muchas otras formas. Cada vez que vea la palabra «amor», es que hablo de Dios. Todos tenemos a Dios en nuestro interior.

Puede parecer extraño oír a un psiquiatra hablar de Dios y del amor, pero yo debo hacerlo, porque las bases de la psicoterapia espiritual exigen el reconocimiento de nuestra divinidad, de la auténtica naturaleza de nuestras almas y del verdadero objetivo de la existencia aquí, en nuestra forma física. Sólo así podremos ver las cosas con la necesaria perspectiva.

Sin amor y sin Dios no hay nada.

Dios no exige nuestro respeto. Insistimos en personificar a Dios a pesar de que sabemos que está mucho más allá de lo que somos capaces de conceptualizar.

Dios no tiene sexo. Ésa es otra personificación.

Dios no tiene religión. En el fondo del corazón todos lo sabemos.

Dios no tiene raza.

Dios lo es todo, una energía de amor que posee una sabiduría y un poder incomprensibles, además de cualidades incognoscibles. Todos estamos comprendidos en Dios, porque él está en todos y cada uno de nosotros, es la sustancia de nuestro ser.

Dios está incluso más allá del vapor que contiene el potencial del agua, que contiene el potencial del hielo.

Dios es invisible, impenetrable, sin embargo contiene el potencial de todo.

Se cuenta un chiste sobre un hombre devoto y piadoso cuya vida estaba en peligro por unas inundaciones. Las aguas iban subiendo rápidamente y se vio obligado a refugiarse en el tejado de su casa, pero el nivel del agua seguía ascendiendo.

Al final llegó una barca de la policía a rescatarle del tejado.

—¡Suba en la barca! —le gritó el policía.

—No —respondió—. Toda la vida he practicado la devoción y la caridad. Dios me protegerá.

—No sea tonto —replicó el policía—. Suba a la barca. El agua sigue ascendiendo y corre un grave peligro.

El hombre se empeñó en quedarse, y la barca se alejó.

El nivel del agua siguió subiendo y la barca de rescate volvió dos veces. Dos veces más el hombre se negó a subir.

—Dios me protegerá —insistió, lleno de confianza.

La barca se marchó a salvar a otra gente.

Poco después el agua cubrió el tejado de la casa y el hombre se ahogó.

Al encontrarse a Dios en el cielo, se quejó a gritos porque no le había rescatado.

—Toda la vida he sido muy devoto. He cumplido todos los mandamientos. He dado mucho dinero a obras de caridad. Y la única vez que te pido algo, me abandonas.

—Pero si te he mandado la barca tres veces —explicó Dios—. ¿Por qué no has subido?

Durante incalculables siglos y milenios, Dios y la religión han sido malinterpretados, distorsionados y manipulados conscientemente en manos de la humanidad. El nombre de Dios, quizás el símbolo más claro de la paz, el amor y la compasión, se ha invocado como justificación de innumerables guerras, asesinatos y genocidios. Todavía hoy, cuando está naciendo el siglo XXI, las guerras «santas» contaminan nuestro planeta como una plaga medieval. ¿Cómo puede ser santa una guerra? Eso es una contradicción, un horrible oximoron, un pecado absoluto, disfrazado superficialmente por una racionalización manipuladora.

Dios es paz; Dios es amor. Nos hemos olvidado de que, puesto que hemos sido creados a imagen divina, Dios está en nuestros corazones y somos criaturas de paz, seres de amor y divinidad. Sólo puede haber una religión, porque sólo hay un Dios, el Dios de todos nosotros. Tenemos que amarnos los unos a los otros, porque el amor es el camino. De lo contrario, como niños testarudos, nos condenaremos a repetir curso tras curso, hasta que aprendamos la lección del amor.

Sólo si nos deshacemos de nuestros miedos, si vemos a la gente de otras religiones como iguales, como almas como nosotros que van camino del cielo, podremos amar, en un sentido auténtico, incondicional. Todos somos lo mismo; todos remamos en la misma galera. En nuestras muchas reencarnaciones, hemos sido de todas las religiones, de todas las razas. El alma no tiene raza, no tiene religión. Sólo conoce el amor y la compasión.

Cuando nos damos cuenta de que todos somos lo mismo, de que sólo hay diferencias superficiales y poco importantes entre nosotros, pero ninguna que de verdad importe, podemos tender la mano hacia atrás y ayudar a los demás que están en el mismo sendero, da igual que sean como nosotros o no.

Al escarbar bajo los rituales y las costumbres superficiales de las diversas religiones se encuentran sorprendentes similitudes de ideas, conceptos y consejos. Incluso el lenguaje es increíblemente parecido.* Nos hemos matado en nombre de la religión cuando, en el fondo, muchos de los más devotos creen en realidad en lo mismo.

Todas las grandes religiones hacen hincapié en la importancia de llevar una vida espiritual, de comprender la presencia divina en todos los seres y todas las cosas y más allá de ellos, de las buenas acciones, del amor, la compasión, la caridad, la fe y la esperanza. Todas hablan de una vida después de la muerte del alma. Todas subrayan la importancia de la bondad, del perdón y de la paz.

Cuando hablo de religiones, me refiero a la maravillosa sabiduría espiritual y a las tradiciones, no a los edictos y las reglas producto de la mano del hombre que se han promulga-

---

* Véase en el «Apéndice A» ejemplos de valores espirituales comunes a las principales religiones del mundo.

do por motivos políticos y que sirven para separar a la gente, más que para unirla. Hay que saber diferenciar las verdades espirituales de las normas de motivación política. Esas normas son barreras que nos mantienen temerosos y separados.

Ahora podemos empezar a aceptar conceptos como la omnipresencia divina, la inmortalidad del alma, la existencia continuada tras la muerte física, sobre una base de datos, no sólo de fe.

Así pues, ¿por qué somos tan ignorantes ante la esencia de nuestras propias religiones, con sus ricas tradiciones espirituales, por no hablar de las religiones de nuestros amigos y vecinos? ¿Por qué insistimos en ver sólo las diferencias, cuando las similitudes son abrumadoras? ¿Por qué hacemos caso omiso de las enseñanzas, de los preceptos, de las normas y de las pautas que los grandes maestros nos han presentado con tanto amor y tan bien?

Repito que nos hemos olvidado de que sabemos. Atrapados en la rutina de la vida diaria, nos obsesionamos tanto con las preocupaciones y la ansiedad, nos preocupamos tanto de nuestra situación, de nuestro exterior, de lo que los demás piensan de nosotros, que nos hemos olvidado de nuestro yo espiritual. Nos da miedo la muerte porque nos hemos olvidado de nuestra verdadera naturaleza. Nos preocupan tanto nuestra reputación y nuestra posición, que los demás nos manipulen para «obtener» algo que nosotros «perdemos», nos aterra tanto parecer estúpidos, que hemos perdido el valor de ser espirituales.

No obstante, la ciencia y la espiritualidad, consideradas antitéticas durante mucho tiempo, se están acercando. Los físicos y los psiquiatras se están convirtiendo en los místicos de los tiempos modernos. Estamos confirmando lo que los anteriores místicos sabían de forma intuitiva. Todos somos seres divinos. Hace miles de años que lo sabemos, pero nos hemos olvidado. Y para volver a casa tenemos que recordar el camino.

Sólo hay un Dios y sólo existe una religión, que es el amor. ¿Por qué practicar la religión de nuestro nacimiento, o elegir una única fe por encima de las demás?

Al fin y al cabo, no importa a qué iglesia o a qué templo asistimos, si es que decidimos ir a uno. Como los radios de una rueda de bicicleta, todos los caminos indicados por las grandes religiones llevan al mismo centro, a la devoción y a la iluminación. No hay un camino mejor o peor que otro. Todos son iguales.

Sin embargo, estar sumido en la sabiduría y las verdades de una religión desde la primera infancia no sólo sirve para tener una buena base (ya se ha acumulado una gran cantidad de conocimientos y de experiencias), sino que además aporta una familiaridad cómoda. Y eso comporta una sensación de paz. La mente se relaja y, casi sin esfuerzo consciente, se puede entrar en un estado meditativo más profundo. La familiaridad y la comodidad reducen las distracciones y permiten aumentar la concentración mental, entrar mucho más fácilmente en niveles más profundos de meditación, oración y contemplación. En ese estado profundo, pueden experimentarse niveles trascendentes de conciencia.

Hay grandes verdades, belleza y sabiduría en todas las grandes tradiciones religiosas. Conviene conocerlas todas, como un estudiante, porque un cambio de la perspectiva espiritual puede acelerar el progreso espiritual. No hay necesidad de que abandone su tradición. Al fin y al cabo, unos prefieren las rosas, y en cambio a otros les gustan más las orquídeas, las azucenas, las flores silvestres o los girasoles. Todas tienen su belleza propia y Dios hace que el mismo sol las ilumine, que la misma lluvia las alimente. Son distintas, pero todas son especiales.

Parafraseando una enseñanza que se encuentra en todas las disciplinas espirituales, podemos decir que la lluvia cae sobre las malas hierbas igual que sobre las flores, y que el sol brilla en las cárceles igual que en las iglesias.

La luz de Dios no discrimina, y tampoco la nuestra debe hacerlo.

No hay un único camino, una única iglesia, una única ideología.

Sólo hay una luz.

Cuando caen las barreras, todas las flores pueden florecer juntas en un jardín de un esplendor sin igual, un paraíso terrenal.

Encontrar el camino a casa

La paciencia y la oportunidad... Todo llega cuando tiene que llegar. Una vida no puede vivirse con prisas, no puede ajustarse a un calendario, como intenta tanta gente. Tenemos que aceptar lo que nos llega en un momento dado, y no pedir más. La vida no tiene final, nunca morimos; nunca hemos nacido de verdad. Lo que sucede es que pasamos por distintas fases. No existe un final. Los seres humanos tenemos muchas dimensiones, pero el tiempo no es como lo vemos, sino que se compone de lecciones que se van aprendiendo.

He escrito al principio de este libro que la gente siempre me pregunta si he tenido más contacto con los Sabios. A estas alturas ya habrá visto que los mensajes de los Sabios vienen de todas partes. Algunos proceden de mi propia meditación y otros llegan a través de sentimientos, a un nivel de comprensión que es muy difícil poner en palabras. Para algunos conceptos no hay palabras.

Gran parte del conocimiento procede de ejemplos y experiencias, como ya he explicado en mis cuatro libros. Existe una filosofía espiritual completa y coherente en las citas, en las palabras, en las historias y en las reflexiones. Las respuestas están ahí, pero a menudo no dedicamos suficiente tiempo a ver, a digerir, a comprender.

Sólo el amor es real. El amor es una energía de increíble poder y fuerza. Todos estamos hechos de esa energía.

El amor es algo absoluto. El amor no termina nunca, no se detiene nunca. La forma más pura es el amor incondicional, expresar el amor sin esperar nada a cambio. Al entregar el amor libremente nos convertimos en millonarios espirituales.

Acuérdese de escuchar sus intuiciones y no dejar que sus miedos influyan en los murmullos de su hermoso corazón. Sienta la libertad de amar sin reprimirse, sin reservas, sin condiciones. Nuestras vidas en este plano están limitadas. Estamos simplemente en un colegio. Al volver a casa sólo nos llevamos nuestros pensamientos, nuestros actos, nuestro amor.

Por último, no tenga miedo. Somos inmortales, espíritus eternos, y siempre somos amados. De hecho, somos amor.

Apéndice A

Valores espirituales compartidos

He incluido aquí algunos pasajes de escrituras sagradas de algunas de las principales religiones del mundo. Se trata de citas que demuestran que en realidad sólo existe una religión, si se va más allá de los rituales superficiales y se llega a los tesoros espirituales que hay debajo. En este apéndice dedicado a la unidad de todas las grandes religiones me he servido de un libro maravilloso, *Oneness: Great Principles Shared by All Religions (Unidad: los grandes principios compartidos por todas las religiones)*, de Jeffrey Moses.

LA RESPONSABILIDAD POR LAS PROPIAS ACCIONES

Budismo
Es norma de la naturaleza que lo que se siembra es lo que se cosecha.

Cristianismo
Lo que siembre un hombre es también lo que cosechará. [...] Dios proveerá a cada hombre según sus necesidades.

Hinduismo

No puedes recoger lo que no has sembrado; si se planta el árbol, crecerá.

Judaísmo

El hombre generoso se enriquecerá, y el que riega también será regado.

EL PERDÓN

Budismo

El rencor nunca acaba con el odio. Sólo el amor termina con él. Ésta es una ley eterna.

Cristianismo

Si perdonas a los demás los males que te han hecho, tu Padre celestial también te perdonará a ti; pero si no perdonas a los demás, los males que hayas hecho tú no te los perdonará el Padre.

[...]

—Señor, ¿cuántas veces pecará mi hermano contra mí y yo le perdonaré? ¿Siete veces?

Y Jesús le contestó:

—No te digo siete veces, sino setenta veces siete.

Hinduismo

Las personas nobles se dedican a fomentar el amor y la felicidad de los demás, incluso de los que les hacen daño.

Islamismo

Perdona a tu sirviente setenta veces al día.

Judaísmo

Lo más hermoso que puede hacer un hombre es perdonar lo malo que le han hecho.

LA PAZ Y EL AMOR

Budismo

Cosechas lo que has sembrado. [...] Ésa es la ley. [...] En su corazón está el amor; en su final, la paz.

Conquista a tu enemigo a la fuerza y aumentarás su furia. Conquístale con amor y no cosecharás pesar. [...] Considero todo un bramán a aquel que dice la verdad, es instructivo y habla sin crudeza, y así no ofende a nadie.

Cuando la rectitud se practica para ganar la paz, el que camine así conseguirá la victoria y destruirá completamente todas las cadenas.

No hagas daño a nadie ni de palabra ni de obra, sé constante en las buenas acciones.

Cristianismo

No te enfrentes al hombre que te hace daño. Si alguien te golpea en la mejilla derecha, ofrécele la izquierda. Si un hombre quiere demandarte para quedarse tu camisa, dale también tu abrigo. Bienaventurados los conciliadores, porque serán llamados hijos de Dios. [...] La paz de Dios, que está más allá de toda comprensión, alimentará tu corazón y tu mente.

Amad a vuestros enemigos, bendecid a quienes os maldicen, haced el bien a los que os odian y orad por vuestros perseguidores; sólo así podréis ser hijos del Padre celestial, que hace que su Sol salga igual para buenos y para malos y manda la lluvia a los honestos y a los deshonestos. Si quieres sólo a quienes te quieren, ¿qué recompensa puedes esperar?

«Ama al Señor tu Dios con todo el corazón, con toda el alma, con toda la mente.» Ése es el mandamiento más importante. El primero. El segundo es éste: «Ama a tu prójimo como a ti mismo.» Todo lo relacionado con la ley y los profetas procede de estos dos mandamientos.

Un mandamiento os doy: que os améis los unos a los otros.

Hinduismo

La mente es inquieta y cuesta dominarla, pero puede conseguirse con práctica y ausencia de deseo. Cuando la mente inconstante se va hacia un objeto, hay que someterla, hacerla volver y colocarla sobre el espíritu. La dicha suprema llegará al sabio cuya mente alcance esa paz.

Con la amabilidad se conquista la rabia; con la bondad, la malicia. Con la generosidad se vence toda maldad; con la verdad se derrotan las mentiras y los engaños.

Islamismo

Recompensa el mal, conquístalo con el bien. [...] ¿Tengo que decirte qué actos son mejores que el ayuno, la caridad y la oración? Hacer la paz entre enemigos es uno de esos actos, ya que la enemistad y la malicia destruyen las recompensas celestiales desde la raíz.

Judaísmo

Cuán hermosos son en la montaña los pies de aquel que trae buenas nuevas, que comunica la paz.

Pero yo os digo: los actos de amor valen tanto como todos los mandamientos de la ley. [...] No aprender sino hacer es lo más importante.

El amor es el principio y el final del Tora.

Ama a tu prójimo como a ti mismo.

LA REGLA DE ORO

Budismo

No hagas daño a los demás con lo que te hace sufrir.

Lleno de amor por todas las cosas del mundo, practicante de la virtud para beneficiar a los demás, así es el hombre feliz.

No juzgues a tu prójimo.

Cristianismo

No juzgues y no serás juzgado. [...] Trata siempre a los demás como te gustaría que te tratasen a ti: ésa es la ley y la palabra de los profetas. [...] El umbral que da a la vida es pequeño y el camino es estrecho.

Hinduismo

Ésta es la suma de toda la rectitud: trata a los demás como te gustaría que te trataran a ti.

No le hagas a tu prójimo algo que no te gustaría que él te hiciera a ti.

El hombre consigue una auténtica norma de conducta si ve a su prójimo como si fuera él mismo.

Islamismo

Haz a todos los hombres lo que te gustaría que te hicieran a ti; y rechaza para los demás lo que rechazarías para ti.

Judaísmo

Lo que a ti te hace daño no se lo hagas al prójimo. Ésa es la base del Tora y lo demás no son más que observaciones.

No juzgues a tu prójimo hasta que te encuentres en su lugar.

LOS VALORES ESPIRITUALES

Budismo

Como una hermosa flor llena de color pero sin aroma, así son las palabras bonitas pero inútiles de quien no actúa de acuerdo con lo que dice.

El verdadero tesoro es el que reúne un hombre o una mujer gracias a la caridad y a la piedad, a la abstinencia y al control de uno mismo. [...] Ese tesoro escondido está a salvo y no desaparece.

Cristianismo

Por consiguiente, deberéis practicar siempre la bondad, del mismo modo que vuestro Padre celestial es todo bondad. [...] No acumuléis tesoros en la Tierra para vosotros, reunid un tesoro en el cielo: no podéis servir a Dios y al dinero, pues ¿en qué se beneficia un hombre si gana todo el mundo pero pierde su alma? [...] El hombre no debe vivir sólo de pan, sino también de todas las palabras de Dios.

¿Hay un hombre entre vosotros que, por desearlo con todas sus fuerzas, pueda añadir un pie a su altura o un día a su vida? Dedicaos al reino de Dios y a su justicia antes que a cualquier otra cosa, y todo lo demás os se os proporcionará también.

Si quieres alcanzar la vida eterna, cumple los mandamientos. [...] No matarás, no cometerás adulterio, no robarás, no darás falso testimonio, honrarás a tu padre y a tu madre y amarás a tu prójimo como a ti mismo. [...] Si quieres llegar hasta el final, vende tus posesiones y dáselo todo a los pobres, entonces tendrás riquezas en el cielo. [...] Es más fácil que un camello pase por el ojo de una aguja que un rico entre en el reino de los cielos. [...] Muchos de los primeros serán los últimos, y los últimos, los primeros.

Hinduismo

Busca la verdad ayudando a los demás, buscando con afán, preguntando y practicando la humildad. [...] No hay nada en este mundo que purifique tanto como el saber espiritual. ¡Di la verdad! Cumple con tu deber. No te apartes de la verdad.

El que actúa con rectitud es sabio. [...] El hombre no vive sólo del pan material. [...] No hagas daño a los demás, no hieras ni por pensamiento ni por obra, no pronuncies palabra alguna para ofender a tus semejantes. [...] El que renuncia a la ira llega hasta Dios.

Islamismo

¿Sabéis quién es el que rechaza la fe? Es aquel que desatiende al huérfano y nunca defiende que hay que dar de comer al hambriento. [...] Así pues, pobre del que observa las oraciones del salat y hace caso omiso de su salat. Sólo se dedica a presumir y detesta la caridad. [...] Debéis practicar la caridad, porque Alá ama a los hombres generosos.

No debéis quitaros el dinero de forma deshonesta. [...] No confundáis la verdad con falsedades ni la ocultéis a sabiendas. [...] Alá es omnipresente, omnisciente.

El ser humano está totalmente perdido si no cree en una vida recta y no la practica, si no anima a los demás a defender la verdad y a ser firmes.

Un hombre le preguntó a Mahoma cómo puede saberse si alguien tiene fe verdadera, y la respuesta fue ésta: «Si obtienes placer del bien que haces y te hace sufrir el mal que cometes, eres un verdadero creyente.»

Busca el conocimiento desde que naces hasta que mueres.

Judaísmo

No cometerás asesinatos. No cometerás adulterio. No robarás. No harás falso testimonio. [...] No serás codicioso.

¿Quién subirá a la montaña del Señor? ¿Quién llegará a su lugar sagrado?

Aquel que tenga las manos limpias y el corazón puro, que no se haya dedicado a la falsedad y que no haya jurado en falso.

Di la verdad a tu prójimo, ejecuta el juicio de la verdad y la paz en tu puerta. [...] Bienaventurado aquel que piensa en los pobres, porque Dios se ocupará de él en tiempos difíciles.

No sólo de pan vive el hombre, sino de todas las palabras que surgen de labios del Señor.

LA INMORTALIDAD

Budismo

El yo es el Señor de yo. [...] Cuando un hombre domina bien su yo, encuentra a un Señor muy difícil de encontrar, [...] al saber que su cuerpo es como la espuma, al saber que su naturaleza es la de un espejismo, el discípulo quedará incólume ante la muerte. [...] Aquel en el que haya surgido el ansia de lo inefable, cuya mente haya sido penetrada por el deseo, cuyas ideas no se distraigan con deseos inferiores, aquél subirá corriente arriba.

Cristianismo

El que los muertos vuelven a vivir lo demuestra el propio Moisés en la historia del arbusto en llamas, cuando llama al Señor «el Dios de Abraham, Isaac y Jacob». Dios no es el Dios de los muertos, sino el de los vivos; para él todos estamos vivos.

Vosotros sois dioses. Llamamos dioses a aquellos a los que ha llegado la palabra de Dios. [...] Nadie que esté vivo y tenga fe morirá jamás.

Hinduismo

El entendimiento que atraviesa el alma y se fija tanto en lo conocido como en lo desconocido es [...] sabiduría. [...] Siempre que se produce algo se debe a la unión del cuerpo y del alma. Los ilusos no ven el espíritu cuando sale del cuerpo o se queda en él.

En las profundidades interiores mora otra vida que no es como la de los sentidos, que está más allá de la vista, que no cambia. Y perdura cuando todas las criaturas han fallecido.

El alma individual no es en esencia otra cosa que el alma universal. [...] Los seres humanos son todos como cabeza, brazos, tronco y piernas de un ser.

Islamismo

La riqueza no procede de la abundancia de bienes terrenales, sino de una mente satisfecha. Todo el bien que hagas por los demás se adelantará a tu alma y te estará esperando con Dios, que lo ve todo.

Judaísmo

El Señor es mi pastor, no me faltará nada. Me creó para que me tumbara en verdes prados, [...] me devolvió el alma. [...] Aunque ando por el valle de la sombra de la muerte, no temeré nada malo, porque tú estás conmigo. [...] Estoy convencido de que la bondad y la piedad me acompañarán todos los días de mi vida, y de que habitaré por siempre en la casa del Señor.

EL DIOS UNIVERSAL

Budismo

Si crees que la ley es ajena a ti, lo que adoptas no es la ley absoluta sino una enseñanza inferior.

El que no ama no conoce a Dios, pues Dios es el amor.

Cristianismo

Dios es el amor, y quien vive en el amor vive en Dios, y Dios vive en él. [...] ¿Es que no sabes que eres el templo de Dios y que el espíritu de Dios habita en ti?

En realidad, el reino de Dios se encuentra en tu interior. Hay un Dios padre de todos, que se halla por encima de todas las cosas, y pasa por todas las cosas y habita en todos vosotros.

Hinduismo

Del mismo modo que un único Sol ilumina todo el mundo, hay un espíritu que ilumina todos los cuerpos. En aquellos a los que el conocimiento del verdadero yo ha disipado la ignorancia, se revela el Supremo, como si le iluminara el Sol.

Él es el único Dios, oculto en todos los seres, omnipresente, el Yo que hay en todos los seres, que cuida de todos los mundos, que habita en todos los seres, el testigo, el observador. [...] Dios se oculta en todos los corazones.

Islamismo

El hombre ha sido hecho a imagen de la naturaleza de Dios. [...] Todas las criaturas son la familia de Dios, y el que Dios quiere más es aquel que hace más el bien a la familia del Señor.

Judaísmo

Escucha, oh, Israel: el Señor nuestro Dios, el Señor es único. Y amarás al Señor tu Dios con todo tu corazón, y con toda tu alma, y con todas tus fuerzas.

Ama al Señor tu Dios. [...] Sírvele con todo tu corazón y con toda tu alma, y dará la lluvia de tu tierra en su estación, [...] dará hierba en tus campos para tu ganado y comerás y quedarás satisfecho. Y les enseñarás estas palabras a tus hijos, las dirás cuando estés en casa, cuando camines, cuando estés tumbado y cuando te levantes. [...] Y así se multiplicarán tus días.

¿Acaso no tenemos todos un Padre? ¿No nos ha creado un único Dios? [...] Dios ha creado al hombre a su imagen y semejanza.

Apéndice B

Ejercicios de meditación de mayor duración

Las dos meditaciones de este apartado le ayudarán a sentirse más en paz en su vida al eliminar bloqueos y obstáculos que le impiden alcanzar la alegría y la felicidad interiores.

Puede trabajar con un compañero, de modo que uno le lea el texto al otro, que estará relajado y con los ojos cerrados. O puede grabar el texto en una cinta y reproducirla luego, de modo que se convierta en oyente de sus propias palabras. Es importante que nunca escuche la cinta en el coche.

Antes de empezar el ejercicio, túmbese en la cama o siéntese en una silla cómoda y desabróchese cualquier prenda que le apriete. Asegúrese de que no vayan a producirse distracciones ni interrupciones. Quítese los zapatos, las gafas, las lentes de contacto. Permítase una relajación total. No cruce las piernas. En el caso de que la música lo relaje, puede poner de fondo una que sea suave, agradable.

Cualquier imagen, sentimiento, sensación o pensamiento que le llegue está bien. Intente no juzgar, censurar o analizar. Eso ya lo hará luego. Mientras escucha, dedíquese a experimentar todo lo que surja.

No se preocupe por descubrir qué es recuerdo, fantasía, imaginación, metáfora o símbolo, o cualquier combinación de las anteriores. No importa. En cualquier caso, se sentirá mejor.

Lea el texto tranquilamente, poco a poco, deteniéndose un instante cuando vea puntos suspensivos, y un poco más cuando se le indique entre paréntesis. [Las instrucciones que hay entre corchetes no hay que leerlas en voz alta.] Antes de grabar el texto o de leérselo a otra persona, tal vez le interese practicar la lectura varias veces para encontrar un ritmo que le sea cómodo y que le deje tiempo suficiente para responder a las instrucciones.

No se apresure. En este ejercicio no hay ningún límite de tiempo; es imposible alargarse demasiado.

Practique estos ejercicios. Cuanto más medite, más profundo será el nivel que alcance y más experiencias tendrá.

La mayoría de la gente no tiene dificultades con este material, y luego se siente mucho mejor. Los riesgos de que se dé una reacción molesta (por ejemplo, de ansiedad o culpa) son mínimos. Sin embargo, en el caso de que esto suceda, tal vez le convenga visitar un terapeuta y resolver los problemas que puedan haber aparecido.

MEDITACIÓN 1: ATRAVESAR EL UMBRAL QUE DA A LAS VIDAS ANTERIORES

Con los ojos suavemente cerrados, respira hondo varias veces. Imagínate que al espirar te desprendes de las tensiones de tu cuerpo... Imagínate que al inspirar asimilas la hermosa energía que te rodea.

Que cada respiración te sirva para descender más y más hasta un hermoso estado de relajación. [Pausa de quince segundos para permitir que la respiración te relaje el cuerpo.]

Ahora relaja los músculos. Relaja los músculos de la cara y de la mandíbula. Libera toda la tensión y la rigidez de esos músculos...

Relaja los músculos del cuello y de los hombros...

Relaja los brazos... Relaja completamente los músculos de la espalda, tanto de la parte de arriba como de la de abajo... Libera toda la tensión y la rigidez de esos músculos.

Relaja los músculos del estómago y del abdomen para que la respiración esté perfectamente relajada...

Relaja completamente los músculos de las piernas, para que así todo tu cuerpo pase a un estado de paz profunda...

Utiliza los ruidos del exterior y las distracciones para profundizar aún más en ese nivel.

Imagínate o siente una luz hermosa por encima de la cabeza. Puedes elegir el color, o los colores. Esa luz hará que descienda tu nivel y curará tu cuerpo...

Deja que la luz fluya por tu cuerpo desde la parte superior de la cabeza. Ilumina el cerebro y la médula espinal, cura esos tejidos y te permite seguir descendiendo...

Deja que la luz siga fluyendo de arriba abajo, como una hermosa onda luminosa que toca todas las células, todas las fibras y todos los órganos del cuerpo con paz, amor y poder curativo...

En todos aquellos puntos en los que tu cuerpo necesite curación, haz que la luz sea muy fuerte, muy potente... [Pausa de quince segundos.]

Y que el resto de la luz fluya hasta llegar a los pies, para que tu cuerpo se llene de esa hermosa luz...

Ahora imagínate o siente que la luz también rodea completamente tu cuerpo por fuera, como si estuvieras dentro de una hermosa burbuja de luz que te protege, que cura tu piel y que te hace descender aún más... Al contar hacia atrás del diez al uno, que cada número te haga descender un poco más en el estado de relajación.

Diez... Nueve... Ocho... Desciendes más y más a cada número...

Siete... Seis... Cinco... Estás más y más tranquilo y relajado...

Cuatro... Tres... Estás muy calmado, sereno...

Dos... Ya casi has llegado...

Uno... Bien.

En este maravilloso estado de paz y tranquilidad, imagínate bajando por unas escaleras preciosas... Bajas, bajas... Desciendes más y más... Bajas, bajas... A cada paso profundizas más en tu nivel de relajación...

Al llegar al pie de las escaleras te encuentras ante un hermoso jardín... Es un jardín de paz, belleza y seguridad... Un santuario.

Entra en ese jardín y busca un lugar para descansar...

Tu cuerpo, lleno todavía de luz y envuelto también en luz, sigue curándose y recuperándose. Los niveles más profundos de tu mente pueden abrirse. Lo recuerdas todo. Experimentas todos los niveles de tu yo multidimensional. Eres mucho más que tu cuerpo o tu cerebro.

Si en algún momento de esta meditación te sientes incómodo con un recuerdo, una sensación o una experiencia, flota por encima y obsérvalo desde cierta distancia, como si estuvieras en el cine. Si sigues estando incómodo, vuelve flotando al jardín y quédate ahí descansando, o incluso abre los ojos y recupera totalmente la conciencia, es decir, despiértate.

Si no te sientes incómodo, quédate con las imágenes y las sensaciones. Siempre controlas la situación.

En este estado profundo de relajación tu memoria se abre. Lo recuerdas todo, todas tus experiencias, en este cuerpo o en cualquier otro que hayas tenido...

Para demostrártelo, vamos a retroceder en el tiempo, al principio sólo un poco y luego más y más.

Al ir contando hacia atrás del cinco al uno, recordarás una comida reciente que te haya gustado. Utiliza todos los sentidos, la vista, el oído, el olfato, el gusto y el tacto. Experiméntalos vívidamente y presta atención a todos los detalles.

Cinco... Cuatro... Lo recuerdas todo...

Tres... Recuerdas una comida reciente que te ha gustado...

Dos... Se va enfocando todo...

Uno... Ya estás en el recuerdo, y durante unos instantes vuelves a experimentar esa comida...

¿Hay alguien contigo? Ve recordando. [Pausa de quince segundos.]

Puedes recordar mucho más que una comida. Al volver a contar hacia atrás del cinco al uno recuperarás un recuerdo de la infancia. Que sea un recuerdo agradable, si quieres... Un recuerdo agradable de la infancia.

Recuerda siempre que si alguna vez te sientes incómodo con algún recuerdo sólo tienes que flotar por encima y observarlo desde cierta distancia, como si estuvieras en el cine. O incluso puedes volver flotando al jardín, si quieres, y descansar. Si estás muy incómodo, sólo tienes que abrir los ojos y te sentirás totalmente despierto.

Cinco... Regresas completamente a un recuerdo agradable de la infancia.

Cuatro... Lo recuerdas todo.

Tres... Dos... Se enfoca del todo.

Uno... Estás en el recuerdo y vuelves a experimentarlo... [Pausa de un minuto.]

Y también puedes recordar más que un episodio de la infancia. Si seguimos retrocediendo, al contar del cinco al uno recordarás la época anterior a tu nacimiento... cuando estabas en el útero de tu madre.

Presta atención a cualquier sensación o impresión, física, emocional o espiritual. Puedes experimentar acontecimientos extracorporales. O puedes ser consciente de los sentimientos y los pensamientos de tu madre, ya que en aquella época estabais muy estrechamente unidos. Todo lo que te venga está bien.

Cinco... Retrocedes totalmente hasta cuando estabas en el útero de tu madre...

Cuatro... Lo recuerdas todo...

Tres... Dos... Se enfoca...

Uno... Estás en el recuerdo y vuelves a experimentar ese entorno... [Pausa de un minuto.]

Puedes observar el nacimiento si quieres, pero sin sentir dolor o incomodidad... Mira quién hay alrededor y cómo te reciben... Sin dolor, sólo observando... [Pausa de quince segundos.]

Ahora flota por encima y abandona esa época...

Imagínate una puerta muy hermosa delante de ti... Es un umbral que atraviesa el tiempo y el espacio, que da a tus vidas anteriores o a un estado espiritual. Al otro lado tienes algo que aprender..., algo que te ayudará en tu vida actual.

Al contar hacia atrás del cinco al uno, se abrirá la puerta.

Ese umbral te atraerá, tirará de ti. Ve hacia la puerta. Verás una hermosa luz al otro lado. Atraviesa el umbral y pasa por la luz. Entra en la luz y únete a la escena, la persona, la experiencia que haya al otro lado de la luz. Que se quede completamente enfocado al llegar al uno.

Se abre la puerta... Te atrae... Acércate... Atraviesa el umbral y ve hacia la luz.

Cinco... Regresas completamente hasta tus vidas pasadas...

Cuatro... Lo recuerdas todo... Entra en la luz...

Tres... Ves la escena, a la persona, la experiencia al otro lado de la luz...

Dos... Todo se enfoca completamente...

Uno... ¡Estás en el recuerdo!

Si te encuentras en un cuerpo, mírate los pies... ¿Qué tipo de calzado llevas, si es que llevas alguno? Presta atención a los detalles...

¿Cómo es tu ropa...?

¿Son distintas las manos y la piel...?

Ve a las escenas y acontecimientos clave de esa vida... Puedes avanzar o retroceder en el tiempo... A ver qué te pasa... ¿Qué te sucede? [Pausa de treinta segundos.]

Si te encuentras con otras personas, mírales a la cara, a los ojos... ¿Las reconoces...?

Más que ver, tal vez sientas, oigas o sepas. Tus recuerdos no tienen por qué ser visuales.

Ve hasta los otros hechos significativos de esta experiencia... [Pausa de un minuto.]

Ahora avanza hasta el final de esa época, de esa experiencia, y observa qué te pasa... [Pausa de quince segundos.]

¿Quién hay ahí...? [Pausa de quince segundos.]

Ahora flota por encima y abandona esa escena...

Repásala... ¿Qué has aprendido...? ¿Cuáles han sido las lecciones de esa experiencia? [Pausa de quince segundos.]

¿Cómo se relacionan esas lecciones con la actualidad...? [Pausa de quince segundos.]

Imagínate que un ser hermoso y lleno de amor, una especie de ángel, puede acercarse y estar contigo durante un tiempo. Podéis comunicaros con palabras..., pensamientos..., sensaciones..., visiones... o de otra forma...

¿Hay algún mensaje para ti...?

¿Hay algún conocimiento que tengas que llevarte contigo...? [Pausa de treinta segundos.]

Si quieres, haz una pregunta y espera la respuesta... [Pausa de treinta segundos.]

Tu cuerpo, en el jardín, se ha llenado de una luz hermosa. Se ha curado y refrescado.

Ahora es el momento de recuperar la conciencia completa.

Al contar del uno al diez, cada número irá despertándote un poco más. Al llegar al diez abre los ojos y estarás totalmente despierto, controlando completamente el cuerpo y la mente.

Uno... Dos... Tres... Más y más despierto...

Cuatro... Cinco... Seis... Más despierto, te encuentras muy bien...

Siete... Ocho... Ya casi despierto.

Nueve... Diez... Abre los ojos; estás totalmente despierto.

No tengas prisa... Desperézate... y regresa del todo.

MEDITACIÓN 2: MEDITACIÓN CURATIVA CON DELFINES

Con los ojos suavemente cerrados, respira hondo varias veces.

Imagínate que al espirar te desprendes de las tensiones de tu cuerpo... Imagínate que al inspirar asimilas la hermosa energía que te rodea...

Que cada respiración te sirva para descender más y más hasta un hermoso estado de relajación.

[Pausa de quince segundos para permitir que la respiración te relaje el cuerpo.]

Ahora relaja los músculos. Relaja los músculos de la cara y de la mandíbula. Libera toda la tensión y la rigidez de esos músculos...

Relaja los músculos del cuello y de los hombros...

Relaja los brazos... Relaja completamente los músculos de la espalda, tanto de la parte de arriba como de la de abajo... Libera toda la tensión y la rigidez de esos músculos.

Relaja los músculos del estómago y del abdomen para que la respiración esté perfectamente relajada...

Relaja completamente los músculos de las piernas, para que así todo tu cuerpo pase a un estado de paz profunda...

Utiliza los ruidos del exterior y las distracciones para profundizar aún más en ese nivel.

Imagínate o siente una luz hermosa por encima de la cabeza. Puedes elegir el color, o los colores. Esa luz hará que descienda tu nivel y curará tu cuerpo...

Deja que la luz fluya por tu cuerpo desde la parte superior de la cabeza. Ilumina el cerebro y la médula espinal, cura esos tejidos y te permite seguir descenciendo...

Deja que la luz siga fluyendo de arriba abajo, como una hermosa onda luminosa que toca todas las células, todas las fibras y todos los órganos del cuerpo con paz, amor y poder curativo...

En todos aquellos puntos en los que tu cuerpo necesite curación, haz que la luz sea muy fuerte, muy potente... [Pausa de quince segundos.]

Y que el resto de la luz fluya hasta llegar a los pies, para que tu cuerpo se llene de esa hermosa luz...

Ahora imagínate o siente que la luz también rodea completamente tu cuerpo por fuera, como si estuvieras dentro de una hermosa burbuja de luz que te protege, que cura tu piel y que te hace descender aún más...

Al contar hacia atrás del diez al uno, que cada número te haga descender un poco más en el estado de relajación.

Diez... Nueve... Ocho... Desciendes más y más a cada número...

Siete... Seis... Cinco... Estás más y más tranquilo y relajado...

Cuatro... Tres... Estás muy calmado, sereno...

Dos... Ya casi has llegado...

Uno... Bien.

En este maravilloso estado de paz y tranquilidad, imagínate bajando por unas escaleras preciosas... Bajas, bajas...

Desciendes más y más... Bajas, bajas... A cada paso profundizas más en tu nivel de relajación...

Al llegar al pie de las escaleras te encuentras ante un hermoso jardín... Es un jardín de paz, belleza y seguridad... Un santuario.

Entra ahora en ese jardín y busca un lugar para descansar...

Tu cuerpo, lleno todavía de luz y envuelto también en luz, sigue curándose y recuperándose. Los niveles más profundos de tu mente pueden abrirse. Lo recuerdas todo. Experimentas todos los niveles de tu yo multidimensional. Eres mucho más que tu cuerpo o tu cerebro.

Si en algún momento de esta meditación te sientes incómodo con un recuerdo, una sensación o una experiencia, flota por encima y obsérvalo desde cierta distancia, como si estuvieras en el cine. Si sigues estando incómodo, vuelve flotando al jardín y quédate ahí descansando, o incluso abre los ojos y recupera totalmente la conciencia, es decir, despiértate.

Si no te sientes incómodo, quédate con las imágenes y las sensaciones. Siempre controlas la situación.

Flota por encima de tu cuerpo en el jardín... y viaja a una hermosa isla de la antigüedad, rodeada de aguas azules y turquesas... Es una isla de curación...

Puedes andar por esa playa tan hermosa... Sientes el calor del sol... Sientes la suavidad de la brisa.

Incrustados en el suelo marino, a poca distancia de la playa, hay unos cristales grandes y potentes... Son cristales curativos.

Los cristales proporcionan una energía curativa al agua.

Entra andando en el agua... Mucho o poco, lo que quieras... Sientes el cosquilleo, la energía curativa del agua...

La piel y el cuerpo absorben la energía que los cristales han transmitido de los cristales al agua... [Pausa de quince segundos.]

Ahora imagínate que se te acercan por el agua unos delfines muy dóciles y cariñosos...

Los delfines son Sabios curanderos. Saben justo en qué lugar de tu cuerpo es necesaria la curación... Señalan esas zonas...

Ayudan a que el agua te cure. [Pausa de treinta segundos.]

Puedes nadar y jugar con ellos si quieres...

Ha llegado el momento de salir del agua, así que despídete por ahora... Siempre puedes volver... cuando lo necesites o cuando quieras...

Al salir del agua, te das cuenta de que te secas al instante... Es un agua muy especial...

Sentado en la playa, piensas en las zonas de tu cuerpo que se están curando...

Utiliza la imaginación y conviértete en la enfermedad...

¿Cómo afectas a esa persona en cuyo cuerpo estás...?

¿Qué mensajes has intentado transmitir...?

¿Qué papel desempeñas en su vida...?

¿Eres útil de algún modo...?

¿Cómo puedes curarte...?

Ahora cambia de papel y vuelve a ser tú... Imagínate tu vida sin la enfermedad...

¿Qué has aprendido de tu enfermedad...?

¿Qué has compensado al faltar la enfermedad...?

Imagínate y siente que la enfermedad se ha ido y que tu

cuerpo vuelve a estar completo..., curado..., lleno de luz...
[Pausa de treinta segundos.]

Flotas por encima de la playa y regresas al hermoso jardín.
Tu cuerpo se ha llenado en el jardín de una luz hermosa.
Se ha curado y refrescado.

Ahora es el momento de recuperar la conciencia completa.

Al contar del uno al diez, cada número irá despertándote un poco más. Al llegar al diez abre los ojos y estarás totalmente despierto, controlando completamente el cuerpo y la mente.

Uno... Dos... Tres... Más y más despierto...

Cuatro... Cinco... Seis... Más despierto, te encuentras muy bien...

Siete... Ocho... Ya casi despierto.

Nueve... Diez... Abre los ojos; estás totalmente despierto.

No tengas prisa... Desperézate... y regresa del todo.

Índice